Tag der Arbeitsruhe und der seelischen Erhebung

Schriften zum

STAATSKIRCHENRECHT

Herausgegeben von
Axel Frhr. von Campenhausen,
Christoph Link und Jörg Winter

Band 52

PETER LANG
Frankfurt am Main · Berlin · Bern · Bruxelles · New York · Oxford · Wien

Axel Frhr. v. Campenhausen (Hrsg.)

Tag der Arbeitsruhe und der seelischen Erhebung

Dokumentation zum Urteil des Bundesverfassungsgerichts zum Schutz der Sonntagsruhe

PETER LANG
Internationaler Verlag der Wissenschaften

Bibliografische Information der Deutschen Nationalbibliothek
Die Deutsche Nationalbibliothek verzeichnet diese Publikation in der Deutschen Nationalbibliografie; detaillierte bibliografische Daten sind im Internet über http://dnb.d-nb.de abrufbar.

Umschlaggestaltung:
Olaf Glöckler, Atelier Platen, Friedberg

ISSN 1437-3149
ISBN 978-3-631-61220-0

www.peterlang.de

Inhaltsverzeichnis

Einleitung

Das Urteil des Bundesverfassungsgerichts vom 1. Dezember 2009 zum Schutz des Sonntags ist im europäischen Vergleich ebenso eine Besonderheit, wie die Bestimmungen des Grundgesetzes und der Landesverfassungen zum Schutz der Sonntagsruhe selbst. Gesetzliche Bestimmungen dazu gibt es natürlich auch in anderen Ländern im Rahmen der Gesetze zur Regelung von Gewerbe, Arbeitszeit, sogar Ladenöffnungszeiten. Aber die Verfassungsgarantie ist doch eine, nicht einmal sehr alte, deutsche Besonderheit.

Ursprünglich gehörte die Enthaltung von Arbeit nicht zum unverzichtbaren Sinn der christlichen Sonntagsfeier. Darin folgten die Christen den Juden und deren Sabbatgeboten gerade nicht. Ihnen schien durch die Erlösung Christi eher jeder Tag zu einem Sabbat geworden zu sein. Das unterschiedliche Verständnis des Sabbats war jedenfalls ein sehr frühes, möglicherweise auf Jesus selbst zurückgehendes Unterscheidungsmerkmal zwischen Judentum und Christentum.

Kaiser Konstantin führte mit dem Edikt vom 3.3.321 ein sonntägliches Arbeitsverbot für Richter, Kaufleute, Gewerbetreibende, kurz die städtische Bevölkerung ein. Landwirtschaftliche Arbeit wurde ausgenommen. Einem spezifisch christlichen Anliegen trug er damit nicht Rechnung. Ganz auf der Linie seiner synkretistischen Religionspolitik machte er den „verehrungswürdigen Tag der Sonne“ zum allgemeinen Ruhetag. Eine christliche Motivation trat absichtsvoll nicht in den Vordergrund. Der religiöse Sinn war gerade nicht eindeutig. Ganz ähnlich wie der Sonntag lassen die Wochentage bis heute die Erinnerung an heidnische Götter erkennen.

Als arbeitsfreier Tag ist der Sonntag eine vergleichsweise junge neuzeitliche Errungenschaft. In der bis ins 19. Jahrhundert agrarisch bestimmten Lebenswelt konnten wesentliche Arbeiten ohnehin auch sonntags nicht unterbrochen werden. Mit der Industrialisierung trat aber ein neues Moment in Erscheinung, das die christliche Sitte der Sonntagsheiligung in Frage stellte, wenn der Sonntag für den lohnabhängigen Arbeiter zum Regelarbeitstag wurde. In der zweiten Hälfte des 19. Jahrhunderts setzten mit Unterstützung der Inneren Mission Initiativen ein, die in Deutschland im Schutz des Sonntags im Rahmen der preußischen Gewerbeordnung 1869 und dann der Reichsgewerbeordnung 1891 gipfelten. Auch hier war neben dem Motiv, den Sonntag für den Besuch des Gottesdienstes frei zu halten, ein Argument, dass es einen Tag der Ruhe und der Erholung geben müsse und dass dies ein Menschenrecht sei.

Mit Art. 139 der Reichsverfassung, der sogenannten Weimarer Verfassung vom 11. August 1919 wurde der geschützte Sonntag in den Rang einer Verfassungsgarantie erhoben. Über Art. 140 GG ist diese Verfassungsbestimmung in das Grundgesetz übernommen worden und steht nun seit über 90 Jahren nicht als Programmsatz, sondern als unmittelbar geltendes Recht in Kraft. Damit war der Wochenrhythmus im Gegensatz zu einer gleitenden Arbeitswoche festgeschrieben.

Die neue Gefährdung des Sonntags in unseren Tagen geht weniger von den Zwängen der Arbeitswelt aus, im Gegenteil eher von der erfreulich angewachsenen Freizeit, welche finanzielle Interessenten schnell als gewerbliches Freiland ausgemacht haben. Dabei spielt die glückliche Wiedervereinigung Deutschlands insofern eine Rolle, als die systematische Beseitigung christlicher Elemente im öffentlichen Leben und im Bewusstsein durch die DDR in den östlichen Ländern der Bundesrepublik Deutschland sich mit geschäftlichen Interessen trafen und gemeinsam den Druck verstärkten, endlich vermeintlich überholte Bestimmungen des Sonntagsschutzes aufzuheben.

Bekanntlich hat auch der heute über Art. 140 fortgeltende Art. 139 WRV gerade nicht einen spezifisch christlichen Inhalt des Sonntags geschützt, auch wenn Christen insbesondere wissen, dass er Gelegenheit zum Besuch des Gottesdienstes für möglichst viele bietet. Mit dem Sonntag als „Tag der Arbeitsruhe und der seelischen Erhebung“ ist die Rechtslage wieder ähnlich wie zu Konstantins Zeiten vor 1700 Jahren: In einem Land, in dem 1919 noch fast alle, heute auch noch die große Mehrheit, getauft ist, war der Verfassungsgeber natürlich auch christlich motiviert. Aber wie zur Zeit Konstantins kam es ihm im Augenblick der gleichzeitig 1919 durchgeführten Verselbstständigung von Staat und Kirchen darauf an, eine christliche Motivation gerade nicht in den Vordergrund treten zu lassen. Alle Menschen können dieser Gewährleistung einen guten Sinn entnehmen und sich auf lastwagenfreien Straßen und bei ruhendem Geschäftsbetrieb erholen und nicht nur als Mittel oder Teil des Produktionsprozesses schuften.

Der Sonntag ist also keine christliche Pflichteinrichtung, sondern, ganz im Sinne der reformatorischen Lehre, eine vorgegebene Einrichtung[1] die man, da sie nun mal besteht, mit gutem auch theologischem Sinn erfüllen kann. Arbeitsruhe ist nicht unabweisbar, aber sie ist sinnvoll. Im Verzicht auf eigene Arbeit wird sinnfällig und erfahrbar, was die christliche Botschaft über Gott und den Menschen sagt. Dies zu hören bietet der Sonntag natürlich besonders gute Gelegenheit und dazu ermahnen die Kirchen auch und fordern dazu auf. Wie der Gründonnerstag oder der Buß- und Bettag zeigen, hängt die Möglichkeit des Gottesdienstbesuchs freilich nicht an der staatlich verfügten Arbeitsruhe und ist auch nicht auf den Sonntag beschränkt. Aber es ist schon sinnvoll, dass der Ruhetag, wie jede symbolische Ordnung, gemeinsam begangen und erinnert wird. Ein für jedermann zur individuellen Disposition gestellter Ruhetag ist eben keiner mehr. Insofern haben die klageführenden Kirchen hier ein allgemeines, kein spezifisch kirchliches Interesse wahrgenommen.

Gerade die Offenheit der Verfassungsgarantie der Sonntagsruhe, ihre fehlende religiöse, und d. h. christliche Festgelegtheit, hat nun aber schwierige Rechtsfragen zur Folge, z. B. ob die Kirchen ein Rechtsschutzinteresse genießen, auf Einhaltung der Sonntagsruhe klagen zu dürfen. Tatsächlich sind sie hier im Interesse aller Menschen tätig geworden. Die Evangelische Kirche in Deutschland zunächst, alsbald auch unterstützt von der Römisch-katholischen Kirche, haben Verfassungsbeschwerde erhoben mit der Behauptung, dass auch die Kirchen in ihren Rechten verletzt seien, wenn die Verfassungsbestimmungen, die natürlich für alle Menschen eine Garantie bieten, völlig ausgehöhlt würden. Dieser Argumentation ist das Gericht gefolgt. Das war keineswegs selbstverständlich und das ist auch der Grund, dass die Entscheidung selbst und die Einlassungen der Prozessvertreter Prof. Dr. jur. Karl-Hermann Kästner und Prof. Dr. jur. Christian Starck hier zum Abdruck kommen. Das volle Gewicht erhält diese Dokumentation durch den Abdruck der Entscheidung des Bundesverfassungsgerichts und des Berliner Ladenöffnungsgesetzes vom 14. November 2006.

1 Grundlegend nach wie vor Martin Luther in der Erklärung zum dritten Gebot im Kleinen Katechismus und Großen Katechismus. Beide abgedruckt in: Die Bekenntnisschriften der evangelisch-lutherischen Kirche, 5. Aufl. 1963, S. 508, 580 ff.; Unser Glaube, Bekenntnisschriften der evangelisch-lutherischen Kirche, hrsg. vom Lutherischen Kirchenamt der VELKD, 5. Aufl. 2004, Rn. 492, 621.

Der hier dokumentierte, von Seiten der Kläger als ein Pilotunternehmen für ganz Deutschland durchgeführte Prozess hat Klarheit geschaffen. Der Druck des geschäftlichen Interesses lässt es unwahrscheinlich erscheinen, dass mit dieser Entscheidung ein für alle Mal das Problem erledigt ist. Deshalb ist es nötig, die erfolgreiche Argumentation zu dokumentieren und die zentrale Bedeutung des Verfahrens im Interesse aller, keineswegs nur der christlich oder anderweitig religiös motivierten Staatsbürger festzuhalten und zu beherzigen.

Axel Frhr. von Campenhausen

Prof. Dr. iur. Karl-Hermann Kästner Bingen, den 10. November 2007

An das
Bundesverfassungsgericht
Schloßbezirk 3
76131 Karlsruhe

Verfassungsbeschwerde

der

Evangelischen Kirche Berlin-Brandenburg-schlesische Oberlausitz
Georgenkirchstraße 69
10249 Berlin,
vertreten durch den Vorsitzenden der Kirchenleitung,
Bischof Prof. Dr. Wolfgang Huber,
oder den Präsidenten des Konsistoriums, Ulrich Seelemann,

– Beschwerdeführerin –

Verfahrensbevollmächtigter:

Prof. Dr. iur. Karl-Hermann Kästner
Alt-Rathausstraße 5
72511 Bingen

gegen

Vorschriften des Berliner Ladenöffnungsgesetzes (BerlLadÖffG) vom 14. November 2006 (GVBl. Nr. 38 vom 16.11.2006 S. 1045).

– Anlage 2 –

Ich zeige an, dass mir die Beschwerdeführerin Prozessvollmacht erteilt

– Anlage 1 –

und mich mit der Einlegung der vorliegenden Verfassungsbeschwerde und der Vertretung der Beschwerdeführerin im diesbezüglichen Verfahren vor dem Bundesverfassungsgericht beauftragt hat.

Namens der Beschwerdeführerin erhebe ich hiermit Verfassungsbeschwerde gegen die nachgenannten Vorschriften des Berliner Ladenöffnungsgesetzes (BerlLadÖffG) vom 14. November 2006 (GVBl. Nr. 38 vom 16.11.2006 S. 1045).

Ich stelle den Antrag, das Bundesverfassungsgericht wolle wie folgt entscheiden:

1. § 3 Abs. 1 2. Halbsatz sowie § 4 Abs. 1 Nr. 4 und § 4 Abs. 2 Nr. 1 des Berliner Ladenöffnungsgesetzes (BerlLadÖffG) vom 14. November 2006 (GVBl. Nr. 38 vom 16.11.2006 S. 1045) sind verfassungswidrig und nichtig.
2. § 6 Abs. 1 und Abs. 2 des Berliner Ladenöffnungsgesetzes (BerlLadÖffG) vom 14. November 2006 (GVBl. Nr. 38 vom 16.11.2006 S. 1045) ist in der geltenden Fassung verfassungswidrig.
3. Das Land Berlin hat der Beschwerdeführerin die notwendigen Auslagen zu erstatten.

Gerügt wird hinsichtlich Ziffer 1 und 2 jeweils die Verletzung von Art. 4 Abs. 1 und Abs. 2 GG i.V.m. Art. 140 GG / Art. 139 WRV.

Übersicht

I. Tatbestand

Das Berliner Ladenöffnungsgesetz wurde am 14. November 2006 vom Berliner Abgeordnetenhaus beschlossen und am 16. November 2006 im Gesetz- und Verordnungsblatt für Berlin verkündet. Es ist am 17. November 2006 in Kraft getreten.

§ 12 BerlLadÖffG.

Das Gesetz ermöglicht die Öffnung von Verkaufsstellen – das sind Ladengeschäfte aller Art und anderweitige Verkaufsstellen – an den *Adventssonntagen*, an vier weiteren *Sonn- oder Feiertagen* nach Maßgabe einer Allgemeinverfügung der zuständigen Senatsverwaltung und an zwei weiteren *Sonn- oder Feiertagen* je Verkaufsstelle aus Anlass besonderer Ereignisse.

§ 2 Abs. 1 BerlLadÖffG (Begriffsbestimmung), §§ 3, 6 BerlLadÖffG (Ladenöffnung am Sonntag).

Schutz vor dieser Regelung genießen der 1. Januar, der 1. Mai, der Karfreitag, der Ostersonntag, der Pfingstsonntag, der Volkstrauertag, der Totensonntag und die Feiertage im Dezember.

§ 6 Abs. 1 Satz 2, Abs. 2 Satz 3 BerlLadÖffG.

Somit ist nach Maßgabe des Gesetzes eine Ladenöffnung sämtlicher Geschäfte *an bis zu zehn Sonntagen im Jahr* möglich. Dies würde eine Ladenöffnung an fast 1/5 aller Sonntage im Jahr bedeuten. Allerdings erfasst § 6 BerlLadÖffG nicht allein Sonntage, sondern auch Feiertage. Es ist jedoch eine Ladenöffnung an anderen verfassungsrechtlich geschützten Tagen, die nie Sonntage sind, höchstens in drei Fällen (Ostermontag, Christi Himmelfahrt, Pfingstmontag) möglich. Mithin können auch für den Fall, dass der Berliner Senat eine Ladenöffnung an allen genannten Wochenfeiertagen erlaubt, an den vier Adventssonntagen und darüber hinaus noch immer an drei weiteren Sonntagen die Laden geöffnet sein.

Weitere Ausnahmen vom Ladenschluss am Sonntag beziehen sich auf den Verkauf bestimmter Waren oder auf besondere Verkaufsstellen.

§§ 4, 5 BerlLadÖffG (Verkauf bestimmter Waren bzw. besondere Verkaufsstellen).

Diese Ausnahmen gehen weiter als diejenigen des bisherigen Ladenschlussgesetzes und der Verordnung über den Verkauf bestimmter Waren an Sonn- und Feiertagen.

§§ 3-15 LadschlG in der Fassung vom 2. Juni 2003, geändert am 7. Juli 2005; SonntagsVerkVO vom 21. Dezember 1957, geändert am 30. Juli 1996.

So dürfen z.B. Verkaufsstellen mit überwiegendem Lebens- und Genussmittelangebot am 24. Dezember von 7:00 bis 14:00 Uhr geöffnet werden, wenn dieser auf einen Sonntag fällt.

§ 4 Abs. 1 Nr. 4 BerlLadÖffG.

Das Bundesland Berlin besitzt im Anschluss an die so genannte Föderalismusreform die Gesetzgebungskompetenz zur Regelung des Ladenschlusses. Durch die Änderung des Grundgesetzes wurde das Recht des Ladenschlusses ausdrücklich von den Gegenständen der konkurrierenden Gesetzgebungskompetenz ausgenommen.

Art. 70, 74 Abs. 1 Nr. 11 GG in der Fassung vom 23. Mai 1949, zuletzt geändert durch Gesetz vom 28. August 2006.

Das Berliner Ladenöffnungsgesetz ersetzt im Land Berlin das Ladenschlussgesetz des Bundes.

Art. 125a Abs. 1 Satz 2 GG.

II. Zulässigkeit der Verfassungsbeschwerde

Die gegen § 3 Abs. 1, § 4 Abs. 1 Nr. 4 und Abs. 2 Nr. 1 sowie gegen § 6 Abs. 1 und Abs. 2 BerlLadÖffG erhobene Verfassungsbeschwerde ist zulässig.

1. Rechtsweg

Der Rechtsweg zum Bundesverfassungsgericht ist nach Art. 93 Abs. 1 Nr. 4a GG, § 90 Abs. 1 BVerfGG eröffnet, da die Beschwerdeführerin mit der erhobenen Grundrechtsrüge eine Verletzung in ihrem Grundrecht aus Art. 4 Abs. 1 und Abs. 2 GG i.V.m. Art. 140 GG / Art. 139 GG behauptet.

2. *Beschwerdefähigkeit*

Die Beschwerdeführerin ist als öffentlich-rechtlich verfasste Religionsgemeinschaft im Sinne des Art. 140 GG i.V.m. Art. 137 Abs. 5 WRV beschwerdefähig, da sie als Religionsgemeinschaft im Blick auf Art. 4 Abs. 1 und Abs. 2 GG Grundrechtsträgerin ist und gerade die Verletzung dieses Grundrechts geltend macht.

> *BVerfGE* 19, 129 (132); 53, 366 (387 f.) m.w.N.; st. Rspr.; *Ruppert*, in: Umbach / Clemens / Dollinger, Bundesverfassungsgerichtsgesetz, 2. Aufl. (2005), § 90 BVerfGG, Rn. 44; *Kokott*, in: Sachs (Hrsg.), Grundgesetz, 4. Aufl. (2007), Art. 4 GG, Rn. 10.

Beschwerdefähig nach Maßgabe von Art. 93 Abs. 1 Nr. 4a GG, § 90 Abs. 1 BVerfGG ist „jedermann", worunter nach ständiger Rechtsprechung des Bundesverfassungsgerichts jede natürliche oder juristische Person verstanden wird, welche – gegebenenfalls i.V.m. Art. 19 Abs. 3 GG – Trägerin bzw. Träger der möglicherweise verletzten Grundrechte oder grundrechtsähnlichen Rechte sein kann.

> *BVerfGE* 3, 383 (391 f.); 6, 273 (277); 12, 6 (8); 21, 362 (367); st. Rspr.

3. *Beschwerdegegenstand*

Das Berliner Ladenöffnungsgesetz vom 14. November 2006 stellt als formelles Landesgesetz gemäß Art. 93 Abs. 1 Nr. 4a GG, § 90 Abs. 1 BVerfGG einen Akt der öffentlichen Gewalt dar und ist somit zulässiger Beschwerdegegenstand.

> *BVerfGE* 61, 210 (232); *Zuck*, Das Recht der Verfassungsbeschwerde, 3. Aufl. (2006), Rn. 549.

4. *Beschwerdebefugnis*

Die Beschwerdeführerin ist auch beschwerdebefugt. Nach ständiger Rechtsprechung des Bundesverfassungsgerichts setzt die Beschwerdebefugnis voraus, dass der Beschwerdeführer geltend machen kann, durch den Beschwerdegegenstand – hier die im Antrag aufgeführten Normen des Berliner Ladenöffnungsgesetzes – selbst, gegenwärtig und unmittelbar in einem Grundrecht oder grundrechtsgleichen Recht betroffen zu sein.

> *BVerfGE* 102, 197 (206 f.); st. Rspr.; *Lechner / Zuck*, Bundesverfassungsgerichtsgesetz, 5. Aufl. (2006), § 90 BVerfGG, Rn. 128 ff.; *Ruppert*, in: Umbach / Clemens / Dollinger, Bundesverfassungsgerichtsgesetz, 2. Aufl. (2005), § 90 BVerfGG, Rn. 70 ff.

Soweit die angegriffenen Normen des Berliner Ladenöffnungsgesetzes eine Ladenöffnung an bestimmten Sonn- und kirchlichen Feiertagen zulassen, kann die Beschwerdeführerin geltend machen, hierdurch selbst, gegenwärtig und unmittelbar in ihrem Grundrecht aus Art. 4 Abs. 1 und Abs. 2 GG betroffen zu sein.

a) *Verletzung eines Grundrechts*

Einer Berufung der Beschwerdeführerin auf ihr Grundrecht aus Art. 4 Abs. 1 und Abs. 2 GG steht zunächst nicht entgegen, dass bei der Beurteilung der Verfassungsmäßigkeit der durch die Verfassungsbeschwerde angegriffenen Normen die *Gewährleistung des Schutzes der Sonn- und Feiertage* nach Art. 140 GG i.V.m. Art. 139 WRV maßgebliche Relevanz entfaltet.

aa) *Grundrechtsbezogener Regelungsgehalt von Art. 140 GG i.V.m. Art. 139 WRV*

Zwar handelt es sich bei Art. 140 GG i.V.m. Art. 139 WRV nach Maßgabe der bisherigen Rechtsprechung des Bundesverfassungsgerichts nicht um ein *Grundrecht oder grundrechtsgleiches Recht*.

> *BVerfGE* 19, 129 (135); 206 (218); *BVerfG*, KirchE 18, 251 (252).

Ebenso geht die herrschende Meinung in Rechtsprechung und Literatur zutreffend davon aus, dass es sich bei Art. 140 GG i.V.m. Art. 139 WRV nicht um ein Grundrecht, sondern um eine *institutionelle Garantie* handelt.

Statt vieler: *Stollmann*, Der Sonn- und Feiertagsschutz nach dem Grundgesetz, 2004, S. 42 (mit zahlreichen weiteren Nachweisen in Fn. 88); das Bundesverfassungsgericht spricht sowohl von der „Institution des Sonn- und Feiertags" (*BVerfGE* 111, 10 [50]) als auch von einer „Institutsgarantie" (*BVerfG* NJW 1995, 3378 [3379]); ferner *BVerwGE* 79, 118 (122); 79, 236 (238); 90, 337 (341 f.).

Indes erschöpft sich die Funktion des Art. 140 GG i.V.m. Art. 139 GG nicht in dieser objektiv-rechtlichen Funktion; es wird vielmehr die durch Art. 4 Abs. 1 und Abs. 2 GG geschützte *Möglichkeit freier Religionsausübung*, was ihre tatsächlichen Rahmenbedingungen anbelangt, durch Art. 140 GG i.V.m. Art. 139 WRV konkret *entfaltet bzw. ausgeformt*.

Mosbacher, Sonntagsschutz und Ladenschluß, 2007, S. 315.

Daher ist die Beschwerdeführerin bei einem Verstoß der den Sonntag und die kirchlichen Feiertage betreffenden Vorschriften des Berliner Ladenöffnungsgesetzes gegen Art. 140 GG i.V.m. Art. 139 WRV stets insofern auch in ihrem Grundrecht aus Art. 4 Abs. 1 und Abs. 2 GG betroffen, als dadurch die tatsächlichen Rahmenbedingungen freier Religionsausübung der Beschwerdeführerin beschränkt werden.

In diesem Sinne hat auch das Bundesverfassungsgericht in seiner Ladenschluss-Entscheidung davon gesprochen, dass „die Möglichkeit der Religionsausübung an Sonn- und Feiertagen" erfasst werde, obwohl Art. 139 WRV nicht auf „einen religiösen oder weltanschaulichen Sinngehalt der Sonn- und Feiertage beschränkt" sei. In der Entscheidung zum Verlangen der Religionsgemeinschaft der Zeugen Jehovas nach Zuerkennung des Status als Körperschaft des öffentlichen Rechts hat das Bundesverfassungsgericht darauf hingewiesen, dass „die Gewährleistungen der Weimarer Kirchenartikel … funktional auf die Inanspruchnahme und Verwirklichung des Grundrechts der Religionsfreiheit angelegt" seien.

BVerfGE 111, 10 (51); 102, 370 (387) mit Rekurs auf *BVerfGE* 42, 312 (322).

In diesem Sinne judizierte ferner das Bundessozialgericht: „Soweit Art. 139 WRV die Gewährleistung eines gesetzlichen Schutzes der Arbeitsruhe auf Sonntage und die staatlich anerkannten Feiertage beschränkt, handelt es sich lediglich um eine nähere Ausgestaltung der Religionsfreiheit hinsichtlich des öffentlich-rechtlichen (= staatlichen) Feiertagsschutzes, ohne dass dadurch der Vorrang des Art. 4 GG angetastet wird."

BSGE 51, 70 (73).

Auch in der wissenschaftlichen Literatur wird zu Recht weithin vertreten, dass Art. 140 GG i.V.m. Art. 139 WRV den äußeren *Rahmen für die Ausübung der Religionsfreiheit* nach Art. 4 Abs. 1 und Abs. 2 GG schafft und dadurch die Religionsausübung unterstützt und ergänzt.

v. Campenhausen, in: v. Mangoldt / Klein / Starck, Kommentar zum Grundgesetz, Bd. 3, 5. Aufl. (2005), Art. 140 GG / Art. 139 WRV, Rn. 13 u. 19; *de Wall*, Zum subjektiven Recht der Kirchen auf den Sonntagsschutz, NVwZ 2000, S. 857 ff. (860); *v. Campenhausen / de Wall*, Staatskirchenrecht, 4. Aufl. (2006), S. 329 f.; *Hollerbach*, Freiheit kirchlichen Wirkens, in: Isensee / Kirchhof, HStR VI, § 140, Rn. 61; *Ehlers*, in: Sachs (Hrsg.), Grundgesetz, 4. Aufl. (2007), Art. 140 GG / Art. 139 WRV, Rn. 11; *Preuß*, in: Denninger, AK-GG, Stand: 2. Erg.-Lieferung, August 2002, Art. 140 GG, Rn. 69; *Morlok*, in: Dreier (Hrsg.), Grundgesetz, Bd. 3, 2000, Art. 140 GG / Art. 139 WRV, Rn. 10; *Hofmann*, in: Schmidt-Bleibtreu / Klein, Kommentar zum Grundgesetz, 9. Aufl. (1999), Art. 140 GG, Rn. 39; *Rüfner*, Die institutionelle Garantie der Sonn- und Feiertage, in: Kästner / Nörr / Schlaich (Hrsg.), Festschrift für Martin Heckel zum siebzigsten Geburtstag, 1999, S. 447 ff. (455); *Pirson*, Art. „Sonn- und Feiertage. II. Juristisch", in: EvStL, Bd. 2, 3. Aufl. (1987), Sp. 3150 f.; *Pahlke*, Sonn- und Feiertagsschutz als Verfassungsgut, in: Essener Gespräche zum Thema Staat und Kirche 24 (1990), S. 53 ff. (57); *Morlok / Heinig*, Feiertag! Freier Tag? Die Garantie des Sonn- und Feiertagsschutzes als subjektives Recht im Lichte des Art. 139 WRV, NVwZ 2001, S. 846 ff. (850); *Mattner*,

Sonn- und Feiertagsrecht, 1988, S. 42-47; *Unruh*, Die Kirchen und der Sonntagsschutz, ZevKR 52 (2007), S. 1 ff. (16 f.).

Dem steht auch nicht die Entscheidung des Bundesverfassungsgerichts zur Abschaffung des staatlichen Schutzes des Buß- und Bettags aus dem Jahr 1995 entgegen. Zwar hat das Bundesverfassungsgericht damals Art. 4 Abs. 1 und Abs. 2 GG geprüft und festgestellt, dass kein Grundrechtseingriff vorliege. Denn der Beschwerdeführer sei nicht an der Begehung des Buß- und Bettags als eines religiösen Tages gehindert; insbesondere ermögliche das Feiertagsgesetz eine Arbeitsfreistellung.

BVerfG NJW 1995, 3378 (3379).

Diese Bewertung ist jedoch auf den vorliegenden Fall nicht einfach übertragbar. Denn im Unterschied zur genannten Entscheidung rügt die Beschwerdeführerin hier nicht die *Abschaffung des staatlichen Schutzes eines einzelnen Feiertages* (wovor Art. 140 GG i.V.m. Art. 139 WRV in der Tat nicht schützt), sondern den durch die Gesamtheit der angegriffenen Regelungen des Berliner Ladenöffnungsgesetzes erfolgenden Eingriff in den geschützten *Kernbereich der institutionellen Garantie des Sonntags* und die damit verbundene Beeinträchtigung ihrer Möglichkeiten, im Rahmen ihrer Religionsausübung die Gläubigen durch religiöse Veranstaltungen zu erreichen.

Entsprechend erachtete das OVG Schleswig es denn auch im Rahmen eines verwaltungsgerichtlichen Verfahrens im November 2005 für den Erlass einer einstweiligen Anordnung nicht als von vornherein ausgeschlossen, dass sich für eine Kirchengemeinde gegen die Ladenöffnung am Adventssonntag ein subjektives Recht aus Art. 4 Abs. 2 GG ergeben könne.

OVG Schleswig NordÖR 2005, 531 f.

Soweit in der bisherigen wissenschaftlichen Diskussion demgegenüber die Ansicht vertreten worden ist, Art. 140 GG i.V.m. Art. 139 WRV sei als *lex specialis* im Verhältnis zu Art. 4 Abs. 1 und Abs. 2 GG zu betrachten,

Westphal, Die Garantie der Sonn- und Feiertage als Grundlage subjektiver Rechte, 2003, S. 101 ff. (103).

kann dem ebenso wenig gefolgt werden wie der Meinung, aus Art. 140 GG i.V.m. Art. 139 WRV ergebe sich lediglich ein zeitlich begrenzter Schutz einer so genannten „Gottesdienstzeit",

Stollmann, Der Sonn- und Feiertagsschutz nach dem Grundgesetz, 2004, S. 115 f.

während die Regelung im Übrigen prinzipiell keinen Bezug zu Art. 4 Abs. 1 und Abs. 2 GG aufweise.

Stollmann, Zum subjektivrechtlichen Gehalt des Art. 140 GG / 139 WRV, Verwaltungsarchiv 2005, S. 348 ff. (361).

Diese Sicht verfehlt die geltende Rechtslage, indem verkannt wird, dass die durch Art. 140 GG inkorporierten Normen der Weimarer Reichsverfassung *vollgültige Bestandteile des Grundgesetzes* geworden sind

BVerfGE 19, 206 (219); 19, 226 (236); 44, 59 (69); 53, 366 (400); 66, 1 (22); 70, 138 (167); st. Rspr.

und deshalb nach dem Grundsatz der Einheit der Verfassung

BVerfGE 52, 223 (246).

bei der Konkretisierung ihrer rechtlichen Tragweite nicht isoliert bzw. segmentiert von den übrigen religionsverfassungsrechtlichen Regelungen betrachtet werden dürfen.

Ebenso ist die Auffassung abzulehnen, Art. 140 GG i.V.m. Art. 139 WRV *erleichtere* zwar die Religionsausübung am Sonntag, sei durch Art. 4 Abs. 1 und Abs. 2 GG aber *nicht zwingend geboten* und stelle lediglich „eine fördernde, nicht zwingend gebotene Leistung des Staates" dar.

Korioth, in: Maunz / Dürig, Grundgesetz, Stand: 47. Erg.-Lieferung, Juni 2006, Art. 140 GG / Art. 139 WRV, Rn. 5.

Darauf, ob der Verfassungsgeber *verpflichtet* gewesen wäre, eine verfassungsrechtliche Regelung, wie sie gegenwärtig vorliegt, zu treffen, kommt es nicht an; denn er hat sich *tatsächlich* für eine solche die Religionsausübung fördernde Ausgestaltung der Verfassung entschieden.

> *v. Campenhausen*, in: v. Mangoldt / Klein / Starck, Kommentar zum Grundgesetz, Bd. 3, 5. Aufl. (2005), Art. 140 GG / Art. 139 WRV, Rn. 7 ff. u. 14; *Pirson*, Art. „Sonn- und Feiertage. II. Juristisch", in: EvStL, Bd. 2, 3. Aufl. (1987), Sp. 3151.

Der aktuellen rechtlichen Betrachtung ist *die tatsächlich getroffene Dezision des Verfassungsgebers* zugrunde zu legen. Nach der geltenden Fassung des Grundgesetzes enthält Art. 140 GG i.V.m. Art. 139 WRV neben seiner sozialpolitischen Komponente zufolge der Zwecksetzung der „seelischen Erhebung" ausdrücklich auch eine *religionsfördernde*; die Vorschrift steht insoweit in unmittelbarer Verknüpfung mit der Religionsfreiheit des Art. 4 Abs. 1 und Abs. 2 GG.

> *Kästner*, in: Listl / Pirson (Hrsg.), Handbuch des Staatskirchenrechts der Bundesrepublik Deutschland, Bd. 2, 2. Aufl. (1995), S. 337 ff. (350); ferner *Unruh*, Die Kirchen und der Sonntagsschutz, ZevKR 52 (2007), S. 1 ff. (15): „Grundrechtsnähe".

bb) Konkretisierung des Gewährleistungsgehalts von Art. 4 Abs. 1 und Abs. 2 GG

Aus dem *wechselseitigen Konkretisierungsverhältnis* von Art. 4 Abs. 1 und Abs. 2 GG einerseits und Art. 140 GG i.V.m. Art. 139 WRV andererseits folgt nicht nur, dass die institutionelle Garantie des Art. 140 GG i.V.m. Art. 139 WRV im Lichte der grundrechtlichen Gewährleistung auszulegen ist, sondern auch, dass die Reichweite des Schutzes der Religionsausübungsfreiheit der Beschwerdeführerin durch Art. 140 GG i.V.m. Art. 139 WRV mitbestimmt wird. Mithin konkretisiert der durch Art. 140 GG i.V.m. Art. 139 WRV gewährte Schutz der Sonn- und Feiertage im Umfang seiner religionsfördernden Komponente zugleich den *Gewährleistungsgehalt des Grundrechts der Beschwerdeführerin aus Art 4 Abs. 1 und Abs. 2 GG.*

Dies hat zur Folge, dass eine verfassungsrechtlich nicht gerechtfertigte Beeinträchtigung des institutionellen Schutzes der Sonn- und Feiertage in seiner religionsfördernden Komponente durch das Berliner Ladenöffnungsgesetz nicht nur zu einer Verletzung der Beschwerdeführerin in ihrem Grundrecht aus Art. 4 Abs. 1 und Abs. 2 GG führt; diese Verletzung ist darüber hinaus auch eine *unmittelbare*. Denn es bedarf hierzu keiner weiteren – vermittelnden – Zwischenakte. Die Behinderung der Beschwerdeführerin in ihrer freien Religionsausübung wird vielmehr durch die einschlägigen gesetzlichen Regelungen direkt bewirkt.

cc) Freiheitsrechtlicher Gehalt von Art. 140 GG i.V.m. Art. 139 WRV

Für eine Auslegung des Art. 140 GG i.V.m. Art. 139 WRV als Bestandteil des Gewährleistungsgehalts von Art. 4 Abs. 1 und Abs. 2 GG spricht ferner der *Schutzzweck* des Art. 140 GG i.V.m. Art. 139 WRV, welcher in gleicher Weise wie nach 1919 auch heute noch relevant ist. Denn dieser ist darauf gerichtet, dem bzw. der einzelnen wie auch den Kirchen und Religionsgemeinschaften eine vom christlichen Glauben bestimmte Gestaltung der Sonn- oder Feiertage zu ermöglichen. Das wird durch die Auswahl des *Sonntags* christlicher Tradition als geschützter Ruhetag unter den sieben Wochentagen, durch den Wortlaut („seelische Erhebung“) sowie durch die Einbeziehung des Art. 139 WRV in den Abschnitt „Religion und Religionsgesellschaften“ der Weimarer Reichsverfassung klar verdeutlicht.

> Dazu auch *Stollmann*, Staatlich anerkannte Feiertage – einfachgesetzlicher Spielball oder änderungsfestes Rechtsinstitut?, DÖV 2004, S. 471 ff. (475); *Dirksen*, Das Feiertagsrecht, 1961, S. 29 f.; *Mosbacher*, Sonntagsschutz und Ladenschluss, 2007, S. 310 f.

Die *Entstehungsgeschichte des Art. 140 GG i.V.m. Art. 139 WRV* bestätigt diese Bewertung. Insofern erscheinen zwar die Beratungen zu Art. 140 GG im Parlamentarischen Rat relativ unergiebig; aufschlussreich sind demgegenüber die Beratungen der Weimarer Nationalversammlung zum späteren Art. 139 WRV (Art. 136 des Verfassungsentwurfs) von 1919. Hier führte der Abgeordnete *Dr. Mausbach* als Berichterstatter für den Abschnitt über Religion und Religionsgesellschaften in der Sitzung am 17. Juli 1919 Folgendes aus: „Es bleiben nur noch die Art. 136, 137 und 138, von denen

Art. 136 (scil. der spätere Art. 139 WRV) die öffentliche Sitte und die christliche Tradition und Religionsausübung bezüglich der Sonntage und Feiertage schützt. Die großen geschichtlichen Bestandteile unserer Kultusübung enthalten aber auch *wertvolle Freiheitsrechte für die einzelnen*; und gerade diese Seite der Sonntagsruhe, die Schonung der Freiheit und der sozialen Gleichwertigkeit aller Klassen, ist darin ausgesprochen, dass diese Tage Tage der ‚Arbeitsruhe und der seelischen Erhebung' für alle bleiben sollen." (Hervorhebung nicht im Original).

Wiedergegeben bei *Heilfron (Hrsg.)*, Die Deutsche Nationalversammlung im Jahre 1919, Band 6 (1919), S. 4001 ff. (4007).

Der Gewährleistung der Kultusausübung an Sonn- und Feiertagen wurde mithin durchaus ein *freiheitsrechtlicher* Gehalt zugeschrieben. Insofern gingen auch die Beratungen der Weimarer Nationalversammlung – wenngleich dem späteren Art. 139 WRV im Ergebnis die Qualität eines subjektiven Rechts nicht explizit beigelegt wurde – zumindest von einer rechtlich schützenswerten subjektiv-rechtlichen Dimension des verfassungsrechtlichen Schutzes der Sonn- und Feiertage aus.

Darüber hinaus wurde eine explizite Verknüpfung von Art. 139 WRV mit den kirchlichen Interessen von *Anschütz* hergestellt, wenn er in seinem Kommentar zur Weimarer Reichsverfassung Folgendes ausführte: „Dadurch, dass auch der neue Staat den Sonntag und die von ihm anerkannten kirchlichen Feiertage schützt und für deren äußere Heilighaltung mit seinen Machtmitteln einsteht…, bezeugt er, dass er, wie es bisher Rechtens war, kirchliche Interessen im öffentlichen Leben besonders zu berücksichtigen gesonnen und insofern bereit ist, an seiner alten Stellung als advocatus Ecclesiae festzuhalten."

Anschütz, Die Verfassung des Deutschen Reichs vom 11. August 1919, unveränderter Nachdruck der 14. Aufl. 1933 (1965), Art. 139 Anm. 1 (S. 654 f.).

Die Schutzintention sowohl des Grundrechts auf Religionsfreiheit als auch des verfassungsrechtlichen Schutzes der Sonn- und Feiertage ist, soweit es um religiöse Belange geht, identisch: Die Einzelnen sowie die Kirchen und Religionsgemeinschaften sollen in die Lage versetzt werden, sich entweder selbst zum Zwecke der Religionsausübung „seelisch zu erheben“ oder aber – in korporativem Kontext – ihrem Auftrag und Selbstverständnis entsprechend die Gemeinden und Gläubigen durch geeignete Veranstaltungen zu erreichen und ihnen die Möglichkeit zu einer solchen „seelischen Erhebung“ zu bieten.

Mosbacher, Sonntagsschutz und Ladenschluß, 2007, S. 311; *Unruh*, Die Kirchen und der Sonntagsschutz, ZevKR 52 (2007), S. 1 ff. (16).

dd) Das Grundrecht auf Religionsfreiheit als – partielles – Teilhaberecht

Indem die Verfassung den verfassungsrechtlichen Schutz der Sonntage nach Maßgabe von Art. 140 GG i.V.m. Art. 139 WRV im Sinne einer institutionellen Garantie zur „seelischen Erhebung“ – mithin (neben der sozialpolitischen) mit *religionsfördernder* Zwecksetzung – gewährleistet, erwächst den Kirchen und Religionsgemeinschaften im Rahmen ihres Grundrechts auf Religionsfreiheit ein Anspruch, an diesem staatlicherseits im Grundgesetz objektiv statuierten *spezifischen* Schutz ungestörter Religionsausübung effektiv *teilzuhaben* und darin nicht durch bundesrechtswidrige Maßnahmen des Landesgesetzgebers beeinträchtigt zu werden. Insofern enthält das Grundrecht auf Religionsfreiheit – bezogen auf die genannte staatliche Gewährleistung – partiell ein *Teilhaberecht.*

Art. 4 Abs. 1 und Abs. 2 GG in der Verknüpfung mit Art. 140 GG i.V.m. Art. 139 WRV sichert den Kirchen und Religionsgemeinschaften von Verfassungs wegen die Möglichkeit, gerade auch die vom Werktag unterschiedenen *Sonntage* nach Maßgabe ihres Selbstverständnisses religiös begehen und dabei ihre Gemeinden und Gläubigen tatsächlich erreichen zu können. Das besondere grundrechtlich geschützte Interesse der Kirchen an einem effektiven Schutz der Sonntage richtet sich insofern auf die ungestörte Abhaltung von Gottesdiensten und sonstigen religiösen Veranstaltungen; daneben ist den Kirchen an einer Unterstützung diakonischer und familienfördernder Aspekte gelegen, welche nach ihrem Selbstverständnis gleichermaßen zu ihrem Auftrag gehören. Dass auch die Bundesländer diese unmittelbare Interdependenz zwischen der Religionsfreiheit der Kirchen und dem Schutz des Sonntags anerkennen, geht nicht zuletzt aus der Tatsache hervor, dass der Sonntagsschutz in den Konkordaten und Staatskirchenverträgen eigens garantiert wird – so auch in Art. *21 des Evangelischen Kirchenvertrags Berlin* vom 19. Februar 2006. Es wurde dort vertraglich ausdrücklich vereinbart: „Der Schutz der Sonntage und kirchlichen Feiertage wird gewährleistet."

> Gesetz zum Vertrag des Landes Berlin mit der Evangelischen Kirche Berlin-Brandenburg-schlesische Oberlausitz (Evangelischer Kirchenvertrag Berlin) vom 6. Juli 2006, GVBl. 2006, S. 715-719; in Kraft getreten am 19. April 2007.

Die Tatsache, dass das Berliner Ladenöffnungsgesetz *bis zu zehn Sonntage im Jahr* – mithin etwa ein Fünftel aller Sonntage – ihres verfassungsrechtlich geschützten Charakters entkleidet, bedeutet nach alledem nicht nur objektiv eine Aushöhlung des Art. 140 GG i.V.m. Art. 139 WRV, sondern zugleich für die Beschwerdeführerin eine unmittelbar hieraus resultierende Verletzung in ihrem Grundrecht aus Art. 4 Abs. 1 und Abs. 2 GG.

b) Gegenwärtigkeit der Grundrechtsverletzung

Diese Grundrechtsverletzung ist *gegenwärtig*. Das Berliner Ladenöffnungsgesetz mit seinen als verfassungswidrig gerügten Normen ist bereits in Kraft getreten und wirkt deshalb nicht nur „virtuell", sondern gegenwärtig auf die Beschwerdeführerin ein.

> *BVerfGE* 102, 197 (207); st. Rspr.; *Lechner / Zuck*, Bundesverfassungsgerichtsgesetz, 5. Aufl. (2006), § 90 BVerfGG, Rn. 130.

c) Unmittelbare Betroffenheit der Beschwerdeführerin

Die Beschwerdeführerin ist von den als verfassungswidrig gerügten Bestimmungen des Berliner Ladenöffnungsgesetzes *unmittelbar* betroffen.

aa) Kumulation der sonntagsbezogenen Regelungen betreffend die Ladenöffnung

Diese Unmittelbarkeit gilt für die Betroffenheit der Beschwerdeführerin in ihrem Grundrecht aus Art. 4 Abs. 1 und Abs. 2 GG als Folge der *Kumulation* der durch die Verfassungsbeschwerde angegriffenen Regelungen des

Berliner Ladenöffnungsgesetzes; durch diese Kumulation wird eine *quantitativ* qualifizierte Minderung und Aushöhlung des verfassungsrechtlichen Schutzes der Sonntage nach Art. 140 GG i.V.m. Art. 139 WRV bewirkt, welche die Möglichkeiten der Beschwerdeführerin zur freien Religionsausübung verletzt, ohne eines Vollzugsakts zu bedürfen; auf die Ausführungen oben (a) wird insoweit verwiesen.

bb) § 3 Abs. 1 sowie § 4 Abs. 1 Nr. 4 und § 4 Abs. 2 Nr. 1 BerlLadÖffG

Die Betroffenheit der Beschwerdeführerin folgt im Übrigen speziell aus § 3 Abs. 1 BerlLadÖffG, soweit darin eine Ladenöffnung an den Adventssonntagen ermöglicht wird, sowie aus § 4 Abs. 1 Nr. 4 und § 4 Abs. 2 Nr. 1 BerlLadÖffG; denn diese Regelungen wirken im Blick auf *bestimmte besonders geprägte Sonntage des Kirchenjahres* unmittelbar verletzend auf die verfassungsrechtlich geschützte Rechtsstellung der Beschwerdeführerin ein, ohne dass es eines weiteren Vollzugsakts bedürfte.

cc) § 6 Abs. 1 und Abs. 2 BerlLadÖffG

Gleiches gilt im Ergebnis für die in § 6 Abs. 1 und Abs. 2 BerlLadÖffG getroffenen Regelungen. Zwar bedürfen diese Bestimmungen dem Grunde nach jeweils einer Umsetzung, nämlich entweder durch *Allgemeinverfügung* (§ 6 Abs. 1 BerlLadÖffG) oder – sofern man dies als „Vollzugsakt" ansehen will – durch das *Absehen von einem Verbot* nach Anzeige der Ladenöffnung an das zuständige Bezirksamt (§ 6 Abs. 2 BerlLadÖffG). Gleichwohl liegt in beiden Fällen eine unmittelbare Betroffenheit der Beschwerdeführerin bereits durch die gesetzlichen Regelungen als solche vor.

(1) Dies gilt zunächst für § 6 Abs. 2 BerlLadÖffG. Hier kommt es *faktisch* insoweit zu einer Unmittelbarkeit der Grundrechtsverletzung bereits durch das Gesetz als solches, als die Beschwerdeführerin angesichts der kurzen Anzeigefrist von sechs Tagen und der Verteilung der Anmeldungen auf sämtliche Berliner Bezirksämter in der Regel schlechterdings keine rechtzeitige Kenntnis von Ladenöffnungen nach § 6 Abs. 2 BerlLadÖffG erhalten und somit auch keine Rechtsmittel gegen die Untätigkeit der Bezirksverwaltung ergreifen kann. Fortsetzungsfeststellungsklagen würden – angesichts der unterschiedlichen Gegebenheiten bei den jeweils öffnen-

den Verkaufsstellen und der mithin fehlenden „Wiederholungsgefahr“ – als unzulässig mangels eines berechtigten Interesses an der Feststellung scheitern.

(2) Gleiches gilt im Ergebnis auch für § 6 Abs. 1 BerlLadÖffG. Zwar tritt im Falle einer Ermächtigung zum Erlass einer Allgemeinverfügung nach § 6 Abs. 1 BerlLadÖffG bei formaler Betrachtung eine unmittelbare Betroffenheit der Beschwerdeführerin erst mit Erlass der Allgemeinverfügungen ein. Die Beschwerdeführerin hat gegen die zuletzt ergangene einschlägige Allgemeinverfügung vom 11. Mai 2007 (ABl. Berlin Nr. 20, S. 1231) denn auch den Verwaltungsrechtsweg durch Anfechtungsklage zum Verwaltungsgericht Berlin beschritten; diese Klage wird – nach Erledigung in der Hauptsache durch Zeitablauf – inzwischen in Form der Fortsetzungsfeststellungsklage fortgeführt.

– Verwaltungsstreitsache VG 35 A 443.07 –

Tatsächlich ist die Beschwerdeführerin allerdings bereits durch die im Verbund mit den anderen durch die Verfassungsbeschwerde angegriffenen gesetzlichen Regelungen stehende *Ermächtigung zum Erlass von Allgemeinverfügungen* insofern unmittelbar betroffen, als einerseits die Regelung des § 6 Abs. 1 BerlLadÖffG als solche gerade in der Kumulation mit den „selbstvollziehenden“ Vorschriften ihr Grundrecht auf freie Religionsausübung verletzt, und als andererseits von vornherein mit Sicherheit zu erwarten ist, dass die zuständige Berliner Senatsverwaltung auch künftig den durch § 6 Abs. 1 BerlLadÖffG geschaffenen Ermächtigungsrahmen ständig voll ausschöpfen wird; darauf deutet die Erfahrung in Form von zwei Allgemeinverfügungen seit Inkrafttreten des Gesetzes bereits jetzt hin.

Tatsächlich vollzugsbedürftig ist im Rahmen von § 6 Abs. 1 BerlLadÖffG unter diesen Umständen nicht die *Ermächtigung zur Ladenöffnung an bis zu vier Sonn- oder Feiertagen* neben den sechs schon nach den anderen Regelungen möglichen Verkaufssonntagen – welche als solche die der Verfassungsbeschwerde zugrunde liegende Grundrechtsverletzung auslöst; eines „Vollzugs“ bedarf faktisch lediglich die *Auswahl und Konkretisierung der betreffenden vier Tage im Jahr* – welche als solche zwar (im Falle der Auswahl kirchlich besonders wichtiger Tage) die Grundrechtsverletzung möglicherweise zu verschärfen geeignet sein kann, welche im Übrigen aber das an sich bereits grundrechtsverletzende gesetzliche *Grundprinzip* als solches nicht eigentlich „vollzieht".

d) Selbstbetroffenheit der Beschwerdeführerin

Auch liegt die erforderliche *Selbstbetroffenheit* der Beschwerdeführerin vor; denn die Evangelische Kirche Berlin-Brandenburg-schlesische Oberlausitz macht die Verletzung eines *ihr* zustehenden Grundrechts geltend.

Dem steht auch nicht entgegen, dass die Beschwerdeführerin nicht selbst *„Adressatin"* des Berliner Ladenöffnungsgesetzes ist, sondern dass sich das Gesetz vielmehr primär auf die in § 2 Abs. 1 BerlLadÖffG genannten Verkaufsstellen sowie deren Bedienstete und Kunden bezieht. Eine Selbstbetroffenheit ist bereits zufolge der gegebenen engen Beziehung zwischen der Grundrechtsposition der Beschwerdeführerin und der Maßnahme zu bejahen.

BVerfGE 108, 370 (384).

Diese enge Beziehung folgt aus der oben (a) dargelegten Verknüpfung von Art. 4 Abs. 1 und Abs. 2 GG mit Art. 140 GG i.V.m. Art. 139 WRV; denn die von der Beschwerdeführerin nach eigenem Selbstverständnis intendierten *Gottesdienste und religiösen Veranstaltungen* werden an einer sehr beträchtlichen Anzahl von Sonntagen dadurch nachhaltig behindert und gestört, dass das Berliner Ladenöffnungsgesetz diese Sonntage durch eine Freigabe der Öffnung von Verkaufsstellen ihres ruhigen, geschützten Charakters entkleidet. Damit werden genuine Formen der den Kirchen und Religionsgemeinschaften durch Art. 4 Abs. 1 und Abs. 2 GG verfassungsrechtlich garantierten freien Religionsausübung beeinträchtigt.

Die Verfassung bekennt sich – als Teilaspekt der „seelischen Erhebung" – durch Art. 140 GG i.V.m. Art. 139 WRV ausdrücklich zum Sonntagsschutz nach christlicher Tradition. Dass der Sonntag gerade für die *christlichen* Kirchen und Religionsgemeinschaften der hervorgehobene Tag der Woche ist und sie damit gegenüber nicht-christlichen Religionsgemeinschaften in gewisser Weise „bevorzugt" sind, ist geschichtlich bedingt und in der Verfassung ausdrücklich so angelegt.

v. Campenhausen, in: v. Mangoldt / Klein / Starck, Kommentar zum Grundgesetz, Bd. 3, 5. Aufl. (2005), Art. 140 GG / Art. 139 WRV, Rn. 14; *Starck*, in: v. Mangoldt / Klein / Starck, Kommentar zum Grundgesetz, Bd. 1, 5. Aufl. (2005), Art. 4 GG, Rn. 144; *Ehlers*, in: Sachs (Hrsg.), Grundgesetz, 4. Aufl. (2007), Art. 140 GG / Art. 139 WRV, Rn. 7; *Korioth*, in: Maunz / Dürig, Grundgesetz, Stand: 47. Erg.-Lieferung, Juni 2006, Art. 140 GG / Art. 139 WRV, Rn. 1 u. 3.

Als Konkretisierung der „seelischen Erhebung“ an Sonn- und Feiertagen werden neben weltanschaulichen vor allem religiöse Anliegen, soweit sie sich auf solche Tage beziehen, ausdrücklich von der Intention des Art. 140 GG i.V.m. Art. 139 WRV erfasst. Die Verfassung und auf ihr aufbauend die Feiertagsgesetze der Bundesländer stellen die Entfaltung religiöser Bedürfnisse der Gläubigen sowie der Kirchen und Religionsgemeinschaften insoweit in institutioneller Einkleidung unter besonderen Schutz der staatlichen Gewalt – indem durch die Statuierung prinzipieller Arbeitsruhe und durch die Abwehr von Störungen ein Freiraum für seelische Erhebung geschaffen wird, indem den Gläubigen die adäquate Begehung der Sonntage und der kirchlichen Feiertage ermöglicht wird, ohne dass dies individuell gerechtfertigt werden müsste, und indem gleichzeitig die der seelischen Erhebung dienenden Gottesdienste und Veranstaltungen der Kirchen und Religionsgemeinschaften von Rechts wegen in den sozialen Kontext des gesellschaftlichen Lebens integriert werden. Damit stehen sämtliche Veranstaltungen der Kirchen zur Feier des Sonntags als eines vom Werktag unterschiedenen Tages – wie etwa Gottesdienste, Andachten, Gemeindefeste oder ähnliches – unter dem ausdrücklichen Schutz des Art. 4 Abs. 1 und Abs. 2 GG in der Verknüpfung mit Art. 140 GG i.V.m. Art. 139 WRV. Wenngleich die Beschwerdeführerin nicht selbst direkt „Adressatin“ der gerügten Normen des Berliner Ladenöffnungsgesetzes ist, wird sie mithin durch diese Normen unmittelbar betroffen.

Zur Vermeidung von Missverständnissen sei ausdrücklich darauf hingewiesen, dass die Beschwerdeführerin im vorliegenden Zusammenhang keine (im Rahmen einer Verfassungsbeschwerde grundsätzlich unzulässige)

BVerfGE 2, 292 (294); 11, 30 (35); 13, 1 (9); 13, 54 (89 f.); 16, 147 (158); 20, 162 (172); 77, 263 (268) m.w.N., st. Rspr.; davon ausnahmsweise abweichend *BVerfGE* 19, 206 (215 f.). – Vgl. auch *Ax*, Prozeßstandschaft im Verfassungsbeschwerde-Verfahren, 1994, S. 85-87.

Prozessstandschaft zugunsten der individuellen Religionsfreiheit ihrer Mitglieder – etwa von Bediensteten der in § 2 Abs. 1 BerlLadÖffG genannten Verkaufsstellen – intendiert. Zwar werden deren Möglichkeiten, an den nach Maßgabe des Berliner Ladenöffnungsgesetzes vom Ladenschluss freigestellten Sonntagen Gottesdienste und sonstige religiöse Veranstaltungen der Beschwerdeführerin zu besuchen, tatsächlich deutlich eingeschränkt. Die vorliegende Verfassungsbeschwerde wird indes nicht auf eine Wahrnehmung einschlägiger Interessen gestützt – obwohl diese der Beschwerdeführerin naturgemäß außerordentlich wichtig sind; vielmehr geht es unmittelbar um die Verletzung der Beschwerdeführerin in ihrem eigenen Grundrecht, welche dadurch gekennzeichnet ist, dass der Berliner Landesgesetzgeber mit den gerügten Bestimmungen des Berliner Ladenöffnungsgesetzes die vom Verfassungsgeber in Art. 4 Abs. 1 und Abs. 2 GG in der Verknüpfung mit Art. 140 GG i.V.m. Art. 139 WRV ausdrücklich getroffene Entscheidung zur Förderung der Religionsausübung

Unruh, Die Kirchen und der Sonntagsschutz, ZevKR 52 (2007), S. 1 ff. (17).

zu unterlaufen versucht.

aa) Die vier Sonntage der Adventszeit

Dies gilt zunächst in besonderem Maße für die *Sonntage in der Adventszeit*, welche eine hervorgehobene Rolle im Kirchenjahr spielen und von den Kirchen traditionell auch entsprechend begangen werden. Durch die von der Beschwerdeführerin angegriffenen Bestimmungen des Berliner Ladenöffnungsgesetzes wird die gesamte Vorweihnachtszeit ihres verfassungsrechtlichen Schutzes weitgehend beraubt, was die traditionelle Ausgestaltung der betreffenden Sonntage angeht.

Das verfassungsrechtlich insoweit bestehende Erfordernis einer Berücksichtigung religiöser Bedürfnisse wird – anders als in Berlin – offenbar von den übrigen Bundesländern jedenfalls bisher grundsätzlich respektiert;

denn sie agieren, soweit ersichtlich, bei der Freigabe einer Ladenöffnung im Blick auf die Adventszeit deutlich zurückhaltender.

bb) Die übrige Zeit des Jahres

Auch über die Adventssonntage hinaus wird die Beschwerdeführerin durch die angegriffenen Bestimmungen des Berliner Ladenöffnungsgesetzes während des restlichen Jahres in ihrem Grundrecht auf freie Religionsausübung nach Art. 4 Abs. 1 und Abs. 2 GG in der Verknüpfung mit Art. 140 GG i.V.m. Art. 139 WRV nachhaltig beeinträchtigt. Zwar haben die Kirchen in Deutschland bisher unter Rücksichtnahme auf (tatsächliche oder vermeintliche) gesellschaftliche Bedürfnisse eine Ladenöffnung an *einzelnen* Sonntagen notgedrungen hingenommen, soweit hierfür Anlässe vorlagen, die eine Ausnahme vom Verkaufsverbot am Sonntag zu rechtfertigen geeignet waren. In Berlin wird demgegenüber bis zu einem Fünftel aller Sonntage pauschal und ohne weiteres des geschützten Charakters entkleidet. Hier schlägt verfassungsrechtlich Quantität in Qualität um. Denn es wird damit der Kernbereich des von Art. 140 GG i.V.m. Art. 139 WRV garantierten Sonntagsschutzes verletzt.

Der staatliche Gesetzgeber im Bund und in den Ländern ist – unbeschadet seines prinzipiellen gesetzgeberischen Gestaltungsspielraums – verpflichtet, die von der Verfassung zugunsten der Kirchen und Religionsgemeinschaften sowie ihrer Gläubigen getroffene Entscheidung zu respektieren und normative Maßnahmen zu unterlassen, welche den geschützten Charakter der Sonntage durch eine flächendeckende Ermöglichung der Ladenöffnung dem Grunde nach aufweichen und damit die ungestörte – selbstverständlich sodann auf der Seite der Gläubigen der individuellen freien Entscheidung anheim gestellte – Entfaltung von Aktivitäten „seelischer Erhebung" vereiteln. Eben dies indes ist im Berliner Ladenöffnungsgesetz geschehen, indem dort eine allgemeine Ladenöffnung an bis zu zehn Sonntagen im Jahr – einschließlich aller vier Adventssonntage – statuiert wurde.

e) Keine verfassungsrechtliche Relevanz der Freihaltung einer „Hauptgottesdienstzeit"

Die unmittelbare und gegenwärtige Selbstbetroffenheit der Beschwerdeführerin durch das Berliner Ladenöffnungsgesetz wird auch nicht dadurch ausgeschlossen, dass durch im Berliner Ladenöffnungsgesetz festgelegte *spätere Öffnungszeiten an Sonntagen* die insoweit ungestörte Veranstaltung von Gottesdiensten am Sonntagmorgen ermöglicht wird. Zwei Ausnahmeregelungen ermöglichen eine Ladenöffnung erst ab 13.00 Uhr.

§ 3 Abs. 1 BerlLadÖffG (Öffnung an Adventssonntagen), § 6 Abs. 2 BerlLadÖffG (Öffnung aus Anlass besonderer Ereignisse).

Insoweit mag die bisweilen so genannte „Hauptgottesdienstzeit" am Sonntagvormittag ausgenommen sein und weiterhin einen gewissen Schutz genießen. Doch ist die *Bestimmung der Zeiten für Gottesdienste und andere religiöse Veranstaltungen* von Verfassungs wegen ausdrücklich den Kirchen und Religionsgemeinschaften bzw. ihren Gemeinden überlassen, nicht aber dem staatlichen Gesetzgeber; denn sie zählt zu den genuinen „eigenen Angelegenheiten" im Sinne des Selbstbestimmungsrechts aus Art. 140 GG i.V.m. Art. 137 Abs. 3 WRV.

v. Campenhausen, in: v. Mangoldt / Klein / Starck, Kommentar zum Grundgesetz, Bd. 3, 5. Aufl. (2005), Art. 140 GG / Art. 137 WRV, Rn. 34.

Eine „Hauptgottesdienstzeit" oder ähnliches ist der geltenden Verfassung gänzlich fremd. Der säkulare und religiös-weltanschaulich neutrale Staat kann nicht selbst definieren, wann seines Erachtens die „Hauptgottesdienstzeit" festzulegen ist, um diese sodann einer gesetzlichen Regelung zugrunde zu legen. Vielmehr können die Kirchen und Religionsgemeinschaften – und damit auch die Beschwerdeführerin – von Verfassungs wegen frei entscheiden, ob Gottesdienste oder andere religiöse Aktivitäten vormittags oder nachmittags durchzuführen sind.

Tatsächlich finden in Berlin jeden Sonntag neben den vormittäglichen Gottesdiensten *etwa zwanzig evangelische Gottesdienste auch am Nachmittag* statt, was die Homepage der Beschwerdeführerin verdeutlicht. Von besonderer Bedeutung sind hierbei die Gottesdienste im Berliner Dom, in der Kaiser-Wilhelm-Gedächtniskirche und in St. Marien; ferner werden die sonntäglichen Gottesdienste in der „Kulturkirche St. Matthäus" am Potsdamer Platz jeden Sonntag (ausschließlich) um 18.00 Uhr gefeiert, in St. Peter und Paul Nikolskoe um 15.00 Uhr.

In diesem Zusammenhang ist grundsätzlich darauf hinzuweisen, dass Art. 140 GG i.V.m. Art. 139 WRV die Sonn- und Feiertage ausdrücklich „als *Tage* der Arbeitsruhe und der seelischen Erhebung" unter Schutz stellt. Es ist mithin der gesamte Tag und nicht nur eine vermeintlich typische „Hauptgottesdienstzeit" zur seelischen Erhebung geschützt.

Mosbacher, Sonntagsschutz und Ladenschluß, 2007, S. 200 f.

Dies ist auch sachgerecht; denn die Religionsausübung und damit die seelische Erhebung vollziehen sich außer in Gottesdiensten auch in sonstigen Formen. Die Befugnis zur Ausgestaltung liegt insoweit bei den Kirchen und Religionsgemeinschaften sowie bei ihren Gläubigen. Durch eine alleinige Fokussierung auf *Gottesdienste* würde die umfassende religiöse Dimension des Sonntags und damit auch dessen Bedeutung für die Religionsausübungsfreiheit der Kirchen aus Art. 4 Abs. 1 und Abs. 2 GG unzulässig verkürzt.

Kingreen / Pieroth, Verfassungsrechtliche Grenzen einer Aufhebung der Ladenschlusszeiten, NVwZ 2006, S. 1221 ff. (1226); *OVG Sachsen-Anhalt* NJW 1999, 2982 (2984).

Nach kirchlichem Selbstverständnis geschieht „Verkündigung" auch durch *Kirchenmusik und kirchenmusikalische Veranstaltungen*, welche mithin zum Kernbereich der durch das Grundrecht auf Religionsfreiheit geschützten Religionsausübung zu zählen sind. Solche Veranstaltungen finden im Bereich der Beschwerdeführerin in sehr großem Umfang Sonntags, vor allem am Sonntagnachmittag, statt. Insbesondere in der Adventszeit gibt es zahlreiche auf das spezifische Proprium dieser besonderen Zeit des Kirchenjahres ausgerichtete Veranstaltungen in Berlin, welche von Tausenden von Menschen besucht werden, die in der adventlichen und weihnachtlichen Musik seelische Erhebung finden wollen. Insoweit sei auf die Aufführungen von Weihnachtsoratorien verwiesen, ebenso auch auf sonstige kirchliche Adventskonzerte. Insoweit erscheint der durch eine Ermöglichung von Ladenöffnungen am Sonntagnachmittag bewirkte Eingriff in den Schutz der Sonntage und damit in die Religionsausübung der Beschwerdeführerin besonders evident.

Nach alledem kann die Beschwerdeführerin eine unmittelbare und gegenwärtige Selbstbetroffenheit in ihrem Grundrecht aus Art. 4 Abs. 1 und

Abs. 2 GG in der Verknüpfung mit Art. 140 GG i.V.m. Art. 139 WRV geltend machen. Sie ist daher beschwerdebefugt.

5. *Erschöpfung des Rechtswegs*

Die Beschwerdeführerin erfüllt im Hinblick auf die gerügten §§ 3, 4 und § 6 Abs. 2 BerlLadÖffG die in § 90 Abs. 2 Satz 1 BVerfGG statuierte Voraussetzung der vorherigen *Erschöpfung des Rechtswegs*.

a) *Verfahren vor dem Verfassungsgerichtshof Berlin*

Als vorher zu beschreitender Rechtsweg scheidet insofern von vornherein ein mögliches Verfahren vor dem *Verfassungsgerichtshof Berlin* aus, da ein solches Verfahren nicht zum Rechtsweg im Sinne des § 90 Abs. 2 Satz 1 BVerfGG gehört; dies zumal dann, wenn die Verletzung von Grundrechten des Grundgesetzes gerügt wird.

> *BVerfGE* 32, 157 (162); *Sperlich*, in: Umbach / Clemens / Dollinger, Bundesverfassungsgerichtsgesetz, 2. Aufl. (2005), § 90 BVerfGG, Rn. 113.

b) *Kein anderer gerichtlicher Rechtsschutz im Blick auf § 3 und § 4 BerlLadÖffG*

Es kommt im Blick auf § 3 und § 4 BerlLadÖffG für die Beschwerdeführerin auch kein anderes Verfahren des gerichtlichen Rechtsschutzes als die Erhebung einer Verfassungsbeschwerde in Betracht, da es sich hierbei um Normen im Rang eines formellen Landesgesetzes handelt, die zudem eines weiteren – und dann gegebenenfalls fachgerichtlich angreifbaren – Vollzugsakts nicht bedürfen. Insbesondere wäre aufgrund der Qualifikation als formelles Landesgesetz ein Normenkontrollverfahren gemäß § 47 Abs. 1 Nr. 2 VwGO unstatthaft.

Damit ist im Hinblick auf § 3 und § 4 BerlLadÖffG der Rechtsweg ohne weiteres erschöpft.

c) § 6 Abs. 2 BerlLadÖffG

Gleiches gilt im Ergebnis für § 6 Abs. 2 BerlLadÖffG. Diese Vorschrift ermöglicht es Verkaufsstellen, aus Anlass besonderer Ereignisse an zwei Sonn- oder Feiertagen von 13.00 bis 20.00 Uhr zu öffnen. Sie können insofern selbständig handeln und haben die Öffnung lediglich dem zuständigen Bezirksamt sechs Tage vorher *anzuzeigen*. Damit ist der Behörde die Möglichkeit gegeben, die Rechtmäßigkeit der Ladenöffnung im Einzelfall zu prüfen. Ein solches Verbot mit Anzeigevorbehalt steht zwischen dem Verbot mit Erlaubnisvorbehalt und der Erlaubnis mit Verbotsvorbehalt. Die Anzeige dient lediglich der Information der Behörde.

> *BVerfGE* 20, 150 (162); *Maurer*, Allgemeines Verwaltungsrecht, 16. Aufl. (2006), § 9 Rn. 54; *Badura / Huber*, in: Schmidt-Aßmann, Besonderes Verwaltungsrecht, 13. Aufl. (2005), 3. Kap. Rn. 144; *Schick*, Das Verbot mit Anzeigenvorbehalt, BayVBl. 1967, S. 341.

Beim Verbot mit Anzeigevorbehalt wird von der Behörde nur dann ein Verwaltungsakt (§ 35 Satz 1 VwVfG Bln.) erlassen, wenn sie auf Grund der Anzeige die *Ausnahme verweigert*. Ansonsten wird die Behörde nicht tätig und die Verkaufsstelle darf an diesem Sonntag öffnen. In diesem Fall ergeht auch kein Verwaltungsakt, gegen welchen die Beschwerdeführerin gegebenenfalls fachgerichtlichen Rechtsschutz erlangen könnte.

Zwar wäre in diesem Fall grundsätzlich eine Verpflichtungsklage nach § 42 Abs. 1 Var. 2 VwGO vor dem Verwaltungsgericht – gerichtet auf *Verbot der Ausnahme* – statthaft. Da allerdings die Beschwerdeführerin von den (in Berlin zweifellos außerordentlich zahlreichen) Anzeigen – welche überdies nicht „zentral“ an die Senatsverwaltung, sondern an die einzelnen Bezirksämter zu richten sind – keine rechtzeitige Kenntnis erlangen kann, wäre es unzumutbar, sie im Verfahren der Verfassungsbeschwerde insoweit auf den (quantitativ sowie wegen fehlender Kenntnis von beabsichtigten einzelnen Ladenöffnungen) realistischerweise faktisch nicht praktikablen Rechtsweg der Verpflichtungsklage zu verweisen. In der Rechtsprechung des Bundesverfassungsgerichts ist denn auch anerkannt, dass eine Verfassungsbeschwerde unmittelbar gegen ein vollziehungsbedürftiges Gesetz dann möglich ist, wenn der Beschwerdeführer den Rechtsweg nicht beschreiten kann, weil er keine Kenntnis von der Maßnahme erlangt hat bzw. erlangen kann.

BVerfGE 113, 348 (362) m.w.N.

d) § 6 Abs. 1 BerlLadÖffG

Was § 6 Abs. 1 BerlLadÖffG anbelangt, existiert zwar ein einschlägiger Rechtsweg, der von der Beschwerdeführerin denn auch beschritten wurde, gegenwärtig allerdings noch nicht erschöpft ist.

In diesem Zusammenhang mag darauf hingewiesen werden, dass § 6 Abs. 1 BerlLadÖffG für die Zukunft den regelmäßigen Erlass von Allgemeinverfügungen ermöglicht; insofern wäre eine endgültige und rechtzeitige „Erschöpfung des Rechtswegs" kaum denkbar, da im Rahmen eines Verfahrens der Verfassungsbeschwerde ständig weitere Allgemeinverfügungen erlassen werden können, welche sodann jeweils anzufechten wären.

Indes ist nach Auffassung der Beschwerdeführerin für die Verfassungsbeschwerde, soweit sie sich gegen § 6 Abs. 1 BerlLadÖffG richtet, § 90 Abs. 2 Satz 2 BVerfGG anwendbar und mithin eine Zulässigkeit auch ohne vorherige Erschöpfung des Rechtswegs zu bejahen.

aa) Klage gegen die ergangene Allgemeinverfügung

§ 6 Abs. 1 BerlLadÖffG ermöglicht eine Zulassung der Ladenöffnung an höchstens vier Sonn- oder Feiertagen durch *Allgemeinverfügung* der für die Ladenöffnungszeiten zuständigen Senatsverwaltung. Solche Allgemeinverfügungen können durch die Beschwerdeführerin grundsätzlich mit der Anfechtungsklage nach § 42 Abs. 1 Var. 1 VwGO angefochten werden, so dass hier ein Rechtsweg existiert, der erst nach vollständigem Durchlaufen des verwaltungsgerichtlichen Verfahrens erschöpft wäre.

Eine erste Allgemeinverfügung dieser Art ist bereits am 28. November 2006 erlassen worden, eine weitere am 11. Mai 2007.

Allgemeinverfügung vom 28. November 2006, Amtsblatt für Berlin (ABl.) Nr. 60 vom 8. Dezember 2006, S. 4188 (**Anlage 4**); Allgemeinverfügung vom 30. April 2007, Amtsblatt für Berlin (ABl.) Nr. 20 vom 11. Mai 2007, S. 1231 f. (**Anlage 5**).

Gegen letztere hat die Beschwerdeführerin fristgemäß Anfechtungsklage zum Verwaltungsgericht Berlin erhoben.

– Verwaltungsstreitsache VG 35 A 443.07 –

Diese Klage schwebt gegenwärtig noch – jetzt in Form der Fortsetzungsfeststellungsklage – vor dem Verwaltungsgericht Berlin; der weitere Fortgang des dortigen Verfahrens ist für die Beschwerdeführerin nicht abzusehen.

Die Beschwerdeführerin wird auch gegen etwaige künftig ergehende einschlägige Allgemeinverfügungen vorsorglich den Rechtsweg beschreiten.

bb) Allgemeine Bedeutung der durch die Verfassungsbeschwerde zu klärenden Frage

Ungeachtet der gegenwärtigen Nichterschöpfung des Verwaltungsrechtswegs ist die Verfassungsbeschwerde nach Maßgabe von § 90 Abs. 2 Satz 2 BVerfGG zulässig, da die Klärung der Frage, welche Grenzen einem Ladenöffnungsgesetz durch Art. 4 Abs. 1 und Abs. 2 GG i.V.m. Art. 140 GG und Art. 139 WRV gesetzt sind, von *allgemeiner Bedeutung* im Sinne des § 90 Abs. 2 S. 2 Var. 1 BVerfGG ist.

„Allgemeine Bedeutung" im Sinne dieser Vorschrift liegt vor, wenn eine verfassungsrechtliche Frage aufgeworfen wird, die sich nicht ohne weiteres aus dem Grundgesetz beantworten lässt und welche noch nicht durch die verfassungsgerichtliche Rechtsprechung geklärt ist oder durch veränderte Verhältnisse erneut klärungsbedürftig wurde. Zusätzlich muss ihre Klärung ein über den Einzelfall hinausgehendes Interesse haben. Insofern wird eine Parallele zur Rechtsprechung zu § 93a Abs. 2 lit. a) BVerfGG gezogen.

BVerfGE 90, 22 (24 f.); 108, 370 (386) m.w.N.; st. Rspr.; *Zuck*, Das Recht der Verfassungsbeschwerde, 3. Aufl. (2006), Rn. 772.

(1) Die Frage nach der *Begrenzung der Ausgestaltungsfreiheit des Gesetzgebers* zur Ladenöffnung am Sonntag wurde vom Bundesverfassungsgericht noch nicht beantwortet. Bisher wurde nur festgestellt, dass ein Kernbereich an Sonn- und Feiertagsruhe unantastbar ist und ein hin-

reichendes Niveau des Sonn- und Feiertagsschutzes gewahrt bleiben muss. Wann dies nicht mehr der Fall ist, wurde allerdings noch nicht geklärt und kann rechtlich bindend nur durch das Bundesverfassungsgericht entschieden werden. Es ist weiterhin noch nicht geklärt (und wurde im Urteil zum Ladenschluss durch das Bundesverfassungsgericht ausdrücklich offen gelassen), wann Regelungen zur Ermöglichung von Arbeit an Sonn- und Feiertagen verfassungsrechtlichen Anforderungen nicht mehr genügen.

> *BVerfGE* 111, 10 (50, 52, 54).

Nach der Rechtsprechung des Bundesverfassungsgerichts bilden Anhaltspunkte für das Vorliegen allgemeiner Bedeutung kontroverse Diskussionen zur aufgeworfenen Frage in der Fachliteratur oder unterschiedliche Beantwortungen durch die Rechtsprechung der Fachgerichte.

> Grundlegend: *BVerfGE* 90, 22 (24 f.); dem folgend: *BVerfGE* 96, 245 (248).

In der wissenschaftlichen Diskussion wird die *Verknüpfung von Art. 4 Abs. 1 und Abs. 2 GG mit Art. 140 GG i.V.m. Art. 139 WRV*, hinsichtlich derer die vorliegende Verfassungsbeschwerde im Einklang mit der in der Fachliteratur herrschenden Meinung steht, teilweise durchaus kritisch oder gar ablehnend beurteilt.

> *Westphal*, Die Garantie der Sonn- und Feiertage als Grundlage subjektiver Rechte, 2003, S.101 ff. (103); *Stollmann*, Der Sonn- und Feiertagsschutz nach dem Grundgesetz, 2004, S.115 f.; *ders.*, Zum subjektivrechtlichen Gehalt des Art. 140 GG / 139 WRV, Verwaltungsarchiv 2005, S.348 ff. (361); *Korioth*, in: Maunz / Dürig, Grundgesetz, Stand: 47. Erg.-Lieferung, Juni 2006, Art. 140 GG / Art. 139 WRV, Rn. 5.

Eine Entscheidung des Bundesverfassungsgerichts wäre geeignet, insofern die erforderliche Klarheit und für die Zukunft Rechtssicherheit zu erzeugen.

(2) Ferner hat die Klärung der Frage nach der Tragweite des Schutzes der Religionsfreiheit an Sonntagen und nach den daraus abzuleitenden verfassungsrechtlichen Grenzen einer Ladenöffnung an Sonntagen nicht nur für das Berliner Ladenöffnungsgesetz Bedeutung, sondern darüber hinaus für die *Ladenöffnungs- bzw. Ladenschlussgesetze aller Bundesländer*. Es ist zu erwarten, jedenfalls aber nicht auszuschließen, dass auch weitere Bundesländer von der Gesetzgebungskompetenz zur Regelung der Ladenöffnung in ähnlicher, den verfassungsrechtlichen Schutz der Sonn- und Feiertage beeinträchtigender Weise Gebrauch machen werden wie das Land Berlin. In diesem Zusammenhang ist eine Entscheidung des Bundesverfassungsgerichts über die vorliegende Verfassungsbeschwerde geeignet, den Gesetzgebern der Länder die einschlägigen verfassungsrechtlichen Grenzen bindend zu verdeutlichen und damit sowohl verfassungsrechtlich fragwürdige landesgesetzliche Regelungen als auch einschlägige gerichtliche Auseinandersetzungen zu verhindern.

6. Subsidiarität der Verfassungsbeschwerde

Die Verfassungsbeschwerde erfüllt im Übrigen auch die Voraussetzungen des ungeschriebenen Merkmals der *Subsidiarität der Verfassungsbeschwerde*, welches gerade bei Verfassungsbeschwerden gegen Rechtsnormen Bedeutung gewinnt.

> *Lechner / Zuck*, Bundesverfassungsgerichtsgesetz, 5. Aufl. (2006), § 90 BVerfGG, Rn. 167.

Danach ist eine Verfassungsbeschwerde nur dann zulässig, wenn der Grundrechtsträger nicht in anderer zumutbarer Weise Rechtsschutz durch Anrufung der Gerichte erlangen kann, wobei er alle Rechtsbehelfe auszuschöpfen hat, welche nicht offensichtlich unzulässig sind. Vor allem wenn das beanstandete Gesetz Entscheidungsspielräume eröffnet, die für die Frage seiner Verfassungsmäßigkeit von Bedeutung sind, muss der Grundrechtsträger alle Möglichkeiten instanzgerichtlichen Rechtsschutzes ausschöpfen und gegebenenfalls eine *Vorlage nach Art. 100 Abs. 1 GG* anstreben. Das gilt auch für Möglichkeiten des Eilrechtsschutzes oder anderweitige Wege gerichtlicher Entscheidung.

BVerfG NVwZ 2004, 977 (978 f.); st. Rspr.; *Lechner / Zuck*, Bundesverfassungsgerichtsgesetz, 5. Aufl. (2006), § 90 BVerfGG, Rn. 167.

a) § 3, § 4 und § 6 Abs. 2 BerlLadÖffG

Im Hinblick auf § 3, § 4 und § 6 Abs. 2 BerlLadÖffG verfügt die Beschwerdeführerin auch jenseits des – hier rechtlich bzw. faktisch nicht in Betracht kommenden (dazu oben 5.) – Verwaltungsrechtswegs nicht über Möglichkeiten, in anderer Weise als durch Verfassungsbeschwerde den gebotenen Schutz ihres Grundrechts aus Art. 4 Abs. 1 und Abs. 2 GG in der Verknüpfung mit Art. 140 GG i.V.m. Art. 139 WRV zu erlangen.

b) § 6 Abs. 1 BerlLadÖffG

Gleiches gilt für § 6 Abs. 1 BerlLadÖffG, da vom Grundsatz der Subsidiarität der Verfassungsbeschwerde dann eine Ausnahme gemacht wird, wenn die Entscheidung von keiner weiteren tatsächlichen und rechtlichen Klärung abhängt und die Voraussetzungen des § 90 Abs. 2 Satz 2 BVerfGG vorliegen.

BVerfGE 90, 128 (136 f.); 108, 370 (386); st. Rspr.; *Zuck*, Das Recht der Verfassungsbeschwerde, 3. Aufl. (2006), Rn. 783a.

Das ist im vorliegenden Zusammenhang der Fall – vgl. oben 5. d) bb).

c) Vorlage nach Art. 100 Abs. 1 GG

Höchst vorsorglich wird darauf hingewiesen, dass die Beschwerdeführerin in sämtlichen von ihr angestrengten und gegebenenfalls noch anzustrengenden verwaltungsgerichtlichen Verfahren unabhängig von der vorliegenden Verfassungsbeschwerde nachdrücklich und mit allen nach der einschlägigen Prozessordnung zulässigen Mitteln versuchen wird, auf eine *Vorlage nach Art. 100 Abs. 1 GG* hinzuwirken. Eine solche Vorlage könnte sich allerdings, soweit ersichtlich, ohnehin nur auf § 6 Abs. 1 BerlLadÖffG beziehen.

7. Rechtsschutzinteresse

Die Beschwerdeführerin verfügt über das erforderliche *Rechtsschutzinteresse*. Hierbei handelt es sich um ein grundsätzliches Prinzip für alle Verfahren des subjektiven Rechtsschutzes, um eine unnötige Beanspruchung der Gerichte zu vermeiden. Es ist grundsätzlich zu bejahen, solange der Rechtsschutzsuchende gegenwärtig betroffen ist und mit seinem Rechtsbehelf ein konkretes praktisches Ziel erreichen kann.

> *BVerfGE* 104, 220 (232); st. Rspr.

Diese Voraussetzungen sind auf der Grundlage der bisherigen Ausführungen ohne Einschränkung gegeben.

8. Wahrung der Frist zur Erhebung der Verfassungsbeschwerde

Die Frist zur Erhebung der Verfassungsbeschwerde nach § 93 Abs. 3 BVerfGG ist gewahrt. Danach kann die Verfassungsbeschwerde gegen ein Gesetz nur binnen eines Jahres seit dem Inkrafttreten des Gesetzes erhoben werden.

> *BVerfGE* 13, 248 (253); 53, 1 (15); st. Rspr.

Das Berliner Ladenöffnungsgesetz ist am 17. November 2006 in Kraft getreten.

> § 12 BerlLadÖffG i.V.m. dem Gesetz- und Verordnungsblatt für Berlin Nr. 38 vom 16. November 2006 S. 1045.

Die Beschwerdefrist endet mithin mit dem Ablauf des Montags, 19. November 2007.

> §§ 187 Abs. 1, 188 Abs. 2, 193 BGB; § 222 Abs. 2 ZPO; *Lechner / Zuck*, Bundesverfassungsgerichtsgesetz, 5. Aufl. (2006), Vor § 17 BVerfGG, Rn. 48 f.

III. Begründetheit der Verfassungsbeschwerde

Die gegen § 3 Abs. 1, § 4 Abs. 1 Nr. 4 und Abs. 2 Nr. 1 sowie gegen § 6 Abs. 1 und Abs. 2 BerlLadÖffG erhobene Verfassungsbeschwerde ist begründet. Die genannten Regelungen sind verfassungswidrig und verletzen die Beschwerdeführerin in ihrem Grundrecht aus Art. 4 Abs. 1 und Abs. 2 GG in der Verknüpfung mit Art. 140 GG i.V.m. Art. 139 WRV.

1. Die Beschwerdeführerin als Grundrechtsträgerin

Die Beschwerdeführerin ist als öffentlich-rechtlich verfasste Religionsgemeinschaft im Sinne des Art. 140 GG i.V.m. Art. 137 Abs. 5 WRV Trägerin des Grundrechts aus Art. 4 Abs. 1 und Abs. 2 GG.

> *BVerfGE* 53, 366 (387 f.); st. Rspr.; *Starck*, in: v. Mangoldt / Klein / Starck, Kommentar zum Grundgesetz, Bd. 1, 5. Aufl. (2005), Art. 4 GG, Rn. 78; *Kokott*, in: Sachs (Hrsg.), Grundgesetz, 4. Aufl. (2007), Art. 4 GG, Rn. 10.

2. Eröffnung des Schutzbereichs von Art. 4 Abs. 1 und Abs. 2 GG

Der *Schutzbereich* des Art. 4 Abs. 1 und Abs. 2 GG umfasst nach ständiger Rechtsprechung des Bundesverfassungsgerichts jegliches religiös motivierte Verhalten, insbesondere Handlungen des Kultus, mithin auch die Durchführung von Gottesdiensten, sonstigen religiösen Feiern und anderen der Religionsausübung dienenden Veranstaltungen am Sonntag.

> *BVerfGE* 24, 236 (246); st. Rspr.; *Starck*, in: v. Mangoldt / Klein / Starck, Kommentar zum Grundgesetz, Bd. 1, 5. Aufl. (2005), Art. 4 GG, Rn. 58; *Kokott*, in: Sachs (Hrsg.), Grundgesetz, 4. Aufl. (2007), Art. 4 GG, Rn. 55.

Damit wird die Beschwerdeführerin in ihrem Anliegen, nach Maßgabe ihres religiösen Selbstverständnisses den Sonntag adäquat zu begehen, vom Schutzbereich des Art. 4 Abs. 1 und Abs. 2 GG dem Grunde nach erfasst.

Dieser Schutz betrifft nicht nur die Möglichkeit der Beschwerdeführerin, ungehindert von – hier nicht im Raume stehenden – staatlichen Geboten oder Verboten Gottesdienste und sonstige religiöse Veranstaltungen gemäß ihrem Selbstverständnis zu veranstalten. Vielmehr werden über die Verknüpfung des Grundrechts aus Art. 4 Abs. 1 und Abs. 2 GG mit Art. 140 GG i.V.m. Art. 139 WRV, der zufolge der verfassungsrechtliche Schutz der Sonn- und Feiertage im Umfang seiner *religionsfördernden* Dimension in den Gewährleistungsgehalt des erstgenannten Grundrechts einfließt, auch die äußeren Rahmenbedingungen der Veranstaltung von Gottesdiensten und sonstigen religiösen Veranstaltungen geschützt.

Indem die Verfassung den verfassungsrechtlichen Schutz der Sonntage nach Maßgabe von Art. 140 GG i.V.m. Art. 139 WRV im Sinne einer institutionellen Garantie zur „seelischen Erhebung“ – mithin (neben der sozialpolitischen) mit *religionsfördernder* Zwecksetzung – gewährleistet, erwächst den Kirchen und Religionsgemeinschaften, wie bereits [oben II. 4. a) dd)] dargelegt, im Rahmen ihres Grundrechts auf Religionsfreiheit ein Anspruch, an diesem staatlicherseits im Grundgesetz objektiv statuierten spezifischen Schutz ungestörter Religionsausübung effektiv *teilzuhaben* und darin nicht durch bundesrechtswidrige Maßnahmen des Landesgesetzgebers beeinträchtigt zu werden. Insofern enthält das Grundrecht auf Religionsfreiheit – bezogen auf die genannte staatliche Gewährleistung –, wie bereits dargelegt, partiell ein *Teilhaberecht.*

Zur *Verknüpfung des Grundrechts aus Art. 4 Abs. 1 und Abs. 2 GG mit Art. 140 GG i.V.m. Art. 139 WRV* im einzelnen wird im Übrigen, um Wiederholungen zu vermeiden, auf die ausführliche diesbezügliche Begründung im Rahmen der Darlegung der Beschwerdebefugnis der Beschwerdeführerin [oben II. 1. a)] Bezug genommen.

Art. 4 Abs. 1 und Abs. 2 GG in seinem Bezug auf Art. 140 GG i.V.m. Art. 139 WRV sichert den Kirchen und Religionsgemeinschaften von Verfassungs wegen die Möglichkeit, gerade auch die vom Werktag unterschiedenen *Sonntage* nach Maßgabe ihres Selbstverständnisses religiös begehen und dabei ihre Gemeinden und Gläubigen tatsächlich erreichen zu können. Das besondere grundrechtlich geschützte Interesse der Kirchen an einem effektiven Schutz der Sonntage richtet sich insofern auf die ungestörte Abhaltung von Gottesdiensten und sonstigen religiösen Veranstaltungen; daneben ist den Kirchen an einer Unterstützung diakonischer und familienfördernder Aspekte gelegen, welche nach ihrem Selbstverständnis gleichermaßen zu ihrem Auftrag gehören.

Diese unmittelbare Interdependenz zwischen der Religionsfreiheit der Kirchen und dem Schutz des Sonntags erkennen, wie bereits dargelegt, auch die Bundesländer an, soweit der Sonntagsschutz in den Konkordaten und Staatskirchenverträgen eigens garantiert wird. In Berlin ist insoweit auf Art. *21 des Evangelischen Kirchenvertrags* vom 19. Februar 2006 zu verweisen. Es wurde dort vertraglich ausdrücklich vereinbart: „Der Schutz der Sonntage und kirchlichen Feiertage wird gewährleistet."

> Gesetz zum Vertrag des Landes Berlin mit der Evangelischen Kirche Berlin-Brandenburg-schlesische Oberlausitz (Evangelischer Kirchenvertrag Berlin) vom 6. Juli 2006, GVBl. 2006, S. 715-719; in Kraft getreten am 19. April 2007.

Die mit der vorliegenden Verfassungsbeschwerde angegriffenen Bestimmungen des Berliner Ladenöffnungsgesetzes tangieren mithin, soweit sie in jeweils spezifischer Weise eine Ladenöffnung an Sonntagen zulassen und damit die Rahmenbedingungen der Religionsausübung beeinträchtigen, den Schutzbereich des Grundrechts auf Religionsfreiheit der Beschwerdeführerin aus Art. 4 Abs. 1 und Abs. 2 GG in der Verknüpfung mit Art. 140 GG i.V.m. Art. 139 WRV.

2. *Unmittelbarer Eingriff in die Religionsfreiheit der Beschwerdeführerin*

Die von der Verfassungsbeschwerde erfassten Bestimmungen des Berliner Ladenöffnungsgesetzes greifen in die Religionsfreiheit der Beschwerdeführerin unmittelbar ein.

a) *Nachhaltige Veränderung der Rahmenbedingungen für die Religionsausübung*

Zwar enthalten die betreffenden Regelungen keine an die Beschwerdeführerin gerichteten Gebote und Verbote, welche sie *rechtlich* an der Veranstaltung von Gottesdiensten und sonstigen religiösen Veranstaltungen an Sonn- und Feiertagen hindern würden. Indes werden durch die angegriffenen Vorschriften die *Rahmenbedingungen für die Religionsausübung der Beschwerdeführerin* unter Verstoß gegen Art. 140 GG i.V.m. Art. 139 WRV dergestalt verändert, dass es dieser unzumutbar erschwert wird, in einer ihrem Selbstverständnis entsprechenden Weise an fast einem Fünftel aller Sonntage im Jahr Gottesdienste und sonstige religiöse Veranstaltungen in der bisher praktizierten und dem Schutz des Art. 4 Abs. 1 und Abs. 2 GG unterfallenden Weise abzuhalten und damit ihre Gläubigen zu erreichen – auch diejenigen, welche im Einzelhandel arbeiten. Das gilt in spezifischer Weise für die vier Adventssonntage, welche besonders sensibel und schutzbedürftig sind; im Gegensatz zum Berliner Ladenöffnungsgesetz wird dies im alten Ladenschlussgesetz des Bundes und auch in den neuen einschlägigen Gesetzes anderer Bundesländer durchaus berücksichtigt.

b) Verstoß gegen die institutionelle Garantie des Sonn- und Feiertagsschutzes

Die von der Beschwerdeführerin angegriffenen Vorschriften verstoßen gegen die institutionelle Garantie des Sonn- und Feiertagsschutzes und verletzen insofern Art. 140 GG i.V.m. Art. 139 WRV. Damit liegt zugleich ein Eingriff in die durch den religionsfördernden Gehalt des verfassungsrechtlichen Schutzes der Sonn- und Feiertage ausgestaltete Religionsfreiheit der Beschwerdeführerin aus Art. 4 Abs. 1 und Abs. 2 GG vor.

aa) Grenzen der Gestaltungsfreiheit des Gesetzgebers im Allgemeinen

Die institutionelle Garantie des Sonn- und Feiertagsschutzes nach Maßgabe von Art. 140 GG i.V.m. Art. 139 WRV zählt uneingeschränkt zum geltenden Verfassungsrecht und enthält einen diesbezüglichen *Schutzauftrag an den „einfachen" Gesetzgeber*. Zwar ist der Sonn- und Feiertagsschutz unmittelbar durch die Verfassung garantiert, die Art und das Ausmaß des Schutzes bedürfen jedoch einer gesetzlichen Ausgestaltung. Den Ländern der Bundesrepublik Deutschland ist dabei durchaus die Möglichkeit eingeräumt, ihre regionalen Gegebenheiten (Traditionen, wirtschaftliche Bedürfnisse, Bevölkerungsstruktur usw.) im Blick auf die Ladenöffnung zum Ansatz eigener differenzierender Regelungen zu nehmen. Dem dient auch die diesbezügliche Gesetzgebungskompetenz der Länder.

Die *Gestaltungsfreiheit des Gesetzgebers* ist allerdings durch einen unantastbaren Kernbereich der Sonn- und Feiertagsruhe beschränkt. Insbesondere hat sich der Gesetzgeber an der ausdrücklichen verfassungsrechtlichen Vorgabe der Ausgestaltung der Sonn- und Feiertage als „Tage der Arbeitsruhe und der seelischen Erhebung“ zu orientieren.

Mosbacher, Sonntagsschutz und Ladenschluß, 2007, S. 163 f.

Mit der Doppelstruktur des Art. 139 WRV in Gestalt einer Bündelung sowohl sozialpolitischer als auch religions- bzw. weltanschauungspolitischer Motive knüpft die Verfassung zudem an die traditionelle Struktur des Schutzes der Sonn- und Feiertage an. Den Sonntagen und den anerkannten Feiertagen soll, soweit sich dies überhaupt mit den Mitteln des Rechts gewährleisten lässt, ein besonderer Charakter gesichert werden, der sie von den sonstigen (Werk-)Tagen deutlich abhebt; das bedeutet – äußerlich gesehen – vor allem einen Zustand prinzipiellen (nicht absoluten) Ruhens der typisch werktäglichen Betätigungen. Damit werden einerseits dem bzw. der Einzelnen Möglichkeiten physischer Erholung gesichert, zur Entfaltung eigener Interessen, zur Kommunikation mit Familienangehörigen und Freunden, zur Betätigung in Vereinen usw. Andererseits werden den Kirchen und Religionsgemeinschaften sowie ihren Gläubigen die Voraussetzungen dafür gewährleistet, die betreffenden Tage – dem Alltagsbetriebe enthoben – entsprechend der jeweiligen religiösen Überzeugung adäquat zu begehen; darauf nimmt die Verfassung gerade mit dem Sammelbegriff der „seelischen Erhebung“ Bezug, welche sich durchaus individuell vollziehen kann, traditionell aber in Gestalt der Teilnahme an Gottesdiensten, religiösen Feiern und sonstigen Veranstaltungen der Kirchen und Religionsgemeinschaften stattfindet.

In diesem Sinne sind die Sonn- und Feiertage von Verfassungs wegen einerseits der *Entfaltung individueller Religiosität und Weltanschauung* zu dienen bestimmt. Andererseits gewährleistet das Grundgesetz den *Kirchen, Religions- und Weltanschauungsgemeinschaften* durch die Institutionalisierung bestimmter „Nicht-Werktage“, welche prinzipiell kollektiv begangen werden, einen Rahmen zur Entfaltung ihres Selbstverständnisses. Es wird auch insoweit – hier in institutioneller bzw. korporativer Perspektive – von Verfassungs wegen die „seelische Erhebung“ geschützt und damit ein Rahmen der Entfaltung geschaffen, der über den abwehrbezogenen grundrechtlichen Status deutlich hinausführt, die positive Religionsausübung erleichtert und insoweit der Entfaltung des Grundrechts aus Art. 4 Abs. 1 und Abs. 2 GG einen gesellschaftlichen Freiraum zur Verfügung stellt.

Insoweit enthält Art. 140 GG i.V.m. Art. 139 WRV, wie bereits ausgeführt, neben der sozialpolitischen Komponente auch eine religionsfördernde, an welcher die Kirchen und Religionsgemeinschaften nach Maßgabe von Art. 4 Abs. 1 und Abs. 2 GG ein *Teilhaberecht* besitzen. Der Gesetzgeber darf Art. 139 WRV mithin nicht auf eine der beiden Komponenten – sei es als reine Arbeitszeitnorm oder sei es als bloße religionspolitische Schutzvorschrift – verkürzen.

Zu alledem: *BVerfGE* 87, 363 (393); 111, 10 (50 f.); *BVerfG* NJW 1995, 3378 (3379); *BVerwGE* 79, 118 (121 ff.); 79, 236 (239 ff.); *Kästner*, in: Listl / Pirson (Hrsg.), Handbuch des Staatskirchenrechts der Bundesrepublik Deutschland, Bd. 2, 2. Aufl. (1995), S. 337 ff. (339 ff.); *ders.*, Sonn- und Feiertage zwischen Kultus, Kultur und Kommerz, DÖV 1994, S. 464 ff.; *v. Campenhausen*, in: v. Mangoldt / Klein / Starck, Kommentar zum Grundgesetz, Bd. 3, 5. Aufl. (2005), Art. 140 GG / Art. 139 WRV, Rn. 11, 19, 31 ff.; *Korioth*, in: Maunz / Dürig, Grundgesetz, Stand: 47. Erg.-Lieferung, Juni 2006, Art. 140 GG / Art. 139 WRV, Rn. 20 ff.; *Stollmann*, Der Sonn- und Feiertagsschutz nach dem Grundgesetz, 2004, S. 45 ff., 96 f.

Diese bundesrechtlich vom Verfassungsgeber ausdrücklich getroffene Entscheidung zur Förderung der Religionsausübung darf vom Landesgesetzgeber nicht durch „einfaches“ Recht unterlaufen werden. Hierauf kann sich eine Kirche, welche den Sonntag als einen von den anderen Wochentagen qualitativ unterschiedenen Tag (im Sinne eines geänderten Lebensrhythmus, welcher sich von der Alltagshektik grundlegend unterscheidet) zu religiösen Zwecken nutzen will, zur Entfaltung ihrer Religionsfreiheit berufen. Der staatliche Gesetzgeber im Bund und in den Ländern ist verpflichtet, die von der Verfassung getroffene Entscheidung zu respektieren und normative Maßnahmen zu unterlassen, welche den prinzipiell geschützten Charakter der Sonntage durch eine flächendeckende Ermöglichung der Ladenöffnung aufweichen und damit die ungestörte – selbstverständlich sodann der individuellen freien Entscheidung anheim gestellte – Entfaltung von Aktivitäten „seelischer Erhebung“ vereiteln.

bb) Grenzen der Gestaltungsfreiheit des Gesetzgebers im Besonderen

Damit untersagt das Grundgesetz dem Gesetzgeber im Hinblick auf Art. 140 GG i.V.m. Art. 139 WRV dreierlei: Erstens jeglichen Eingriff in den *Kernbereich* des Art. 139 WRV, zweitens außerhalb des Kernbereichs *unverhältnismäßige Eingriffe* in Art. 139 WRV und drittens *Eingriffe in die Institution* des Sonn- und Feiertagsschutzes als solcher.

> Zu dieser Systematik *Mosbacher*, Sonntagsschutz und Ladenschluß, 2007, S. 185 f.; *Unruh*, Die Kirchen und der Sonntagsschutz, ZevKR 52 (2007), S. 1 ff. (10 f.).

(1) Der *Kernbereich des Schutzes der Sonn- und Feiertage* nach Art. 140 GG i.V.m. Art. 139 WRV ist – wie bei institutionellen Garantien allgemein – anhand inhaltlicher bzw. qualitativer Kriterien zu bestimmen; d.h. es sind diejenigen Bestandteile zu ermitteln, welche struktur- und typusbestimmend sind.

> *Stern*, Das Staatsrecht der Bundesrepublik Deutschland, Bd. III / 1, § 68 VI 5 b β; *Kästner*, Zur Verfassungsmäßigkeit feiertagsrechtlicher Konsequenzen der Einführung der Pflegeversicherung, ZevKR 41 (1996), S. 272 ff. (304 f.).

Danach kann ein Eingriff in den Kernbereich des Art. 140 GG i.V.m. Art. 139 WRV zunächst dadurch erfolgen, dass eine Regelung nachhaltig und elementar im Widerspruch zu den struktur- und typusbestimmenden Merkmalen des durch Art. 140 GG i.V.m. Art. 139 WRV gewährleisteten Sonn- und Feiertagsschutzes steht.

> *Mosbacher*, Sonntagsschutz und Ladenschluß, 2007, S. 185 f.

Ferner kann ein Eingriff in den Kernbereich des Art. 140 GG i.V.m. Art. 139 WRV dadurch erfolgen, dass eine *Kumulation von Ausnahmeregelungen* vorliegt, welche isoliert betrachtet jeweils noch mit den struktur- und typusbestimmenden Merkmalen vereinbar sein mögen, in ihrer Summe aber hiergegen verstoßen und damit die verfassungsrechtliche Garantie aushöhlen und ad absurdum führen. Dies schließt es nicht aus, dass auch einzelne Ausnahmeregelungen für sich einen Eingriff in den Kernbereich des Art. 140 GG i.V.m. Art. 139 WRV bewirken und verfassungswidrig sind, indem sie sich bei isolierter Betrachtung mit dem verfassungsrechtlich garantierten Sonn- und Feiertagsschutz in seinen struktur- und typusbestimmenden Merkmalen als unvereinbar erweisen.

(2) Demgegenüber genießt der Sonn- und Feiertagsschutz als *Institution* absoluten Schutz. Daher ist es dem Gesetzgeber verwehrt, den Sonntag in seiner spezifischen Eigenart, d.h. als grundsätzlich nicht zur Arbeit bestimmten Tag, „abzuschaffen", mithin diesen hervorgehobenen Tag innerhalb der Woche zu nivellieren.

> *v. Campenhausen*, in: v. Mangoldt / Klein / Starck, Kommentar zum Grundgesetz, Bd. 3, 5. Aufl. (2005), Art. 140 GG / Art. 139 WRV, Rn. 11; *Korioth*, in: Maunz / Dürig, Grundgesetz, Stand: 47. Erg.-Lieferung, Juni 2006, Art. 140 GG / Art. 139 WRV, Rn. 39; *Morlok*, in: Dreier (Hrsg.), Grundgesetz, Bd. 3, 2000, Art. 140 GG / Art. 139 WRV, Rn. 12.

Damit gewährleistet das Grundgesetz insbesondere die traditionelle Einteilung der Woche.

> *Morlok*, in: Dreier (Hrsg.), Grundgesetz, Bd. 3, 2000, Art. 140 GG / Art. 139 WRV, Rn. 12; *Pahlke*, Sonn- und Feiertagsschutz als Verfassungsgut, Essener Gespräche zum Thema Staat und Kirche 24 (1990), S. 53 ff. (57); *Richardi*, Grenzen industrieller Sonntagsarbeit, 1988, S. 45; *Häberle*, Der Sonntag als Verfassungsprinzip, 2. Aufl. (2006), S. 49; *Kästner*, in: Listl / Pirson (Hrsg.), Handbuch des Staatskirchenrechts der Bundesrepublik Deutschland, Bd. 2, 2. Aufl. (1995), S. 337 ff. (340). – Anderer Ansicht *Korioth*, in: Maunz / Dürig, Grundgesetz, Stand: 47. Erg.-Lieferung, Juni 2006, Art. 140 GG / Art. 139 WRV, Rn. 39.

Zwar greifen die angegriffenen Bestimmungen des Berliner Ladenöffnungsgesetzes in diese Rechtslage *formal* nicht ein, da der Sonntag in Berlin als allgemeiner Ruhetag jedenfalls der Form halber weiterhin durch andere Rechtsvorschriften anerkannt und geschützt bleibt und die Institution als solche nicht abgeschafft wird.

§ 1 Abs. 1 Gesetz über die Sonn- und Feiertage Berlin vom 28. Oktober 1954 (GVBl. S.615) (**Anlage 6**); Verordnung über den Schutz der Sonn- und Feiertage Berlin vom 5. Oktober 2004 (GVBl. S. 441) (**Anlage 7**).

Der Schutz der Institution des Sonn- und Feiertagsschutzes erfasst jedoch nicht nur die formale Existenz dieser Institution; er schützt die Institution vielmehr zugleich davor, faktisch in einer Weise ausgehöhlt zu werden, dass von dieser und ihren struktur- und typusbestimmenden Merkmalen nur eine wertlose Hülse – gleichsam ein nudum ius – verbleibt. Eine derartige die Institution als solche in Frage stellende Aushöhlung kann gerade durch eine *Kumulation von Ausnahmeregelungen* erfolgen, welche isoliert betrachtet jeweils noch tragbar erscheinen mögen, in ihrer Summe aber die verfassungsrechtliche Garantie als solche faktisch ad absurdum führen.

cc) „Arbeit für den Sonntag" und „Arbeit trotz des Sonntags"

In Rechtsprechung und Literatur haben sich verschiedene anerkannte Fallgruppen zulässiger bzw. unzulässiger Sonntagsarbeit herausgebildet, welche maßgeblich durch die Begriffe „Arbeit für den Sonntag" und „Arbeit trotz des Sonntags" bestimmt werden. Hierbei gilt nach wie vor das *Ruhen werktäglicher Geschäftigkeit als Regel*; nur in Ausnahmefällen wird die Arbeit am Sonntag für zulässig erachtet.

BVerfGE 111, 10 (50); *v. Campenhausen*, in: v. Mangoldt / Klein / Starck, Kommentar zum Grundgesetz, Bd. 3, 5. Aufl. (2005), Art. 140 GG / Art. 139 WRV, Rn. 11; *Korioth*, in: Maunz / Dürig, Grundgesetz, Stand: 47. Erg.-Lieferung, Juni 2006, Art. 140 GG / Art. 139 WRV, Rn. 30 ff.; *Morlok*, in: Dreier (Hrsg.), Grundgesetz, Bd. 3, 2000, Art. 140 GG / Art. 139 WRV, Rn. 24 f.; *Unruh*, Die Kirchen und der Sonntagsschutz, ZevKR 52 (2007), S. 1 ff. (11).

(1) Die Arbeit an einem Sonntag ist verfassungsrechtlich zulässig, wenn sie dem *Zweck des Art. 140 GG i.V.m. Art. 139 WRV* dient, also die Arbeitsruhe und die seelische Erhebung fördert („Arbeit für den Sonntag"). Eine solche Arbeit für den Sonntag ist in der Regel dann nicht gegeben, wenn sie werktäglichen Charakter hat.

BVerwGE 90, 337 (345 f.).

Letzteres gilt prinzipiell für das *Einkaufen am Sonntag*, welches dem Zweck des Art. 140 GG i.V.m. Art. 139 WRV nicht nur nicht förderlich ist, sondern ihm geradezu widerspricht. Denn die „seelische Erhebung“ im Sinne des Art. 140 GG i.V.m. Art. 139 WRV wird vom spezifischen Charakter der Sonntage als Nicht-Werktage mitbestimmt. Ungeachtet aktueller Schlagworte wie „Erlebniseinkauf“ o.ä. bleibt das Einkaufen eine typisch werktägliche Beschäftigung. Das für den Sonntag deutscher Tradition charakteristische Bild weitgehender äußerer Ruhe, welche die innere Ruhe und damit auch die seelische Erhebung fördert, wird gerade auch durch die geschlossenen Einzelhandelsgeschäfte geprägt.

Pirson, Art. „Sonn- und Feiertage. II. Juristisch“, in: EvStL, Bd. 2, 3. Aufl. (1987), Sp. 3152.

Nicht gefolgt werden kann daher der in der Literatur vereinzelt vertretenen Ansicht, dass das Einkaufen heutzutage einen psychischen Ausgleich zur beruflichen Tätigkeit biete und somit eine der Erholung dienende Freizeitbeschäftigung sei, es sich mithin um „seelische Erhebung“ im Sinne des Art. 140 GG i.V.m. Art. 139 WRV handele.

So *Kehrberg*, Schutzzweck und Verfassungsmäßigkeit des Ladenschlussgesetzes, GewArch 2001, S. 14 ff. (20); *Korioth*, in: Maunz / Dürig, Grundgesetz, Stand: 47. Erg.-Lieferung, Juni 2006, Art. 140 GG / Art. 139 WRV, Rn. 25.

Dieser Ansicht ist entgegenzuhalten, dass sie zu einer vollständig *subjektivierenden* Sichtweise führt, die mit dem objektiven Charakter der institutionellen Gewährleistung des Art. 140 GG i.V.m. Art. 139 WRV nicht zu vereinbaren ist. Die rechtliche Tragweite dieser verfassungsrechtlichen Gewährleistung kann nicht von der Einstellung Einzelner zum Einkaufen abhängig gemacht werden. Um die Vereinbarkeit eines Verhaltens mit dem Charakter der Sonn- und Feiertage zu ermitteln, bedarf es vielmehr einer *objektiven* Betrachtung.

BVerwGE 90, 337 (346 f.); *Kingreen / Pieroth*, Verfassungsrechtliche Grenzen einer Aufhebung der Ladenschlusszeiten, NVwZ 2006, S. 1221 ff. (1225); *v. Campenhausen*, in: v. Mangoldt / Klein / Starck, Kommentar zum Grundgesetz, Bd. 3, 5. Aufl. (2005), Art. 140 GG / Art. 139 WRV, Rn. 31.

Dem steht auch nicht entgegen, dass in diesem Zusammenhang selbstverständlich nicht allein auf die traditionelle, historisch gewachsene Sicht gesetzt werden darf. In diesem Sinne hat das Bundesverfassungsgericht in seiner Ladenschluss-Entscheidung zu Recht darauf hingewiesen, dass der Gesetzgeber eine veränderte soziale Wirklichkeit berücksichtigen dürfe. Es hat allerdings gleichzeitig auch die aus einer „Arbeit für den Sonntag“ erwachsenden Spannungslagen herausgestellt; denn eine zunehmende Freizeitbeschäftigung des Einen stellt insofern regelmäßig die Arbeit des Anderen dar.

BVerfGE 111, 10 (51).

Insofern mag zwar davon ausgegangen werden, dass in einem Bundesland wie Berlin ein Verständnis des Einkaufens als Werktagsbeschäftigung in der Bevölkerung langsam abnimmt. Doch kann daraus keineswegs die Folgerung abgeleitet werden, das Einkaufen als solches sei nunmehr als *Form der „seelischen Erhebung“* im Sinne des Art. 140 GG i.V.m. Art. 139 WRV ohne weiteres von der Schutzintention der geltenden Verfassung umfasst. Denn aufgrund des Zusammenhangs, dass eine zunehmende Freizeitbeschäftigung der Einen die Arbeit der Anderen darstellt, bedarf es einer restriktiven Betrachtung. Es gilt nicht zuletzt zu verhindern, dass der Genuss der „seelischen Erhebung“, welchen Art. 140 GG i.V.m. Art. 139 WRV dem Grunde nach umfassend gewährleisten will, einem immer größer werdenden Teil der Gesellschaft dadurch entzogen wird, dass dieser unter Berufung auf die angebliche „seelische Erhebung“ anderer in Form des Einkaufens eine „Arbeit für den Sonntag“ zugemutet wird.

Im Übrigen wird in der Literatur zutreffend darauf hingewiesen, dass der Staat nach Maßgabe von Art. 140 GG i.V.m. Art. 139 WRV gerade nicht verpflichtet ist, jedes beliebige Freizeitvergnügen zugleich zur „seelischen Erhebung“ aufzuwerten.

Mosbacher, Sonntagsschutz und Ladenschluß, 2007, S. 191.

(2) Weiterhin anerkannt ist die Fallgruppe der „Arbeit trotz des Sonntags". Diese ist indes nur dann verfassungsrechtlich zulässig, wenn sie der *Wahrung höher- oder gleichwertiger Verfassungsrechtsgüter* dient. In diesen Bereich gehören zum Beispiel die Arbeiten im medizinischen Bereich am Sonntag, welche dem Recht auf Schutz der körperlichen Unversehrtheit dienen.

> *BVerfGE* 111, 10 (50); *Korioth*, in: Maunz / Dürig, Grundgesetz, Stand: 47. Erg.-Lieferung, Juni 2006, Art. 140 GG / Art. 139 WRV, Rn. 33; *Morlok*, in: Dreier (Hrsg.), Grundgesetz, Bd. 3, 2000, Art. 140 GG / Art. 139 WRV, Rn. 25.

Verfassungsrechtsgüter in diesem Sinne stellen zwar auch *wirtschaftsbezogene Grundrechte des Grundgesetzes* (insbesondere Art. 12 GG und Art. 14 GG) dar, welche jedenfalls im Grundsatz zur Rechtfertigung eines Eingriffs in Art. 140 GG i.V.m. Art. 139 WRV außerhalb des Kernbereichs herangezogen werden können. Indes führt der Umstand, dass die Verfassung sich durch die Inkorporation des Art. 139 WRV durch Art. 140 GG als vollgültiges Verfassungsrecht ausdrücklich dafür entschieden hat, die religiösen Belange durch einen Schutz des Sonntags zu fördern, dazu, dass die Verfassung gewisse daraus zwangsläufig erwachsende Spannungen mit den wirtschaftsbezogenen Grundrechten in Kauf genommen hat. Daher können letztere wie allgemein *wirtschaftsbezogene Interessen* der kultur- bzw. religionsbezogenen Schutzintention des Art. 140 GG i.V.m. Art. 139 WRV nicht schlechterdings vorgeordnet werden.

Erforderlich ist vielmehr eine *adäquate Zuordnung der verschiedenen Gewährleistungen*. Eine solche adäquate Zuordnung schließt es von vornherein grundsätzlich aus, in den Kernbereich des Art. 140 GG i.V.m. Art. 139 WRV einzugreifen. Im Übrigen unterliegen Eingriffe in den Gewährleistungsgehalt des Art. 140 GG i.V.m. Art. 139 WRV außerhalb des Kernbereichs dem Gebot strikter Verhältnismäßigkeit und insbesondere dem Erfordernis, dass derartige Eingriffe dem Schutz bzw. der Verwirklichung höher- oder zumindest gleichwertiger Verfassungsrechtsgüter dienen müssen.

Hierbei stellt insbesondere das *Grundrecht der Berufsfreiheit* gegenüber Art. 140 GG i.V.m. Art. 139 WRV kein höherrangiges – geschweige denn ein den Sonntagsschutz verdrängendes – Verfassungsgut dar; vielmehr beinhaltet das Verbot der Sonntagsarbeit eine grundsätzlich gerechtfertigte Berufsausübungsregelung im Sinne des Art. 12 Abs. 1 Satz 2 GG. Insoweit ist davon auszugehen, dass das Grundgesetz ein Regel-Ausnahme-Verhältnis zugunsten des Verbots der Sonntagsarbeit statuiert.

Unruh, Die Kirchen und der Sonntagsschutz, ZevKR 52 (2007), S. 1 ff. (11).

Nach alledem sind die Anforderungen an eine Rechtfertigung von Ausnahmen vom verfassungsrechtlichen Sonntagsschutz im Sinne einer „Arbeit trotz des Sonntags" grundsätzlich hoch anzusetzen.

BVerfGE 87, 363 (393); 111, 10 (52 f.); *v. Campenhausen*, in: v. Mangoldt / Klein / Starck, Kommentar zum Grundgesetz, Bd. 3, 5. Aufl. (2005), Art. 140 GG / Art. 139 WRV, Rn. 23 u. 33 ff.; *Morlok*, in: Dreier (Hrsg.), Grundgesetz, Bd. 3, 2000, Art. 140 GG / Art. 139 WRV, Rn. 25.

Angesichts der aus dem Grundgesetz ersichtlichen klaren Gewährleistung des Schutzes der Sonntage als Regelfall kommen Ausnahmeregelungen für eine „Arbeit trotz des Sonntags" allenfalls auf Grund gesetzgeberischer Zwecksetzungen in Betracht, welche sich gegenüber der verfassungsrechtlichen Wertung durchzusetzen vermögen. Dabei muss die Intention des Gesetzgebers jedenfalls über *rein ökonomische Erwägungen* hinausgehen, weil sich ansonsten eine Ausnahme mangels der erforderlichen Wahrung der Verhältnismäßigkeit verfassungsrechtlich nicht rechtfertigen lässt.

In diesem Sinne ging auch das Bundesverfassungsgericht in seiner Entscheidung zum Ladenschluss ausdrücklich davon aus, dass der *generelle Ladenschluss am Sonntag* zur Sicherung der Sonntagsruhe geeignet und auch unter Berücksichtigung der Berufsfreiheit der Ladeninhaber erforderlich und angemessen – mithin verhältnismäßig – ist. Insbesondere seien keine überwiegenden Gründe ersichtlich, aus denen eine Befriedigung der gewandelten Freizeitbedürfnisse durch Ladenöffnung verfassungsrechtlich geboten wäre.

BVerfGE 111, 10 (52 ff.).

c) Verfassungswidrigkeit der angegriffenen Normen des Berliner Ladenöffnungsgesetzes

Die von der Beschwerdeführerin angegriffenen Vorschriften des Berliner Ladenöffnungsgesetzes verletzen jeweils *für sich genommen* sowie in ihrer *Kumulation* Art. 140 GG i.V.m. Art. 139 WRV (und damit überdies Art. 4 Abs. 1 und Abs. 2 GG), indem sie entweder in den Kernbereich des verfassungsrechtlichen Schutzes der Sonn- und Feiertage eingreifen oder aber außerhalb dieses Kernbereichs einen Eingriff in Art. 140 GG i.V.m. Art. 139 WRV darstellen, welcher weder wegen zulässiger „Arbeit für den Sonntag" noch wegen einer durch die Wahrung höherrangiger Verfassungsgüter zu begründenden „Arbeit trotz des Sonntags" gerechtfertigt wird und somit unverhältnismäßig und verfassungswidrig ist.

aa) Isolierte Betrachtung der angegriffenen Vorschriften

Dies gilt zunächst jeweils isoliert für § 3 Abs. 1 BerlLadÖffG, soweit darin die Ladenöffnung auch an den Adventssonntagen zugelassen wird, für § 4 Abs. 1 Nr. 4, § 4 Abs. 2 Nr. 1 sowie für § 6 Abs. 1 und Abs. 2 BerlLadÖffG.

(1) § 3 Abs. 1 BerlLadÖffG verletzt insoweit Art. 140 GG i.V.m. Art. 139 WRV (und damit überdies Art. 4 Abs. 1 und Abs. 2 GG), als danach eine *Ladenöffnung an allen Adventssonntagen* von 13.00 bis 20.00 Uhr zulässig ist. Die Sonntage in der Adventszeit nehmen einen hervorgehobenen Platz im Kirchenjahr ein und werden von den Kirchen traditionell auch entsprechend begangen; demgegenüber beraubt das Berliner Gesetz die Vorweihnachtszeit grundlegend ihres verfassungsrechtlichen Schutzes, was die herkömmliche und nach dem Selbstverständnis der Beschwerdeführerin gebotene Ausgestaltung dieser Sonntage angeht. Aufgrund des besonderen Gepräges der Adventssonntage werden durch die einschlägige Regelung des Berliner Ladenöffnungsgesetzes die struktur- und typusbestimmenden Merkmale des verfassungsrechtlichen Sonntagsschutzes in seiner religionsfördernden Komponente in einer besonders intensiven Weise betroffen,

Mosbacher, Sonntagsschutz und Ladenschluß, 2007, S. 203 f.

weshalb § 3 Abs. 1 BerlLadÖffG in den diesbezüglichen Kernbereich des Art. 140 GG i.V.m. Art. 139 WRV in verfassungswidriger Weise eingreift.

Dies gilt umso mehr, als § 3 Abs. 1 BerlLadÖffG nicht vier punktuell über das Jahr verteilten Sonntagen ihren spezifischen Schutz nimmt, sondern *vier aufeinander folgenden Sonntagen*. Damit wird nicht nur der Schutz des Art. 140 GG i.V.m. Art. 139 WRV (und insoweit auch des Art. 4 Abs. 1 und Abs. 2 GG) in besonders intensiver Weise beschränkt, sondern dessen Geltung über einen Zeitraum von vier Wochen – einen vollen Monat – gleichsam *suspendiert*.

Das hebt zu Recht *Mosbacher*, Sonntagsschutz und Ladenschluß, 2007, S. 204, hervor.

Dabei ist zur Klarstellung hervorzuheben, dass auch den Kirchen die gesellschaftlichen Entwicklungen und die wirtschaftlichen Notwendigkeiten durchaus nicht fremd sind. Es wurde schon nach bisherigem Recht lokal eine *Ladenöffnung an einzelnen Sonntagen aus bestimmten Anlässen* zugelassen; die Kirchen haben das regelmäßig (mehr oder minder überzeugt) akzeptiert. Aus kirchlicher Sicht kann es mithin nicht darum gehen, einem absolut „passiven" Sonntag das Wort zu reden oder grundlegende Veränderungen der gesellschaftlichen Verhältnisse bzw. Erfordernisse zu ignorieren. Indes kann von einer derartigen Sachlage im Blick auf § 3 Abs. 1 BerlLadÖffG, soweit darin eine Ladenöffnung an sämtlichen Adventssonntagen ermöglicht wird, von vornherein nicht ausgegangen werden. Denn auch in Berlin war jahrzehntelang eine prinzipielle Schließung der Geschäfte an Sonntagen üblich. Eine grundlegende Änderung der maßgeblichen Verhältnisse ist insoweit nicht ersichtlich, zumal die aus der Presse bekannten Erfahrungen im Einzelhandel bisher darauf hindeuten, dass durch eine Öffnung von Geschäften an Sonntagen in der Regel keine nennenswerte *Steigerung des Umsatzes* erzielt wird, sondern allenfalls eine *Verlagerung des Umsatzes* innerhalb der Tage der Woche.

Dieser Befund wird im Übrigen durch wirtschaftswissenschaftliche Untersuchungen bestätigt, wonach verlängerte Öffnungszeiten weder zu einer nennenswerten Umsatzsteigerung noch nennenswert zur Schaffung neuer Arbeitsplätze beitragen.

Nachweise aus der wirtschaftswissenschaftlichen Literatur bei *Mosbacher*, Sonntagsschutz und Ladenschluß, 2007, S. 165 ff.

Entsprechend hat denn auch das Bundesverfassungsgericht in seiner Ladenschluss-Entscheidung Zweifel daran geäußert, dass eine Erweiterung der Ladenöffnungszeiten zu merklichen Umsatzsteigerungen führt.

BVerfGE 111, 10 (39 f.).

Eine Verletzung des Art. 140 GG i.V.m. Art. 139 WRV (und damit überdies des Art. 4 Abs. 1 und Abs. 2 GG) durch § 3 Abs. 1 BerlLadÖffG wird auch nicht dadurch ausgeschlossen, dass durch die in dieser Vorschrift festgelegte spätere Öffnungszeit die *Abhaltung von Gottesdiensten am Sonntagmorgen* nach wie vor möglich ist. Insoweit mag eine bisweilen so genannte „Hauptgottesdienstzeit" am Vormittag ausgenommen sein und weiterhin einen gewissen Schutz genießen. Doch ist diese Einschränkung nicht geeignet, den grundlegenden Verstoß der Regelung gegen den verfassungsrechtlichen Schutz der Sonntage als „Tage der seelischen Erhebung" zu relativieren.

Zur Vermeidung von Wiederholungen wird insoweit auf die diesbezüglichen Darlegungen oben im Rahmen der Begründung der Beschwerdebefugnis der Beschwerdeführerin [II. 4. e)] verwiesen.

Mithin verletzt § 3 Abs. 1 BerlLadÖffG den Kernbereich des Art. 140 GG i.V.m. Art. 139 WRV und damit die Religionsausübung der Beschwerdeführerin trotz des Umstands, dass die Ladenöffnungszeiten an Adventssonntagen auf einen Zeitraum von 13.00 bis 20.00 Uhr beschränkt werden.

Eine Verletzung des Art. 140 GG i.V.m. Art. 139 WRV folgt im Übrigen daraus, dass die Ermöglichung einer Ladenöffnung an allen Adventssonntagen nach § 3 Abs. 1 BerlLadÖffG durch *rein wirtschaftliche Erwägungen* motiviert ist, was in der Gesetzesvorlage auch deutlich zum Ausdruck kommt.

Gesetzesvorlage für das Berliner Ladenöffnungsgesetz vom 24. Oktober 2006, Drucksache 16 / 0015, S. 8 und 10 (**Anlage 3**).

Das Grundgesetz räumt in Art. 140 GG i.V.m. Art. 139 WRV der Arbeitsruhe und der seelischen Erhebung am Sonntag einen höheren Stellenwert ein als rein ökonomischen Interessen und nimmt gewisse wirtschaftliche Einbußen bewusst in Kauf. Deshalb kann es auch keine Ausnahmeregelung allein aus ökonomischen Gründen geben.

> *v. Campenhausen*, in: v. Mangoldt / Klein / Starck, Kommentar zum Grundgesetz, Bd. 3, 5. Aufl. (2005), Art. 140 GG / Art. 139 WRV, Rn. 39; *Pirson*, Art. „Sonn- und Feiertage. II. Juristisch“, in: EvStL, Bd. 2, 3. Aufl. (1987), Sp. 3154; *Richardi*, Grenzen industrieller Sonntagsarbeit, 1988, S. 59 f.; *Richardi*, Sonn- und Feiertagsschutz im Arbeitsleben, Essener Gespräche zum Thema Staat und Kirche 24 (1990), S. 117 ff. (142 ff.); *Kästner*, in: Listl / Pirson (Hrsg.), Handbuch des Staatskirchenrechts der Bundesrepublik Deutschland, Bd. 2, 2. Aufl. (1995), S. 337 ff. (355); *Rüfner*, Die institutionelle Garantie der Sonn- und Feiertage, in: Kästner / Nörr / Schlaich (Hrsg.), Festschrift für Martin Heckel zum siebzigsten Geburtstag, 1999, S. 447 ff. (454); *Häberle*, Der Sonntag als Verfassungsprinzip, 2. Aufl. (2006), S. 94; *OVG Sachsen-Anhalt* NJW 1999, 2982.

Der durch § 3 Abs. 1 BerlLadÖffG bewirkte Eingriff in Art. 140 GG i.V.m. Art. 139 WRV (und damit überdies in Art. 4 Abs. 1 und Abs. 2 GG) kann mithin durch rein ökonomische Gründe, welche nicht zugleich ein gleich- oder höherrangiges Verfassungsgut verkörpern, nicht gerechtfertigt werden. Da alternative (objektive) Gesetzeszwecke zur Rechtfertigung des § 3 Abs. 1 BerlLadÖffG nicht existieren, bewirkt die ausschließliche Orientierung an wirtschaftlichen Erwägungen einen unverhältnismäßigen und somit verfassungswidrigen Eingriff in Art. 140 GG i.V.m. Art. 139 WRV (und damit in Art. 4 Abs. 1 und Abs. 2 GG).

(2) Auch § 4 Abs. 1 Nr. 4 BerlLadÖffG verletzt den nach Maßgabe von Art. 140 GG i.V.m. Art. 139 WRV bestehenden verfassungsrechtlichen Schutz der Sonntage. Die Vorschrift soll der Gesetzesvorlage zufolge dazu dienen, der Bevölkerung für die nachfolgenden zwei Feiertage eine Bevorratung mit frischen Lebensmitteln zu ermöglichen, wenn der 24. Dezember auf einen Sonntag fällt.

> Gesetzesvorlage für das Berliner Ladenöffnungsgesetz vom 24. Oktober 2006, Drucksache 16 / 0015, S. 12.

Dieser Eingriff in Art. 140 GG i.V.m. Art. 139 WRV (und damit überdies in Art. 4 Abs. 1 und Abs. 2 GG) stellt weder einen Fall zulässiger „Arbeit für den Sonntag“ noch eine ausnahmsweise zulässige „Arbeit trotz des Sonntags“ dar. Für Letzteres fehlt es schlechterdings an hinreichend gewichtigen Verfassungsgütern, die sich gegenüber dem verfassungsrechtlichen Schutz der Sonntage nach Art. 140 GG i.V.m. Art. 139 WRV durchzusetzen vermögen. Im Blick auf *nicht verderbliche Lebensmittel* fehlt der Regelung ohnehin jegliche sachliche Berechtigung, da nicht einzusehen ist, weshalb sich ihr Einkauf für die Weihnachtsfeiertage nicht vor dem 24. Dezember sollte vornehmen lassen. Das Gleiche gilt aber darüber hinaus auch für *verderbliche Lebensmittel*; angesichts der heutigen Kühlmöglichkeiten ist es keinesfalls unbedingt erforderlich, solche Lebensmittel noch am 24. Dezember vormittags einkaufen zu können, sofern der Tag auf einen Adventssonntag fällt. Auch unter Anerkennung einer Einschätzungsprärogative des Gesetzgebers erscheint die Regelung mithin nicht als plausibel.

Ebenfalls zweifelnd *Rüfner*, Die institutionelle Garantie der Sonn- und Feiertage, in: Kästner / Nörr / Schlaich (Hrsg.), Festschrift für Martin Heckel zum siebzigsten Geburtstag, 1999, S. 447 ff. (460).

Im Übrigen bezieht sich § 4 Abs. 1 Nr. 4 BerlLadÖffG pauschal auf „Verkaufsstellen mit *überwiegendem* Lebens- und Genussmittelangebot“ (Hervorhebung nicht im Gesetzestext). Es dürfte sich dabei faktisch um „Supermärkte“ und ähnliche Geschäfte großer Handelsketten handeln, welche neben – verderblichen und (überwiegend) nicht verderblichen – Lebensmitteln eine beträchtliche Palette von *„non food“-Waren* zum Verkauf bereithalten. Nach dem eindeutigen Gesetzeswortlaut dürfen solche Geschäfte allgemein „öffnen“ und somit *ihr gesamtes Warenangebot* auch am 24. Dezember vormittags feilbieten, sofern dieser Tag auf einen Adventssonntag fällt. Inwiefern eine solche Regelung – auch im Sinne einer Bevorratung für die Weihnachtsfeiertage – sachlich erforderlich sein sollte, ist schlechterdings nicht ersichtlich.

§ 4 Abs. 1 Nr. 4 BerlLadÖffG bewirkt nach alledem einen unverhältnismäßigen – weil nicht erforderlichen – Eingriff in Art. 140 GG i.V.m. Art. 139 WRV, der zugleich zu einer nicht zu rechtfertigenden Verletzung von Art. 4 Abs. 1 und Abs. 2 GG führt.

(3) Gleiches gilt für § 4 Abs. 2 Nr. 1 BerlLadÖffG. Zwar dürfte das Berliner Ladenöffnungsgesetz mit der Privilegierung der Verkaufsstellen von Erzeugern heimischen Obstes und Gemüses jedenfalls im Grundsatz einen zulässigen Zweck der *Wirtschaftsförderung* verfolgen.

Gesetzesvorlage für das Berliner Ladenöffnungsgesetz vom 24. Oktober 2006, Drucksache 16 / 0015, S. 12.

Indes verfügt dieser Zweck als vom Gesetzgeber selbst gesetzter nicht über verfassungsrechtlichen Rang.

Dem durch die Regelung bewirkten Eingriff in den verfassungsrechtlichen Schutz der Sonn- und Feiertage kommt beträchtliches Gewicht zu, da § 4 Abs. 2 Nr. 1 BerlLadÖffG *sämtliche Sonn- und Feiertage innerhalb des Jahres* erfasst – ausdrücklich einschließlich aller *Adventssonntage* von 7.00 bis 20.00 Uhr, des *24. Dezember* von 7.00 bis 14.00 Uhr, sofern dieser Tag auf einen Adventssonntag fällt, und (§ 4 Abs. 3 BerlLadÖffG) des *Ostersonntags*, des *Pfingstsonntags* sowie des *ersten Weihnachtsfeiertages* ganztags.

Sachlich gilt auch für diese Vorschrift das bereits zu § 4 Abs. 1 Nr. 4 BerlLadÖffG Gesagte: Angesichts der heutigen Kühlmöglichkeiten ist keineswegs ersichtlich, inwiefern „leicht verderbliches Obst und Gemüse" an sämtlichen Sonn- und Feiertagen – insbesondere an allen Adventssonntagen und auch am 24. Dezember, sofern dieser Tag auf einen Adventssonntag fällt – sollte gehandelt werden *müssen*. Das gilt erst recht in Anbetracht der Tatsache, dass das Tatbestandsmerkmal „leicht verderblich" außerordentlich unbestimmt ist und sich in der Rechtspraxis kaum überprüfen lassen dürfte.

Nach alledem ist der *wirtschaftspolitische* Förderzweck des § 4 Abs. 2 Nr. 1 BerlLadÖffG nicht in der Lage, eine Ausnahme vom Verfassungsgut des Art. 140 GG i.V.m. Art. 139 WRV im Sinne einer „Arbeit trotz des Sonntags" zu begründen. Daher greift die Vorschrift, weil bereits dem Grunde nach nicht erforderlich, unverhältnismäßig und damit in verfassungswidriger Weise in Art. 140 GG i.V.m. Art. 139 WRV (und insoweit auch in Art. 4 Abs. 1 und Abs. 2 GG) ein.

(4) Auch § 6 Abs. 1 BerlLadÖffG verletzt Art. 140 GG i.V.m. Art. 139 WRV (und damit überdies Art. 4 Abs. 1 und Abs. 2 GG).

Zwar lehnt sich die Ausnahmeregelung des § 6 Abs. 1 BerlLadÖffG an die Regelungen der §§ 14, 23 LadschlG an; sie unterscheidet sich davon jedoch in einem maßgeblichen Punkt bezüglich der ihr zugrunde gelegten gesetzgeberischen *Zwecksetzung*. Nach dem alten Ladenschlussgesetz war ein notwendiges öffentliches Interesse gefordert, welches vor allem durch das Interesse der Bevölkerung an der Versorgung mit lebensnotwendigen Waren bei *Notfällen* (z.B. Hochwasser) gegeben war. Dies war auch sachgerecht; denn die eindeutige Verfassungsrechtslage nach dem Grundgesetz erfordert eine restriktive Handhabung, was die Zulassung von Ausnahmen anbelangt.

Die Regelung des § 6 Abs. 1 BerlLadÖffG hingegen beinhaltet keinerlei strenge Anforderungen solcher Art mehr. Es genügt bereits eine (mehr oder minder) bedeutende Veranstaltung oder ein Ereignis, welches in irgend einer Weise das Interesse der Berliner Bevölkerung bzw. der Touristen erweckt, für die Zulassung der Ladenöffnung. Was in diesem Zusammenhang von der – praktisch kaum wirksamen – Steuerungswirkung des Tatbestandsmerkmals „im öffentlichen Interesse" und der vermeintlichen Einschränkung „ausnahmsweise" für eine flächendeckende Ladenöffnung an Sonntagen zu halten ist, erweist sich deutlich an den bisher ergangenen einschlägigen Allgemeinverfügungen vom 28. November 2006 und 30. April 2007:

Anlass für die Zulassung von Ladenöffnungen an zwei Sonntagen im ersten Halbjahr 2007 waren einerseits die Grüne Woche 2007 sowie andererseits das 44. Theatertreffen und der 88. Deutsche Röntgenkongress.

Allgemeinverfügung vom 28. November 2006, Amtsblatt für Berlin (ABl.) Nr. 60 vom 8. Dezember 2006, S. 4188.

Anlass für die Zulassung von Ladenöffnungen an zwei Sonntagen im zweiten Halbjahr 2007 waren einerseits die Internationale Funkausstellung und das Musikfest 2007 sowie andererseits das Art Forum Berlin und der Kunstherbst Berlin 07.

Allgemeinverfügung vom 30. April 2007, Amtsblatt für Berlin (ABl.) Nr. 20 vom 11. Mai 2007, S. 1231 f.

Insoweit erscheint es nicht zuletzt im Blick auf die durch die Gesetzesfassung ermöglichte *Verwaltungspraxis* als zweifelhaft, ob die Ausnahmevoraussetzung des „öffentlichen Interesses" tatsächlich ernst genommen und im Sinne der Verfassung gehandhabt wird.

Die in § 6 Abs. 1 BerlLadÖffG enthaltene Ermächtigung zum Erlass von Allgemeinverfügungen ist als verfassungswidrig zu betrachten, da sie *unangemessen geringe Anforderungen* für Ausnahmen vom Schutz der Sonntage normiert und überdies ausweislich der Gesetzesbegründung *ausschließlich wirtschaftliche Zwecke* verfolgt. Der Gesetzesbegründung zufolge sind Ausnahmen nicht mehr auf Notlagen begrenzt, sondern im Sinne einer gewollten Durchbrechung des Sonntagsschutzes darauf ausgerichtet, die verstärkte Kaufkraft am Rande von größeren Veranstaltungen bzw. Besuchermengen abschöpfen zu können.

> Gesetzesvorlage für das Berliner Ladenöffnungsgesetz vom 24. Oktober 2006, Drucksache 16 / 0015, S. 13 f.

Diese gesetzgeberische Zwecksetzung erfüllt weder den Tatbestand einer zulässigen „Arbeit für den Sonntag" noch stellt sie – ungeachtet der bislang nicht geklärten Frage, in welchem Rahmen begrenzte Ausnahmen vom Verbot der Öffnung von Verkaufsstellen an Sonntagen überhaupt zulässig sind –

> Dazu *BVerfGE* 111, 10 (54); vgl. §§ 3-15 LadschlG in der Fassung vom 2. Juni 2003, geändert am 7. Juli 2005; SonntagsVerkVO vom 21. Dezember 1957, geändert am 30. Juli 1996.

einen verfassungsrechtlich hinreichenden Grund zur Rechtfertigung einer „Arbeit trotz des Sonntags" dar.

§ 6 Abs. 1 BerlLadÖffG bewirkt nach alledem einen unverhältnismäßigen und somit verfassungswidrigen Eingriff in Art. 140 GG i.V.m. Art. 139 WRV (und damit in Art. 4 Abs. 1 und Abs. 2 GG).

(5) Gleiches gilt für die Ausnahmeregelung des § 6 Abs. 2 BerlLadÖffG, der ausweislich der Gesetzesbegründung ebenso wie § 6 Abs. 1 BerlLadÖffG *ausschließlich wirtschaftliche Interessen* der einzelnen Geschäftsinhaberinnen und Geschäftsinhaber verfolgt.

Gesetzesvorlage für das Berliner Ladenöffnungsgesetz vom 24. Oktober 2006, Drucksache 16 / 0015, S. 13 f.

Nach dieser Begründung ist § 6 Abs. 2 BerlLadÖffG gleichsam Komplementärbestimmung zu § 6 Abs. 1 BerlLadÖffG, da mit dieser Vorschrift ein Ausgleich dafür geschaffen werden soll, dass von der durch § 6 Abs. 1 BerlLadÖffG freigesetzten größeren Kaufkraft anlässlich von Großveranstaltungen angesichts der Größe Berlins lediglich ein regional begrenzter Kreis von Verkaufsstellen profitieren wird.

Diese Zwecksetzung erfüllt ebenso wie diejenige des § 6 Abs. 1 BerlLadÖffG weder den Tatbestand einer zulässigen „Arbeit für den Sonntag“, noch stellt sie einen verfassungsrechtlich hinreichenden Grund zur Rechtfertigung einer „Arbeit trotz des Sonntags“ dar.

Im Übrigen ist – abgesehen davon, dass in Anbetracht des kategorischen verfassungsrechtlichen Sonntagsschutzes Ausnahmen vom Verbot der Sonntagsöffnung jeweils *im Einzelfall* einer hinreichenden Rechtfertigung bedürfen – im Blick auf § 6 Abs. 2 BerlLadÖffG darauf hinzuweisen, dass dieser eine *außerordentlich beträchtliche „Streuwirkung“* besitzt. Angesichts der sehr großen Anzahl von Handelsgeschäften in Berlin, der sehr niedrigen Erfordernisse für eine Ladenöffnung – „Firmenjubiläen und Straßenfeste“ – und der Tatsache, dass pro Geschäft zwei Öffnungen im Jahr ermöglicht werden, ist davon auszugehen, dass während des gesamte Jahres an allen Sonn- und Feiertagen in sämtlichen Berliner Bezirken jeweils eine beträchtliche Zahl von Geschäften nach Maßgabe von § 6 Abs. 2 BerlLadÖffG zulässigerweise von 13.00 bis 20.00 Uhr geöffnet haben wird. Damit wird das Grundprinzip der Schließung von Verkaufsstellen an Sonn- und Feiertagen in Berlin faktisch flächendeckend aufgegeben.

Diese Verletzung des Art. 140 GG i.V.m. Art. 139 WRV (und damit überdies des Art. 4 Abs. 1 und Abs. 2 GG) wird dadurch verschärft, dass es in § 6 Abs. 2 BerlLadÖffG dem Grunde nach in das *Belieben der Geschäftsinhaber* gestellt wird, ob sie öffnen. Die Ladenöffnung nach Maßgabe von § 6 Abs. 2 BerlLadÖffG ist nicht genehmigungspflichtig, sondern bedarf allein einer vorherigen Anzeige an das zuständige Bezirksamt. Eine wirksame *Kontrolle unter Berücksichtigung der verfassungsrechtlichen Vorgaben* findet insoweit zwar theoretisch in Gestalt des Anzeigevorbehalts statt; sie dürfte in Berlin jedoch angesichts der beträchtlichen Zahl der Geschäfte und der Verlagerung der Zuständigkeit auf die Bezirksämter keine erhebliche praktische Relevanz entfalten. Damit fehlt dem Berliner Ladenöffnungsgesetz faktisch jegliches rechtliches Korrektiv im Sinne einer restriktiven und damit möglicherweise noch verfassungskonformen Handhabung der Ladenöffnungszeiten.

Der hiernach bewirkte massive Eingriff in Art. 140 GG i.V.m. Art. 139 WRV (und damit überdies in Art. 4 Abs. 1 und Abs. 2 GG) hat ein derart großes Gewicht, dass auch deshalb die § 6 Abs. 2 BerlLadÖffG zugrunde liegende wirtschaftspolitische Zwecksetzung zur Rechtfertigung nicht hinreicht.

Auch § 6 Abs. 2 BerlLadÖffG greift nach alledem unverhältnismäßig in Art. 140 GG i.V.m. Art. 139 WRV (und damit überdies in Art. 4 Abs. 1 und Abs. 2 GG) ein.

bb) Aushöhlende Wirkung der Kumulation sonntagsbezogener Regelungen

Abgesehen davon, dass die mit der Verfassungsbeschwerde angegriffenen Regelungen, wie dargelegt, jeweils für sich genommen verfassungswidrig sind, gilt dies erst recht im Blick auf ihre *Kumulation*. Denn diese höhlt den Schutz der Sonn- und Feiertage in einem Maße aus, welches einen *Eingriff in den Kernbereich* des Art. 140 GG i.V.m. Art. 139 WRV darstellt.

> *Rüfner*, Die institutionelle Garantie der Sonn- und Feiertage, in: Kästner / Nörr / Schlaich (Hrsg.), Festschrift für Martin Heckel zum siebzigsten Geburtstag, 1999, S. 447 ff. (450 f.); *Mosbacher*, Sonntagsschutz und Ladenschluß, 2007, S. 193.

Im Hinblick auf den Kernbereich können die struktur- und typusbestimmenden Merkmale der verfassungsrechtlichen Gewährleistung nicht nur qualitativ bzw. inhaltlich bezogen auf den einzelnen Sonntag bestimmt werden. Vielmehr weist der Kernbereich auch ein *quantitatives Element* auf, da die struktur- und typusbestimmenden Merkmale umso intensiver berührt sind, je häufiger und flächendeckender gegen sie verstoßen wird.

Insofern ist von einem Eingriff in den Kernbereich des Art. 140 GG i.V.m. Art. 139 WRV durch die *Gesamtheit der von der Beschwerdeführerin angegriffenen Vorschriften*, welche angesichts ihrer Kumulation ihre Wirkung verstärken, selbst dann auszugehen, wenn man *einzelne* der angegriffenen Vorschriften als solche für noch verfassungsmäßig erachten wollte.

Zwar wurden bisher Ausnahmeregelungen zur Ermöglichung der Sonn- und Feiertagsarbeit hingenommen, wobei allerdings deren Verfassungsmäßigkeit regelmäßig offen blieb.

> *BVerfGE* 111, 10 (54); vgl. §§ 3-15 LadschlG in der Fassung vom 2. Juni 2003, geändert am 7. Juli 2005; SonntagsVerkVO vom 21. Dezember 1957, geändert am 30. Juli 1996; das *OVG Sachsen-Anhalt* NJW 1999, 2982 (2983) ging offenbar von einer Verfassungsmäßigkeit solcher Ausnahmeregelungen aus.

Ebenso wenig lässt sich der Verfassung eine bestimmte Anzahl zulässiger Ausnahmen entnehmen.

> *Kingreen / Pieroth*, Verfassungsrechtliche Grenzen einer Aufhebung der Ladenschlusszeiten, NVwZ 2006, S. 1221 ff. (1226).

Ausnahmeregelungen sind aber jedenfalls dann verfassungswidrig, wenn ihre *Kumulation* dem Regel-Ausnahme-Verhältnis zugunsten des Verbots der Sonntagsarbeit zuwiderläuft oder – wie bereits dargelegt – wenn die Ausnahmeregelungen nicht einem *über ökonomische Erwägungen hinausgehenden* Interesse dienen; im erst genannten Fall ist stets der Kernbereich des Art. 140 GG i.V.m. Art. 139 WRV berührt.

Die Kumulation der verschiedenen Möglichkeiten einer Sonntagsöffnung nach dem Berliner Ladenöffnungsgesetz führt insofern zur Verletzung des Kernbereichs des Art. 140 GG i.V.m. Art. 139 WRV, als sie *bis zu zehn verkaufsoffene Sonntage* im Jahr ermöglicht. Dies würde eine Ladenöffnung an beinahe einem Fünftel aller Sonntage im Jahr bedeuten; von einer Beachtung des Art. 140 GG i.V.m. Art. 139 WRV zugrunde liegenden Regel-Ausnahme-Verhältnisses kann unter diesen Umständen nicht mehr die Rede sein. Gerade dieses Regel-Ausnahme-Verhältnis in seiner quantitativen Dimension indes stellt ein elementares struktur- und typusbestimmendes Merkmal des Art. 140 GG i.V.m. Art. 139 WRV dar.

Überdies wird angesichts der Ladenöffnung *an allen vier Adventssonntagen* ein ganzer Monat mit prinzipiell durchgehend werktäglichem Charakter ausgestaltet.

Hier schlägt verfassungsrechtlich Quantität in Qualität um. Dies gilt insbesondere im Hinblick auf § 6 Abs. 2 BerlLadÖffG, da dadurch eine *behördlich so gut wie unkontrollierte Ladenöffnung an Sonn- und Feiertagen* ermöglicht wird, welche sich räumlich über das gesamte Stadtgebiet von Berlin und zeitlich über das ganze Jahr hinweg verteilt. Es ist davon auszugehen, dass es künftig keinen Sonntag in Berlin geben wird, an welchem nicht in einer größeren Anzahl von Geschäften in allen Bezirken eine nach § 6 Abs. 2 BerlLadÖffG zulässige Ladenöffnung stattfinden wird. Diese enorme „Streuwirkung" verstärkt, wie bereits dargelegt, die Intensität des Eingriffs in den Kernbereich des Art. 140 GG i.V.m. Art. 137 WRV.

Die Verletzung des Art. 140 GG i.V.m. Art. 139 WRV (und damit überdies des Art. 4 Abs. 1 und Abs. 2 GG) wird nicht dadurch relativiert, dass die Möglichkeiten zur Ladenöffnung im Berliner Ladenöffnungsgesetz auf mehrere Paragraphen mit unterschiedlicher Regelungstechnik verteilt sind; denn maßgeblich ist nicht die gesetzliche Regelungstechnik, sondern die Summe der Eingriffe und deren Gesamtwirkung. Der Berliner Gesetzgeber hat den erheblichen Eingriff in den verfassungsrechtlichen Schutz der Sonntage mit bis zu zehn offenen Sonntagen für jedes Ladengeschäft in Berlin gesetzestechnisch in einzelne Tatbestände zerlegt, welche – abgesehen von der schlechterdings inakzeptablen Ermöglichung einer Ladenöffnung an allen vier Adventssonntagen – *jeweils isoliert betrachtet* noch als hinnehmbar betrachtet werden mögen, welche in ihrer *Kumulation* aber mit dem Regel-Ausnahme-Verhältnis zwischen Sonntagsruhe und Ladenöffnung an Sonntagen unvereinbar sind.

cc) Schutz kirchlicher Feiertage

Das soeben Ausgeführte gilt nicht nur im Blick auf den *Sonntagsschutz*, sondern gleichermaßen hinsichtlich des von Art. 140 GG i.V.m. Art. 139 WRV ebenfalls erfassten *Feiertagsschutzes*. Nach § 6 Abs. 1 und Abs. 2 BerlLadÖffG (Allgemeinverfügung und Einzelausnahmen aus Anlass besonderer Ereignisse) wird eine Ladenöffnung an zumindest drei Feiertagen ermöglicht, welche niemals Sonntage sind (Ostermontag, Christi Himmelfahrt, Pfingstmontag). Somit könnten theoretisch insgesamt weniger als zehn *Sonntage* im Jahr von einer Ladenöffnung betroffen sein, wobei dann – abgesehen vom Tag der Deutschen Einheit – an durchweg *kirchlichen Feiertagen* eine Ladenöffnung ermöglicht würde.

Auch soweit statt Sonntagen kirchliche Feiertage als geöffnet deklariert werden können, stellt sich die Rechtslage indes nicht anders dar. Durch die Möglichkeit der Ladenöffnung an den zweiten Feiertagen zu Ostern und Pfingsten wird die traditionelle religiöse Struktur dieser zentralen kirchlichen Feste zerstört. Auch diese zweiten Feiertage werden – ebenso wie der Tag Christi Himmelfahrt – mit Gottesdiensten und anderen religiösen Veranstaltungen begangen. Die genannten Tage sind insoweit nach Maßgabe des bereits Ausgeführten vom Schutzbereich des Art. 4 Abs. 1 und Abs. 2 GG in der Verknüpfung mit Art. 140 GG i.V.m. Art. 139 WRV erfasst.

Der *Schutz der kirchlichen Feiertage* ist in Art. 140 GG i.V.m. Art. 139 WRV zwar nicht – wie hinsichtlich der Sonntage – absolut normiert, sondern lediglich nach Maßgabe ihrer staatlichen Anerkennung; hier besitzt der zuständige *Gesetzgeber* einen Gestaltungsspielraum.

> *Kästner*, in: Listl / Pirson (Hrsg.), Handbuch des Staatskirchenrechts der Bundesrepublik Deutschland, Bd. 2, 2. Aufl. (1995), S. 337 ff. (345 ff.); *Korioth*, in: Maunz / Dürig, Grundgesetz, Stand: 47. Erg.-Lieferung, Juni 2006, Art. 140 GG / Art. 139 WRV, Rn. 40 f.; *Stollmann*, Staatlich anerkannte Feiertage – einfachgesetzlicher Spielball oder änderungsfestes Rechtsinstitut?, DÖV 2004, S. 471 ff.

Allerdings hat sich der Berliner Landesgesetzgeber im Gesetz über die Sonn- und Feiertage für einen Schutz dieser kirchlichen Feiertage entschieden.

> § 1 Gesetz über die Sonn- und Feiertage Berlin vom 28. Oktober 1954 (GVBl. S. 615).

Dem zufolge ist auch im Blick auf die in Berlin staatlich anerkannten kirchlichen Feiertage eine Aushöhlung des verfassungsrechtlichen Feiertagsschutzes nicht zulässig.

Dies gilt erst recht dann, wenn der Schutz *ohne plausible gesetzgeberische Erwägungen* entfallen soll. Nach dem Berliner Ladenöffnungsgesetz wird die Entscheidung über bis zu sechs Sonntage oder Feiertage (wobei lediglich der Tag der Deutschen Einheit als Feiertag nicht geschützte kirchliche Interesse betrifft) der *Senatsverwaltung* bzw. sogar (hinsichtlich zweier Tage) der *Dezision einzelner Geschäftsleute* anheim gestellt. Der Gesetzgeber gibt hier den von Verfassungs wegen ihm übertragenen Schutz der Feiertage aus der Hand und der Exekutive bzw. sogar Privaten anheim. Diese Kompetenzverlagerung wird der durch die „Wesentlichkeitslehre“ des Bundesverfassungsgerichts geklärten *Verantwortlichkeit des Gesetzgebers* keineswegs gerecht, zumal sich die in diesem Zusammenhang vorgegebenen Kriterien – „öffentliches Interesse“ und „ausnahmsweise“ (§ 6 Abs. 1 BerlLadÖffG) sowie „aus Anlass besonderer Ereignisse“ (§ 6 Abs. 2 BerlLadÖffG) – im Lichte des nach Art. 140 GG i.V.m. Art. 139 WRV verfassungsrechtlich gebotenen Schutzes der Sonn- und Feiertage als außerordentlich unbestimmt erweisen.

dd) Keine hinreichende Sanktionierung von Verstößen

Die in den mit der Verfassungsbeschwerde angegriffenen Vorschriften des Berliner Ladenöffnungsgesetzes enthaltene systematische Aushöhlung der verfassungsrechtlichen Gewährleistung der Sonn- und Feiertage wird im Übrigen dadurch „komplettiert“, dass das Gesetz nicht einmal wirksame Sanktionen von Verstößen gegen die noch vorhandenen rudimentären Restriktionen vorsieht. Nach Maßgabe von § 9 Abs. 2 BerlLadÖffG können Zuwiderhandlungen allenfalls mit einer Geldbuße bis zu 2500 Euro geahndet werden. Es kann angesichts dieses geringen Betrages keine Rede davon sein, dass hiervon – insbesondere im Blick auf große Handelsketten und Kaufhäuser – eine wirtschaftlich auch nur ansatzweise abschreckende Wirkung bzw. ein Ansatz zur Rechtstreue ausgeht.

d) Ergebnis

Nach alledem verletzen sämtliche von der Beschwerdeführerin angegriffenen Bestimmungen des Berliner Ladenöffnungsgesetzes für sich genommen und in ihrer Kumulation die institutionelle Garantie des Art. 140 GG i.V.m. Art. 139 WRV und sind verfassungswidrig. Dies hat aufgrund der Verknüpfung des Art. 140 GG i.V.m. Art. 139 WRV mit dem Grundrecht auf Religionsfreiheit zur Folge, dass die verfassungswidrigen Bestimmungen des Berliner Ladenöffnungsgesetzes einen am grundrechtlichen Maßstab zu messenden *Eingriff in das Grundrecht der Beschwerdeführerin aus Art. 4 Abs. 1 und Abs. 2 GG* darstellen.

3. Keine Rechtfertigung des Eingriffs in das Grundrecht der Beschwerdeführerin

Der Eingriff der mit der Verfassungsbeschwerde angegriffenen Bestimmungen des Berliner Ladenöffnungsgesetzes in das Grundrecht der Beschwerdeführerin aus Art. 4 Abs. 1 und Abs. 2 GG in der Verknüpfung mit Art. 140 GG i.V.m. Art. 139 WRV ist nicht gerechtfertigt, weshalb die Beschwerdeführerin insoweit in diesem Grundrecht verletzt ist.

a) Schranken des Grundrechts

Nach ständiger Rechtsprechung des Bundesverfassungsgerichts ist das Grundrecht aus Art. 4 Abs. 1 und Abs. 2 GG schrankenlos gewährleistet; ein Eingriff kann nur im Rahmen praktischer Konkordanz durch kollidierendes Verfassungsrecht gerechtfertigt werden.

> *BVerfGE* 44, 59 (67); 52, 223 (246 f.); 93, 1 (21); st. Rspr.

b) Keine Rechtfertigung kraft kollidierenden Verfassungsrechts

Eine *Rechtfertigung kraft kollidierenden Verfassungsrechts* liegt indes im Falle der von der Beschwerdeführerin angegriffenen Normen des Berliner Ladenöffnungsgesetzes nicht vor.

aa) Ausgestaltungsspielraum des Gesetzgebers

Zwar kann grundsätzlich auch der durch Art. 140 GG i.V.m. Art. 139 WRV begründete *Ausgestaltungsspielraum des Landesgesetzgebers* [dazu oben III. 2. b) aa)] eine Beschränkung der Religionsfreiheit der Beschwerdeführerin bewirken. Es wurde aber bereits dargelegt, dass die angegriffenen Vorschriften des Berliner Ladenöffnungsgesetzes je für sich genommen und in ihrer Kumulation Art. 140 GG i.V.m. Art. 139 WRV verletzen, so dass insoweit eine Funktion als taugliche Schranke der Religionsfreiheit der Beschwerdeführerin nicht in Betracht kommt.

bb) Keine Rechtfertigung durch sonstige Verfassungsgüter

Eine verfassungsrechtliche Rechtfertigung der Grundrechtsverletzung erfolgt überdies nicht durch sonstige Verfassungsgüter, insbesondere die *wirtschaftsbezogenen Grundrechte* des Grundgesetzes. Zwar können vor allem Art. 12 GG und Art. 14 GG im Sinne praktischer Konkordanz möglicherweise auch zur Rechtfertigung eines Eingriffs in die Religionsfreiheit herangezogen werden. Das kommt indes im Blick auf die gegen Art. 140 GG i.V.m. Art. 139 WRV verstoßenden Vorschriften des Berliner Ladenöffnungsgesetzes aus nachfolgenden Gründen nicht in Betracht:

(1) Die von den angegriffenen Bestimmungen des Berliner Ladenöffnungsgesetzes verfolgten wirtschaftlichen Zwecke sind *nicht verfassungsgeboten* – insbesondere nicht von Art. 12 GG. Vielmehr stellen die Beschränkungen durch den Sonn- und Feiertagsschutz nach Art. 140 GG i.V.m. Art. 139 WRV als solche eine nach Maßgabe von Art. 12 Abs. 1 Satz 1 GG grundsätzlich zulässige Berufsausübungsregelung dar.

BVerfGE 87, 363 (393); 111, 10 (52 f.).

Damit entspringen die genannten wirtschaftlichen Zwecksetzungen ausschließlich der Zwecksetzungskompetenz des Berliner Landesgesetzgebers, welcher diesbezüglich durchaus über einen gewissen legislativen Gestaltungsspielraum verfügt; allerdings findet dieser Spielraum eine zwingende Grenze am Verfassungsrecht. Diese Grenze besteht dergestalt, dass das Grundrecht aus Art. 4 Abs. 1 und Abs. 2 GG nicht durch beliebige und in anderem Zusammenhang möglicherweise durchaus zulässige Eingriffszwecke beschränkbar ist, sondern Eingriffszwecke verlangt, welche ihrerseits ihren Grund in einem *gleich- oder höherwertigen Verfassungsgut* finden. Insofern reichen rein wirtschaftliche Zwecke nicht aus, die der Gesetzgeber dem Grundsatz nach definieren *darf*, welche aber nicht durch gleich- oder höherrangige Verfassungsgüter *geboten* sind.

Es ist kein Grund ersichtlich, welchem zufolge die rein wirtschaftlichen Zwecksetzungen des Berliner Ladenöffnungsgesetzes Verfassungsrang aufweisen sollten.

(2) Ein tauglicher verfassungsrechtlicher Rechtfertigungsgrund ist auch nicht im *Versorgungsinteresse der vom Berliner Ladenöffnungsgesetz betroffenen Bevölkerung* zu sehen. Zwar kann einem solchen Versorgungsinteresse angesichts des Sozialstaatsprinzips nach Art. 20 Abs. 1 GG und möglicher grundrechtlicher staatlicher Schutzpflichten nicht von vornherein die Qualität eines Verfassungsgutes abgesprochen werden. Allerdings betreffen die von der Beschwerdeführerin angegriffenen Vorschriften des Berliner Ladenöffnungsgesetzes durchweg Konstellationen, in denen von einer „Sicherstellung der Grundversorgung“ der Bevölkerung ernsthaft keine Rede sein kann; letztere ist zudem an Werk- und Samstagen durch die vom Berliner Ladenöffnungsgesetz erweiterten Öffnungszeiten mehr als gewährleistet.

c) Ergebnis

Nach alledem ist der Eingriff in die Religionsfreiheit der Beschwerdeführerin, welcher in der durch § 3 Abs. 1, § 4 Abs. 1 Nr. 4 und § 4 Abs. 2 Nr. 1 sowie § 6 Abs. 1 und Abs. 2 BerlLadÖffG bewirkten Aushöhlung des verfassungsrechtlichen Sonntagsschutzes zu sehen ist, nach Maßgabe der vom Bundesverfassungsgericht in ständiger Rechtsprechung zugrunde gelegten Schranken des Grundrechts auf Religionsfreiheit nicht zu rechtfertigen.

4. Zusammenfassung und Begründung der Antragstellung

Nach alledem sind

- § 3 Abs. 1 2. Halbsatz BerlLadÖffG (Zulassung einer Ladenöffnung an den Adventssonntagen),
- § 4 Abs. 1 Nr. 4 und § 4 Abs. 2 Nr. 1 BerlLadÖffG sowie
- § 6 Abs. 1 und Abs. 2 BerlLadÖffG in der geltenden Fassung

wegen Verstoßes gegen Art. 4 Abs. 1 und Abs. 2 GG in der Verknüpfung mit Art. 140 GG i.V.m. Art. 139 WRV verfassungswidrig.

§ 3 Abs. 1 BerlLadÖffG, soweit darin die Ladenöffnung auch an den Adventssonntagen zugelassen wird, sowie § 4 Abs. 1 Nr. 4 und § 4 Abs. 2

Nr. 1 BerlLadÖffG sind infolgedessen nach § 95 Abs. 3 Satz 1 BVerfGG für nichtig zu erklären.

> Zu dieser Regelfolge der Verfassungswidrigkeit eines Gesetzes *Lechner / Zuck*, Bundesverfassungsgerichtsgesetz, 5. Aufl. (2006), § 95 Rn. 20.

Demgegenüber beruht die Verfassungswidrigkeit von § 6 Abs. 1 und Abs. 2 BerlLadÖffG auf der geltenden Fassung der Vorschrift, insbesondere auch auf der im Gesetz enthaltenen Kumulation von Ausnahmen von dem nach Art. 140 GG i.V.m. Art. 139 WRV gebotenen Sonn- und Feiertagsschutz. Andererseits erscheinen *begrenzte* Ausnahmeregelungen im Sinne des § 6 Abs. 1 und Abs. 2 BerlLadÖffG auch nach Auffassung der Beschwerdeführerin nicht schlechthin als verfassungsrechtlich ausgeschlossen. Bereits bisher wurden gewisse Ausnahmeregelungen zur Ermöglichung der Sonn- und Feiertagsarbeit hingenommen, ohne dass allerdings deren Verfassungsmäßigkeit abschließend geklärt wäre.

> *BVerfGE* 111, 10 (54); vgl. §§ 3-15 LadschlG in der Fassung vom 2. Juni 2003, geändert am 7. Juli 2005; SonntagsVerkVO vom 21. Dezember 1957, geändert am 30. Juli 1996; das *OVG Sachsen-Anhalt* NJW 1999, 2982 (2983) ging offenbar von einer Verfassungsmäßigkeit solcher Ausnahmeregelungen aus.

Es erscheint daher nicht undenkbar, dass durch den Gesetzgeber Regelungen nach Art des § 6 Abs. 1 und Abs. 2 BerlLadÖffG im Sinne *begrenzter* Ausnahmen erlassen werden können, die sich im Rahmen des verfassungsrechtlich Zulässigen halten. Insoweit läge es im Gestaltungsspielraum des Berliner Landesgesetzgebers, dergestalt modifizierte Ausnahmen zu normieren oder aber eine einschlägige Regelung ganz zu unterlassen.

Für diese Fallgruppe verzichtet das Bundesverfassungsgericht in ständiger Rechtsprechung in Anlehnung an § 31 Abs. 2 und § 79 Abs. 1 BVerfGG auf eine Nichtigerklärung nach § 95 Abs. 3 Satz 1 BVerfGG und beschränkt sich auf den bloßen Ausspruch der Verfassungswidrigkeit.

> *BVerfGE* 87, 153 (177 f.); 82, 60 (97); 78, 350 (363); *Lechner / Zuck*, Bundesverfassungsgerichtsgesetz, 5. Aufl. (2006), § 95 Rn. 22 ff.

Daher beantragt die Beschwerdeführerin lediglich, die genannten Vorschriften in ihrer geltenden Fassung *für verfassungswidrig zu erklären.*

IV. Voraussetzungen für die Annahme der Verfassungsbeschwerde

Die Voraussetzungen für die Annahme der Verfassungsbeschwerde zur Entscheidung nach § 93a BVerfGG sind gegeben, da der Verfassungsbeschwerde im Sinne des § 93a Abs. 2 lit. a) BVerfGG *grundsätzliche verfassungsrechtliche Bedeutung* zukommt.

Einer Verfassungsbeschwerde kommt nach § 93a Abs. 2 lit. a) BVerfGG grundsätzliche verfassungsrechtliche Bedeutung nur zu, wenn sie eine verfassungsrechtliche Frage aufwirft, die sich nicht ohne weiteres aus dem Grundgesetz beantworten lässt und noch nicht durch die verfassungsgerichtliche Rechtsprechung geklärt ist oder welche durch veränderte Verhältnisse erneut klärungsbedürftig wurde.

BVerfGE 90, 22 (24 f.); dem folgend 96, 245 (248).

Daher müssen über die Beantwortung der verfassungsrechtlichen Frage ernsthafte Zweifel bestehen. Hierfür kann als Anhaltspunkt dienen, dass die Frage in der Fachliteratur kontrovers diskutiert oder in der Rechtsprechung der Fachgerichte unterschiedlich beantwortet wird.

BVerfGE 90, 22 (24 f.); *Lechner / Zuck*, Bundesverfassungsgerichtsgesetz, 5. Aufl. (2006), § 93a Rn. 11.

Ebenso fordert das Bundesverfassungsgericht, dass an der Klärung der verfassungsrechtlichen Frage ein über den Einzelfall hinausgehendes Interesse bestehen muss, was etwa der Fall sein kann, wenn die Frage für eine nicht unerhebliche Anzahl von Streitigkeiten von Bedeutung ist oder ein Problem von einigem Gewicht betrifft, das in künftigen Fällen erneut Bedeutung erlangen kann.

BVerfGE 90, 22 (24 f.); *Lechner / Zuck*, Bundesverfassungsgerichtsgesetz, 5. Aufl. (2006), § 12.

In der Literatur wird dies zutreffend dahin interpretiert, dass zur Auslegung des § 93a Abs. 2 lit. a) BVerfGG die zum Begriff der „allgemeinen Bedeutung“ in § 90 Abs. 2 Satz 2 BVerfGG entwickelten Grundsätze herangezogen werden können.

Zuck, Das Recht der Verfassungsbeschwerde, 3. Aufl. (2006), Rn. 931.

Die Verfassungsbeschwerde der Beschwerdeführerin erfüllt diese Voraussetzungen.

1. Voraussetzungen des § 90 Abs. 2 Satz 2 BVerfGG

Es liegen die *Voraussetzungen des § 90 Abs. 2 Satz 2 BVerfGG* vor. Diese Aussage, die oben [II. 5. d) bb)] zunächst nur für § 6 Abs. 1 BerlLadÖffG getroffen wurde, gilt indes für sämtliche von der Beschwerdeführerin angegriffenen Vorschriften und lässt aufgrund der geschilderten Wertungsidentität auch den Schluss auf das Vorliegen der Voraussetzungen des § 93a Abs. 2 lit. a) BVerfGG zu. Insoweit wird auf die obigen Ausführungen verwiesen.

2. Zusammenfassung

Gleichwohl seien im Folgenden die wichtigsten Gesichtspunkte, aus welchen die Erfüllung der Voraussetzungen des § 93a Abs. 2 lit. a) BVerfGG folgt, noch einmal zusammengefasst:

a) Begrenzung der Ausgestaltungsfreiheit des Gesetzgebers

Die Frage nach der Begrenzung der Ausgestaltungsfreiheit des Gesetzgebers zur Ermöglichung einer Ladenöffnung an Sonntagen wurde vom Bundesverfassungsgericht bislang nicht beantwortet – insbesondere auch nicht im Urteil zum Ladenschlussgesetz.

BVerfGE 111, 10 (50, 52, 54).

b) Verknüpfung von Art. 4 Abs. 1 und Abs. 2 GG mit Art. 140 GG i.V.m. Art. 139 WRV

In der wissenschaftlichen Diskussion wird die der vorliegenden Verfassungsbeschwerde zugrunde liegende Verknüpfung von Art. 4 Abs. 1 und Abs. 2 GG mit Art. 140 GG i.V.m. Art. 139 WRV bislang kontrovers beurteilt.

Bejahend: *v. Campenhausen*, in: v. Mangoldt / Klein / Starck, Kommentar zum Grundgesetz, Bd. 3, 5. Aufl. (2005), Art. 140 GG / Art. 139 WRV, Rn. 13 u. 19; *de Wall*, Zum subjektiven Recht der Kirchen auf den Sonntagsschutz, NVwZ 2000, S. 857 ff. (860); *v. Campenhausen / de Wall*, Staatskirchenrecht, 4. Aufl. (2006), S. 329 f.; *Hollerbach*, Freiheit kirchlichen Wirkens, in: Isensee / Kirchhof, HStR VI, § 140, Rn. 61; *Ehlers*, in: Sachs (Hrsg.), Grundgesetz, 4. Aufl. (2007), Art. 140 GG / Art. 139 WRV, Rn. 11; *Preuß*, in: Denninger, AK-GG, Stand: 2. Erg.-Lieferung, August 2002, Art. 140 GG, Rn. 69; *Morlok*, in: Dreier (Hrsg.), Grundgesetz, Bd. 3, 2000, Art. 140 GG / Art. 139 WRV, Rn. 10; *Hofmann*, in: Schmidt-Bleibtreu / Klein, Kommentar zum Grundgesetz, 9. Aufl. (1999), Art. 140 GG, Rn. 39; *Rüfner*, Die institutionelle Garantie der Sonn- und Feiertage, in: Kästner / Nörr / Schlaich (Hrsg.), Festschrift für Martin Heckel zum siebzigsten Geburtstag, 1999, S. 447 ff. (455); *Pirson*, Art. „Sonn- und Feiertage. II. Juristisch“, in: EvStL, Bd. 2, 3. Aufl. (1987), Sp. 3150 f.; *Pahlke*, Sonn- und Feiertagsschutz als Verfassungsgut, in: Essener Gespräche zum Thema Staat und Kirche 24 (1990), S. 53 ff. (57); *Morlok / Heinig*, Feiertag! Freier Tag? Die Garantie des Sonn- und Feiertagsschutzes als subjektives Recht im Lichte des Art. 139 WRV, NVwZ 2001, S. 846 ff. (850); *Mattner*, Sonn- und Feiertagsrecht, 1988, S. 42-47.

Verneinend bzw. kritisch: *Westphal*, Die Garantie der Sonn- und Feiertage als Grundlage subjektiver Rechte, 2003, S. 101 ff. (103); *Stollmann*, Der Sonn- und Feiertagsschutz nach dem Grundgesetz, 2004, S. 115 f.; *ders.*, Zum subjektivrechtlichen Gehalt des Art. 140 GG / 139 WRV, Verwaltungsarchiv 2005, S. 348 ff. (361); *Korioth*, in: Maunz / Dürig, Grundgesetz, Stand: 47. Erg.-Lieferung, Juni 2006, Art. 140 GG / Art. 139 WRV, Rn. 5.

c) *Bedeutung für weitere Streitigkeiten sowie für die künftige Gesetzgebung der Länder*

Schließlich ist die vorliegende Verfassungsbeschwerde für eine nicht unerhebliche Anzahl von *Streitigkeiten* von Bedeutung; sie betrifft ein Problem von Gewicht, das in künftigen Fällen erneut Bedeutung erlangen kann. Denn es ist zu erwarten bzw. jedenfalls nicht auszuschließen, dass andere Bundesländer von der Gesetzgebungskompetenz zur Regelung der Ladenöffnung in ähnlicher, den verfassungsrechtlichen Schutz der Sonn- und Feiertage beeinträchtigender Weise Gebrauch machen werden wie das Land Berlin.

Unter diesem Gesichtspunkt ist eine Entscheidung des Bundesverfassungsgerichts über die vorliegende Verfassungsbeschwerde geeignet, endgültige Klarheit zu schaffen und damit mögliche weitere zu erwartende (Verfassungs-)Rechtsstreitigkeiten über die Grenzen der gesetzlichen Zulassung einer Ladenöffnung an Sonntagen zu verhindern.

Nach alledem liegen die Voraussetzungen für eine Annahme der Verfassungsbeschwerde nach § 93a Abs. 2 lit. a) BVerfGG zur Entscheidung vor.

Prof. Dr. iur. Karl-Hermann Kästner Bingen, den 24. Juli 2008

Bundesverfassungsgericht
– Erster Senat –

Postfach 1771
76006 Karlsruhe

1 BvR 2857/07

Im Rahmen der Verfassungsbeschwerde

der Evangelischen Kirche Berlin-Brandenburg-schlesische Oberlausitz vertreten durch den Vorsitzenden der Kirchenleitung, Bischof Prof. Dr. Wolfgang Huber, oder den Präsidenten des Konsistoriums, Ulrich Seelemann, Georgenkirchstraße 69, 10249 Berlin,

gegen § 3 Abs. 1 Halbsatz 2, § 4 Abs. 1 Nr. 4, Abs. 2 Nr. 1 und § 6 Abs. 1, 2 des Berliner Ladenöffnungsgesetzes (BerlLadÖffG) vom 14. November 2006 (GVBl. S. 1045)

danke ich für die Zuleitung der abgegebenen Stellungnahmen, zu denen ich mich wie folgt äußere:

Vom Grundsätzlichen her ist Wert auf die Feststellung zu legen, dass mit der Verfassungsbeschwerde keineswegs eine wie auch immer geartete **„Deutungshoheit der christlichen Kirchen über den Sonntag“** (Stellungnahmen des Dachverbands Freier Weltanschauungsgemeinschaften e.V. sowie des Bundes Freireligiöser Gemeinden Deutschlands) zum Ausdruck gebracht werden soll. Selbstverständlich dient die in Art. 140 GG i.V.m. Art. 139 WRV enthaltene institutionelle Garantie verschiedenen Schutzzwecken und somit auch gesellschaftlichen Adressaten; sie dient aber jedenfalls *auch* der Entfaltung der Religionsfreiheit der christlichen Kirchen und Religionsgemeinschaften. Es erscheint vom Standpunkt der Beschwerdeführerin her in diesem Zusammenhang nicht akzeptabel, wenn in einigen Stellungnahmen versucht wird, die *religionsbezogene* Dimension des Art. 139 WRV zu minimieren und diese geradezu lediglich als Reflex der *sozialpolitischen* Dimension darzustellen, welche angeblich den eigentlichen Zweck des Schutzes der Sonn- und Feiertage bilden soll. Dem widerspricht bereits die eindeutige tatbestandliche Fassung „Tage der Arbeitsruhe *und* seelischen Erhebung" (nicht etwa „Arbeitsruhe zwecks seelischer Erhebung" o.ä.).

Leider sind außer den Kirchen, Religions- und Weltanschauungsgemeinschaften keine anderen gesellschaftlichen Verbände ersichtlich, welche sich überhaupt mit einiger Aussicht auf Erfolg im Wege der Verfassungsbeschwerde gegen den gegenwärtig offensichtlichen Bedeutungsverlust des Art. 140 GG i.V.m. Art. 139 WRV wenden könnten. Die Garantie des Schutzes der Sonn- und Feiertage droht, worauf die Stellungnahme der Vereinten Dienstleistungsgewerkschaft ver.di zu Recht hinweist, in der Rechtspraxis zur leeren Hülse zu verkommen. Versuche gerichtlicher Abwehr seitens der anderen „Zielgruppe" der Verfassungsnorm, der an Arbeitsruhe interessierten Arbeitnehmer, fallen, wie die Stellungnahme verdeutlicht, weithin prozeßtaktischem Verhalten der Arbeitgeberseite zum Opfer und führen so regelmäßig gar nicht zu gerichtlichen Entscheidungen, gegen welche Verfassungsbeschwerde erhoben werden könnte.

Um in diesem Zusammenhang allerdings Mißverständnisse zu vermeiden, sei ausdrücklich betont, dass die Beschwerdeführerin mit ihrer Verfassungsbeschwerde nach dem Vorstehenden zwar faktisch *auch* Interessen der Allgemeinheit entgegenkommt, dass die Verfassungsbeschwerde aber explizit zum Schutz ihrer eigenen Grundrechtsposition erhoben wurde.

Die Beschwerdeführerin ist sich darüber im Klaren, dass die **Beschwerdebefugnis** in der Literatur unterschiedlich beurteilt wird und insofern noch keine abschließende Entscheidung des Bundesverfassungsgerichts vorliegt. Die Gegenansicht wird denn auch in einigen Stellungnahmen entsprechend betont. Dem insoweit bestehenden „Restrisiko", was die verfassungsgerichtliche Bewertung der Zulässigkeit der Verfassungsbeschwerde angeht, hat sich die Beschwerdeführerin gleichwohl gestellt, da für sie kein anderer Weg ersichtlich ist, ihre grundrechtlich geschützte

Entfaltungsfreiheit zu schützen – zumal nach den bisherigen Erfahrungen für sie absehbar ist, dass versucht werden wird, Art. 140 GG i.V.m. Art. 139 WRV in der einschlägigen Landesgesetzgebung sukzessive weiter zu relativieren. Insoweit erhofft sich die Beschwerdeführerin – im Einklang mit den anderen evangelischen Kirchen sowie mit der Römisch-katholischen Kirche – im Ergebnis nicht zuletzt eine Klarstellung des Bundesverfassungsgerichts zu den *Grenzen* des (von ihr dem Grunde nach keineswegs bezweifelten) Gestaltungsspielraums der Landesgesetzgeber, jenseits derer von einer Verletzung des Kernbereichs des verfassungsrechtlichen Schutzes der Sonn- und Feiertage auszugehen ist. Eine diesbezügliche klärende Entscheidung des Bundesverfassungsgerichts wäre von allgemeiner bzw. grundsätzlicher Bedeutung (§§ 90 Abs. 2, 93a Abs. 2 BVerfGG).

Im Blick auf die vorliegend streitbefangenen Normen des Berliner Ladenöffnungsgesetzes ist die Beschwerdeführerin der Auffassung, dass damit die von der Verfassung gezogene Grenzlinie überschritten und ungerechtfertigt in ihre Religionsfreiheit eingegriffen wurde. Zu der für die Beschwerdebefugnis maßgeblichen Frage nach dem von der Verfassungsbeschwerde vorausgesetzten **Konkretisierungsverhältnis zwischen Art. 4 Abs. 1 und 2 GG und Art. 140 GG i.V.m. Art. 139 WRV** geben die Stellungnahmen Anlaß für einige die Antragsschrift ergänzende Bemerkungen.

Die Stellungnahme des Landes Berlin räumt eine „offensichtliche" „thematische Bezüglichkeit" ein; sie sei allerdings auch zu einer Reihe anderer Grundrechte vorhanden, wobei diese „Bezüglichkeit" je nach Konstellation im Sinne der *Gleichgerichtetheit* oder auch der *Gegenläufigkeit* – mithin ambivalent – bestehen könne. Dem ist dem Grunde nach durchaus zuzustimmen. Allerdings verhält sich der verfassungsrechtliche Schutz des Sonntags zu Art. 4 Abs. 1 und 2 GG, was die Grundrechtsposition der Beschwerdeführerin angeht, gerade nicht *ambivalent*, sondern eindeutig *gleichgerichtet*. Denn Art. 140 GG i.V.m. Art. 139 WRV schützen mit der ausdrücklichen Gewährleistung des *Sonntags* sowie mit dem Tatbestandsmerkmal der „seelischen Erhebung" – nicht nur, aber eben auch – die seelische Erhebung im überkommenen *christlichen und insofern sonntagszentrierten* Sinne. Die Beschwerdeführerin übt ihre Religionsfreiheit nach Maßgabe von Art. 4 Abs. 1 und 2 GG explizit in diesem überkommenen christlich-sonntagszentrierten Sinne aus. Mithin liegt in ihrem Fall die für eine *rechtliche* (und nicht lediglich faktische) Betroffenheit erforderliche Gleichgerichtetheit ihres Grundrechts auf Religionsfreiheit mit dem verfassungsrechtlichen Schutz der Sonntage vor.

Dieser Gleichgerichtetheit steht auch die Möglichkeit nicht entgegen, dass sich „angesichts von Artikel 4 Abs. 1, Abs. 2 GG relevante Grundrechtsbeeinträchtigungen hieran nicht teilhabender Grundrechtsträger ergeben“ können (Stellungnahme des Landes Berlin). Denn für die „Sonntagszentriertheit“ der Religionsausübung der Beschwerdeführerin ist deren *eigenes religiöses Selbstverständnis* maßgeblich, für die „Sonntagszentriertheit“ von Art. 140 GG i.V.m. Art. 139 WRV jedoch bereits unmittelbar der *Verfassungstext* als solcher. Damit liegt nicht nur eine „thematische Bezüglichkeit“, sondern ein *wechselseitiges Konkretisierungsverhältnis* vor, das es erlaubt, zur Konkretisierung des Art. 4 Abs. 1 und 2 GG auch die insofern thematisch gleichgerichtete Regelung von Art. 140 GG i.V.m. Art. 139 WRV heranzuziehen.

Nicht zu folgen ist der Bewertung, dass die Einbeziehung des Schutzgehalts von Art. 140 GG i.V.m. Art. 139 WRV in denjenigen des Art. 4 Abs. 1 und 2 GG bereits deshalb unzulässig sei, weil Art. 4 Abs. 1 und 2 GG damit eine *Wirkdimension* hinzugefügt werde, die nicht bereits zu dessen anerkannten Wirkdimensionen gehöre – so etwa die in der Stellungnahme des Landes Berlin angesprochene **Schaffung geeigneter Rahmenbedingungen für eine ungestörte Ausübung der Religionsfreiheit**. In der Tat wäre ein solcher leistungsrechtlicher Gehalt allein aus Art. 4 Abs. 1 und 2 GG kaum zu begründen. Indes ist zu berücksichtigen, dass das Bundesverfassungsgericht die Gewährleistungen der inkorporierten Artikel der Weimarer Reichsverfassung „funktional auf die Inanspruchnahme und Verwirklichung des Grundrechts der Religionsfreiheit“ bezogen hat (BVerfGE 102, 370 [387]). Somit hätte – im damaligen prozessualen Zusammenhang – zwar allein aus Art. 4 Abs. 1 und 2 GG kein Anspruch auf (erstmalige) *Etablierung eines Körperschaftsstatus* hergeleitet werden können, welcher geeignet gewesen wäre, den betreffenden Kirchen und Religionsgemeinschaften die Ausübung ihrer Religionsfreiheit zu erleichtern. War aber – wenngleich in einem primär institutionellen Kontext (Art. 140 GG i.V.m. Art. 137 Abs. 5 WRV) – ein solcher Status verfassungsrechtlich bereits existent, so führt die erwähnte Rechtsprechung des Bundesverfassungsgerichts im Ergebnis zu einer nicht originären, jedoch aus anderen Verfassungsnormen abgeleiteten *Erweiterung der Wirkdimension des Grundrechts aus Art. 4 Abs. 1 und 2 GG*, welche sich dann auch auf die Rahmenbedingung einer Ausübung der Religionsfreiheit *als Körperschaft des öffentlichen Rechts* erstreckt.

Für Art. 140 GG i.V.m. Art. 139 WRV in seiner *religionsfördernden* Dimension kann nichts anderes gelten. Fehl geht jedenfalls die Erwägung, dass sich „seelische Erhebung" (anders als der per se auf die Kirche als juristische Person gerichtete Körperschaftsstatus) ausschließlich auf *natürliche Personen* beziehen könne (so die Stellungnahme des Hauptverbands des Deutschen Einzelhandels). Denn „seelische Erhebung", soweit sie im Zusammenhang mit kirchlichen Gottesdiensten und sonstigen religiösen Veranstaltungen steht, beruht auf einem notwendigen Interaktionsverhältnis zwischen der Kirche und ihren Gläubigen. Die christliche Religionsausübung beruht nicht nur nach dem Selbstverständnis der Beschwerdeführerin, sondern auch nach einem an traditionellen Ausübungsformen orientierten Verständnis zu einem ganz wesentlichen Teil gerade darauf, dass die Kirche Gottesdienste und andere religiöse Veranstaltungen anbietet, welche für den Besuch natürlicher Personen bestimmt sind und von diesen auch zur individuellen seelischen Erhebung wahrgenommen werden. Im Übrigen ist in diesem Zusammenhang darauf hinzuweisen, dass eine *formale Scheidung zwischen der Kirche und ihren Gläubigen*, wie sie der erwähnten Stellungnahme zugrunde liegt, dem Selbstverständnis der evangelischen Kirchen und ihrer Verfassungsstruktur widerspräche. Zu Recht wurde denn auch bisher nie in Frage gestellt, dass das Grundrecht auf Religionsfreiheit in seiner korporativen Dimension – hier in Form von Gottesdiensten und sonstigen Veranstaltungen zur „seelischen Erhebung" – auch den Kirchen und Religionsgemeinschaften in vollem Umfang zusteht.

Entgegen der Stellungnahme des Hauptverbands des Deutschen Einzelhandels ist es an dieser Stelle auch nicht verfehlt, auf das Selbstverständnis der Beschwerdeführerin zu rekurrieren: Zwar mag durchaus manches dafür sprechen, dem Selbstverständnis der Kirchen und Religionsgemeinschaften in erster Linie im Rahmen des Art. 4 Abs. 1 und 2 GG als eines *grundrechtlichen Abwehrrechts* Relevanz einzuräumen, nicht hingegen – aus Neutralitäts- und Paritätsgründen – im Rahmen sonstiger verfassungsrechtlicher Regelungen. Im vorliegenden Kontext indes ist zu berücksichtigen, dass sich das Selbstverständnis der Beschwerdeführerin, soweit es gerade um die *sonntägliche seelische Erhebung* geht, im Normtext des Art. 140 GG i.V.m. Art. 139 WRV explizit wiederfindet.

Entgegen der Stellungnahme des Hauptverbands des Deutschen Einzelhandels ist nach alledem nicht lediglich von einem Rechtsreflex, sondern von einer konkreten Bezüglichkeit des Schutzgehalts von Art. 140 GG i.V.m. Art. 139 WRV zum Grundrecht der Beschwerdeführerin aus Art. 4 Abs. 1 und 2 GG auszugehen.

Dem Grunde nach durchaus zutreffend weist die Stellungnahme des Hauptverbands des Deutschen Einzelhandels darauf hin, es könne „nicht Aufgabe des Staates sein, Bedingungen dafür zu schaffen, dass sich die Gläubigen an die Sonntagspflicht ihrer Religionsgemeinschaft halten oder ein hinreichendes Niveau an innerer Ruhe und Einkehr aufbauen, um die religiösen Angebote ihrer Kirchen anzunehmen". Indes geht es der Verfassungsbeschwerde gar nicht um die *erstmalige Schaffung geeigneter Rahmenbedingungen* der Religionsausübung, sondern um die *Beibehaltung eines konkreten bereits in der Verfassung vorgefundenen Schutzniveaus*, das zufolge der Wendung „seelische Erhebung" mit dem Grundrecht aus Art. 4 Abs. 1 und 2 GG korreliert. Existierte Art. 140 GG i.V.m. Art. 139 WRV nicht, würde sich die der Verfassungsbeschwerde zugrunde liegende Frage nach der Gewährleistung eines bestimmten Schutzniveaus für Sonntage unter Grundrechtsaspekten nicht stellen.

Im Zusammenhang der von der Stellungnahme des Hauptverbands des Deutschen Einzelhandels thematisierten prozessualen Frage der **Selbstbetroffenheit** trifft es zu, dass die Beschwerdeführerin nicht unmittelbar *Adressatin* der mit der Verfassungsbeschwerde angegriffenen Vorschriften ist. Der Beschwerdeführerin ist bekannt, dass es bei an Dritte gerichteten Rechtsakten nach der Rechtsprechung des Bundesverfassungsgerichts darauf ankommt, dass der Beschwerdeführer *rechtlich* betroffen ist, während eine nur „faktische Beeinträchtigung im Sinne einer Reflexwirkung" nicht ausreicht (BVerfGE 108, 370 [384] mit w. Nachw.). Die Stellungnahme des Hauptverbands des Deutschen Einzelhandels verneint das Vorliegen einer rechtlichen Betroffenheit der Beschwerdeführerin durch das Berliner Ladenöffnungsgesetz auf Grund der Erwägung, dass ein „*rechtlicher* Spielraum (scil.: der Kirchen) … in keiner Weise berührt" werde; Hervorhebung im Original) und die „Beziehungen einzelner Kirchenmitglieder und der Kirchen zur Ladenöffnung … weder unmittelbar noch mittelbar als Rechtsbeziehungen ausgestaltet" seien (ähnlich die Stellungnahme des Landes Berlin). Diese an *formale* Aspekte anknüpfenden Ausführungen ermangeln indes eines brauchbaren Bezugspunktes.

Da das Kriterium der „rechtlichen" in Abgrenzung zur „faktischen" Betroffenheit notorisch unklar ist – weshalb sich die Kommentarliteratur an dieser Stelle regelmäßig mit einer Kasuistik begnügt –, muss zunächst am Gewährleistungsgehalt des betroffenen Grundrechts angeknüpft werden: Wovor schützt das fragliche Grundrecht den beschwerdeführenden Grundrechtsträger? Denn nur dieser *materielle* Ansatz lässt eine zutreffende Beantwortung der Frage zu, ob bzw. inwieweit die Beschwerdeführerin *selbst* hierin betroffen ist. Im vorliegenden Kontext handelt es sich um das durch Art. 4 Abs. 1 und 2 GG i.V.m. Art. 140 GG / Art. 139 WRV statuierte Recht der Beschwerdeführerin auf Beibehaltung eines dem Untermaßverbot gerecht werdenden Sonntagsschutzes – als verfassungsrechtlich gewährleistete Rahmenbedingung ihrer Religionsausübung. In diesem subjektiven Recht wird sie durch die angegriffenen Vorschriften des Berliner Ladenöffnungsgesetzes rechtlich unmittelbar betroffen; denn in diesem Gesetz wird das qualitative und quantitative Ausmaß des Sonntagsschutzes gesetzlich geregelt.

Was die in mehreren Stellungnahmen erhobene Rüge mangelnder **Erschöpfung des Rechtsweges** hinsichtlich einzelner Normen des angegriffenen Gesetzes anbelangt, ist darauf hinzuweisen, dass die vom Land Berlin gewählte Gesetzestechnik für die Betroffenen offensichtlich den Rechtsschutz erschwert. Denn der Gesetzgeber hat im Berliner Ladenöffnungsgesetz unmittelbar wirkende Normen, für deren Bekämpfung durch eine Verfassungsbeschwerde die Jahresfrist gilt, mit solchen Normen kombiniert, welche noch einer Umsetzung durch die Exekutive – mit der Möglichkeit verwaltungsgerichtlichen Rechtsschutzes – bedürfen. Die Beschwerdeführerin hat denn auch vorsorglich einschlägige Klagen vor dem Verwaltungsgericht Berlin erhoben (wobei allerdings alsbald deutlich wurde, was von diesen im Blick auf effektiven Rechtsschutz zu erwarten ist: Das Verwaltungsgericht Berlin hat das Verfahren gemäß § 94 VwGO ausgesetzt). Griffe die Rüge mangelnder Erschöpfung des Rechtsweges durch, wäre infolge des gesetzestechnisch erzeugten Dilemmas ein effektiver verfassungsgerichtlicher Schutz gegen das gerade in der Kumulation seiner Regelungen verfassungswidrige Gesetz schlechterdings ausgeschlossen.

In der Sache als solcher sind die der Verfassungsbeschwerde kritisch gegenüberstehenden Stellungnahmen gekennzeichnet von einer offensichtlichen Tendenz zur **„Umkehrung der Beweislast"**. Nicht der in der Verfassung ausdrücklich vorgesehene Schutz der Sonntage und der anerkannten Feiertage sei ausweislich der Stellungnahme des Hauptverbands des Deutschen Einzelhandels der „verfassungsrechtliche Normalfall“; es liege damit vielmehr ein „seinerseits begründungsbedürftiger Grundrechtseingriff“ vor. Demgegenüber ist festzuhalten, dass trotz der gegenwärtig bestehenden Tendenz zur Individualisierung und Kommerzialisierung des gesellschaftlichen Lebens die Verfassungsvorschrift des Art. 140 GG i.V.m. Art. 139 WRV keineswegs als obsolet zu betrachten ist. Die durch die darin statuierte Garantie ausgelösten *Spannungslagen mit gegenläufigen rechtlichen Interessen* bestanden gleichermaßen bereits 1919 wie auch 1949, ohne dass dieser Umstand den Verfassungsgeber veranlasst hätte, von einer Normierung des Schutzes der Sonntage und der anerkannten Feiertage als vollgültiges Verfassungsrecht abzusehen.

Die Bewertung, dass es sich beim Einkaufen am Sonntag um ein **Freizeitbedürfnis** handeln soll, „das seinerseits durchaus der seelischen Erhebung zugute kommt“ (Stellungnahme des Landes Berlin), mag dem herrschenden Zeitgeist Tribut zollen. Akzeptabel ist sie aus der Sicht der Beschwerdeführerin allerdings nicht. Denn sie geht von einem materialistischen Menschenbild aus, welches der Weimarer Reichsverfassung wie auch dem Grundgesetz wohl kaum zugrunde liegt, sondern vielmehr auf der Basis wirtschaftlicher Interessen werbetechnisch gezielt erzeugt und gefördert wird. Es erscheint bereits im Ansatz abwegig, den Verfassungsbegriff der „seelischen Erhebung“ mit kommerziellen Aktivitäten zu identifizieren. Dass eine zusätzliche Erstreckung werktäglichen Einkaufens – welches in Berlin ohnehin von montags 0.00 Uhr bis samstags 24.00 Uhr durchgehend möglich ist – auf den Sonntag nun auch noch zum Gegenstand schutzwürdiger *Begrenzung der Sonntagsruhe* umgewertet wird, führt das in Art. 140 GG i.V.m. Art. 139 WRV zum Ausdruck kommende verfassungsrechtliche Prinzip ad absurdum. In der Konsequenz läge es dann eigentlich nahe, den Schutz des Sonntags *52 mal im Jahr* dem Kommerz als angeblicher „Arbeit für den Sonntag“ zum Opfer fallen zu lassen.

Selbstverständlich stellt die Beschwerdeführerin keineswegs in Abrede, dass sich das Freizeitverhalten mancher Teile der Bevölkerung (auch an Sonn- und Feiertagen) gewandelt hat und dass dies – soweit verfassungsrechtlich tragbar – im Rahmen des dem Gesetzgeber zustehenden Gestaltungsspielraums berücksichtigt werden kann. Dass indes das herrschende gesellschaftliche Bewusstsein eine Kommerzialisierung der Sonntage in dem Maß goutiert oder gar fordert, wie es in einigen Stellungnahmen zum Ausdruck kommt, ist zu bezweifeln. Darauf hat nicht zuletzt das (Berliner wie auch bundesweite) Medienecho auf die Erhebung der Verfassungsbeschwerde hingedeutet, welches weit überwiegend von Sympathie für den Versuch geprägt war, wenigstens noch Rudimente der traditionellen deutschen Sonntags- und Feiertagskultur vor dem endgültigen Verfall zu bewahren. Aus kirchlicher Sicht ist daran festzuhalten, dass die der verfassungsrechtlichen Garantie zugrunde liegende prinzipielle Intention nach wie vor als wertvoll und keineswegs obsolet zu betrachten ist. Das sehen im Übrigen auch einige Länderparlamente (noch) so, wenn man die – durchaus unterschiedliche – Tragweite und Ausgestaltung einschlägiger gesetzlicher Regelungen zugrunde legt.

Im Übrigen verfolgen die Stellungnahmen, welche die durch die Verfassungsbeschwerde angegriffenen gesetzlichen Regelungen als verfassungsrechtlich unbedenklich verteidigen, die Strategie, die verschiedenen eine Sonntagsöffnung ermöglichenden Normen des Berliner Ladenöffnungsgesetzes zu segmentieren. Demgegenüber ist indes eine Gesamtbetrachtung am Platze. Denn der Berliner Landesgesetzgeber hat eine in sich geschlossene gesetzliche Regelung getroffen, welche – wie in der Beschwerdeschrift dargelegt – in der **Kumulation** der durch sie eröffneten Möglichkeiten nicht mehr verfassungsgemäß ist und in das Grundrecht der Beschwerdeführerin eingreift. Wäre eine andere Betrachtungsweise angezeigt, stünde es dem Gesetzgeber frei, durch eine planmäßige Aneinanderreihung einzelner Regelungen, die jeweils für sich betrachtet unter Umständen noch als tragbar erscheinen könnten, insgesamt ein von ihm erwünschtes verfassungswidriges Gesamtkonzept durchzusetzen.

Es dürfte schließlich bereits im Ansatz fehl gehen, im Blick auf Aufweichungen des verfassungsrechtlichen Sonntagsschutzes auf die **Funktion Berlins als Bundeshauptstadt** zu verweisen (Stellungnahme des Hauptverbands des Deutschen Einzelhandels). Denn für die Qualität einer Hauptstadt und für ihr internationales Ansehen ist wohl kaum die – weltweit ohnehin unterschiedliche – Ermöglichung einer Sonntags-Ladenöffnung maßgebend.

Zum Inhalt der Stellungnahmen im Übrigen verweise ich auf meine Darlegungen in der Antragsschrift.

Professor Dr. iur. Christian Starck
Schlegelweg 10, 37075 Göttingen

An das Bundesverfassungsgericht
Schlossbezirk 3
76131 Karlsruhe

Das Erzbistum Berlin,
vertreten durch den Erzbischof Georg Kardinal Sterzinsky,
Hinter der Katholischen Kirche 3, 10117 Berlin,

Bevollmächtigter: Professor Dr. iur. Christian Starck,
Schlegelweg 10, 37075 Göttingen,

erhebt

Verfassungsbeschwerde

gegen Vorschriften des Berliner Ladenöffnungsgesetzes vom 14. November 2006 (GVBl. S. 1045), die Ladenöffnungen an Sonntagen und staatlich anerkannten kirchlichen Feiertagen betreffen, und stellt den

Antrag,

das Bundesverfassungsgericht möge § 3 Abs. 1, 2. Satzhälfte und § 4 Abs. 1 Nr. 4 sowie Abs. 2 Nr. 1 des Berliner Ladenöffnungsgesetzes vom 14. November 2006 (GVBl. S. 1045) wegen Verstoßes gegen Art. 4 Abs. 1 und 2 GG, Art. 140 GG in Verbindung mit Art. 139 WRV für verfassungswidrig und nichtig erklären und § 6 Abs. 1 und 2 dieses Gesetzes wegen Verstoßes gegen dieselben Verfassungsbestimmungen teilweise für verfassungswidrig erklären sowie die Erstattung der notwendigen Auslagen durch das Land Berlin gemäß § 34 a BVerfGG anordnen.

Gliederung der Begründung

Begründung

I. Tatbestand

Das Berliner Ladenöffnungsgesetz (BerlLadÖffG) wurde nach Übergang der dafür erforderlichen Gesetzgebungskompetenz auf die Länder am 14. November 2006 vom Abgeordnetenhaus beschlossen (Art. 60 Abs. 1 BerlVerf.), am 16. November 2006 im Gesetz- und Verordnungsblatt verkündet (Art. 60 Abs. 2 BerlVerf.) und ist gemäß § 12 des Gesetzes am 17. November 2006 in Kraft getreten (*in diesem Band S. 189*).

Das Gesetz erlaubt die Öffnung von Verkaufstellen (zum Begriff § 2 Abs. 1 des Gesetzes) an den Adventssonntagen, an vier weiteren Sonn- oder Feiertagen auf Grund von Allgemeinverfügungen der Senatsverwaltung und auf Grund bloßer Anzeige der Verkaufstelleninhaber an zwei weiteren Sonn- oder Feiertagen je Verkaufstelle aus Anlass besonderer Ereignisse. Ausgenommen von der Ladenöffnung sind der 1. Januar, der 1. Mai, der Karfreitag, der Ostersonntag, der Pfingstsonntag, der Volkstrauertag, der Totensonntag und die Feiertage im Dezember (§§ 3, 6 des Gesetzes).

Zusammengenommen ermöglichen diese Regelungen – das beschwerdeführende Erzbistum betreffend – die Ladenöffnung aller Geschäfte an insgesamt 10 Sonntagen bzw. kirchlichen Feiertagen (Ostermontag, Christi Himmelfahrt und Pfingstmontag).

Weitere Ladenöffnungen an Sonn- und Feiertagen beziehen sich auf den Verkauf bestimmter Waren (§ 4 Abs. 1 Nr. 4, Abs. 2 Nr. 1 des Gesetzes).

II. Zulässigkeit der Verfassungsbeschwerde

1. Grundrechte des Erzbistums

Das beschwerdeführende Erzbistum ist eine Körperschaft des öffentlichen Rechts gemäß Art. 140 GG in Verbindung mit Art. 137 Abs. 5 WRV. Es ist

Träger des Grundrechts aus Art. 4 Abs. 1 und 2 GG (BVerfGE 42, 312, 322; 53, 366, 387 f., ständige Rechtsprechung; *Christian Starck*, in: v. Mangoldt/Klein/Starck, Kommentar zum Grundgesetz, Bd. I, 5. Aufl. 2005, Art. 4 Rdnr. 78; *Juliane Kokott*, in: Sachs, GG, 4. Aufl. 2007, Art. 4 Rdnr. 10). Es ist durch die angegriffenen Vorschriften des Berliner Ladenöffnungsgesetzes, einem Akt der öffentlichen Gewalt des Landes Berlin, selbst, gegenwärtig und unmittelbar in seinen Grundrechten aus Art. 4 Abs. 1 und 2 GG und in einer im funktionalem Zusammenhang damit ihm zustehenden staatskirchenrechtlichen institutionellen Garantie betroffen (§ 90 Abs. 1 BVerfGG).

2. *Unmittelbare Grundrechtsverletzung*

Das Gesetz versagt unmittelbar, ohne dass es weiterer Ausführungsakte bedarf, den Adventssonntagen ab 13 Uhr (§ 3 Abs. 1, 2. Satzhälfte), allen Sonntagen im Hinblick auf Verkaufsstellen mit überwiegendem Lebens- und Genußmittelangebot (§ 4 Abs. 1 Nr. 4) und im Hinblick auf das Angebot leicht verderblichen Obstes und Gemüses durch den Erzeuger von 7 bis 20 Uhr (§ 4 Abs. 2 Nr. 1) sowie zwei weiteren Sonntagen im Jahr von 13 bis 20 Uhr, an denen Verkaufstellen aus besonderem Anlaß auf Grund einer Entscheidung des Ladenbesitzers geöffnet werden dürfen (§ 6 Abs. 2), den in Art. 140 GG in Verbindung mit Art. 139 WRV garantierten ganztägigen Schutz des Sonntags als Tag der Arbeitsruhe und der seelischen Erhebung. Eine unmittelbare Betroffenheit liegt also im Hinblick auf die gesetzlichen Regelungen über die Adventssonntage und die anderen Sonntage und im Hinblick auf § 6 Abs. 2 des Gesetzes vor.

Die anderen Eingriffe in den Sonntagsschutz sind gesetzlich vorgesehen, geschehen unmittelbar aber erst durch Allgemeinverfügung (§ 6 Abs. 1). Insoweit könnte das beschwerdeführende Bistum einzelne Allgemeinverfügungen vor dem Verwaltungsgericht anfechten, ist insoweit also vom Gesetz nicht unmittelbar betroffen (siehe dazu unter 5).

3. *Gegenwärtige Grundrechtsverletzung*

Da das Berliner Ladenöffnungsgesetz bereits in Kraft getreten ist, bewirkt es gegenwärtig eine Grundrechtsverletzung.

4. *Selbstbetroffenheit*

Die Selbstbetroffenheit des beschwerdeführenden Erzbistum ergibt sich erstens daraus, dass Art. 4 Abs. 1 und 2 GG die korporative Ausübung der Religionsfreiheit, d.h. die glaubensbezogene Tätigkeit der Kirche schützt (BVerfGE 19, 1, 5; 19, 129, 132; 24, 236, 245; 42, 312, 322; 53, 366, 401). Zweitens ist der Sonntag, der in Art. 140 GG in Verbindung mit Art. 139 VRW allgemein geschützt ist, schon auf den ersten Blick auch (sc. seelische Erhebung!) zugunsten der den Sonntag in ihren Gemeinden feiernden Christen und ihrer Kirchen, also auch des beschwerdeführenden Erzbistum, qua Religionsausübung (Art. 4 Abs. 2 GG) geschützt. Das beschwerdeführende Erzbistum ist zwar nicht selbst Adressat der Vorschriften des angegriffenen Gesetzes, es besteht aber eine hinreichend enge Beziehung zwischen den Vorschriften und dem Erzbistum. Eine Selbstbetroffenheit ist nämlich auch dann gegeben, wenn der Akt der öffentlichen Gewalt an Dritte gerichtet ist und eine hinreichend enge Beziehung zwischen der Grundrechtsposition des Beschwerdeführers und der Maßnahme besteht (BVerfGE 108, 370, 384).

Das Bundesverfassungsgericht hat es zwar abgelehnt, auf die Rüge der Verletzung des Art. 140 GG eine Verfassungsbeschwerde unmittelbar zuzulassen (BVerfGE 19, 129, 135). Es hat aber in mehreren Entscheidungen staatskirchenrechtliche Vorschriften, die aus der Weimarer Verfassung ins Grundgesetz übernommen worden sind, mit dem Grundrecht auf Religionsfreiheit dergestalt in Beziehung gesetzt, dass das, was zur staatskirchenrechtlichen Ordnung gehört, in seiner „*funktionalen* Bedeutung auf Inanspruchnahme und Verwirklichung des Grundrechts der kollektiven kirchlichen Bekenntnis- und Kultfreiheit (Art. 4 GG) angelegt“ ist (so zu Art. 137 Abs. 3 WRV BVerfGE 42, 312, 322; vgl. auch BVerfGE 57, 220, 241 f.; 70, 138, 161 f.). Das Gericht geht davon aus, „dass Art. 4 Abs. 1 und 2 GG sich für die Gewährleistung der religiösen Vereinigungsfreiheit auf Art. 140 GG / 137 Abs. 2 WRV bezieht und sie in dessen normativen Gehalt mitumfaßt" (BVerfGE 83, 341, 355). Jüngst hat das Bundesverfassungsgericht auf der Grundlage des Art. 4 Abs. 1 und 2 GG eine Verfassungsbeschwerde für zulässig gehalten, durch die eine Religionsgemeinschaft den Status einer Körperschaft des öffentlichen Rechts gemäß Art. 140 GG in Verbindung mit Art. 137 Abs. 5 Satz 2 WRV angestrebt hat (BVerfGE 102, 370, 383, 387). Im Hinblick auf Art. 140 GG in Verbindung mit Art. 138 Abs. 2 WRV hat das Bundesverfassungsgericht entschieden, dass die Religionsfreiheit berührt sein kann, wenn die staatliche Gewalt der Kirchengemeinde das von ihr genutzte Gotteshaus entzieht. Insoweit werde Art. 4 Abs. 2 GG durch Art. 140 GG in Verbindung mit Art. 138 Abs. 2 WRV konkretisiert (BVerfGE 99, 100, 118 f.). Art. 137 Abs. 6 WRV verleiht den Religionsgemeinschaften, die Körperschaften des öffentlichen Rechts sind, das Recht, Kirchensteuern zu erheben und verpflichtet den Staat, die Voraussetzungen dafür durch den Erlass von entsprechenden Landesgesetzen zu schaffen (BVerfGE 19, 206, 217). Das Recht der Kirchen, Kirchensteuer zu erheben, und die Pflicht des Staates, die dafür notwendigen Voraussetzungen zu schaffen, können im Unterlassensfall nur über Art. 4 Abs. 1 und 2 GG erstritten werden. Auch Art. 141 WRV, der die Militär- und Anstaltsseelsorge zugunsten der Religionsgemeinschaften regelt, füllt Art. 4 GG näher aus und kann über dieses Grundrecht im Wege der Verfassungsbeschwerde erstritten werden, und zwar gerade dann, wenn Art. 4 GG bei enger Auslegung den Religionsgemeinschaften diese Rechte nicht gewährleisten sollte.

Auch der Schutz des Sonntags und der staatlich anerkannten *religiösen* Feiertage ist wie die anderen aus der Weimarer Reichsverfassung rezipierten staatskirchenrechtlichen Vorschriften aufs engste mit der Religionsfreiheit verbunden. Er steht nicht nur im äußeren, sondern auch im inneren Zusammenhang mit den anderen „Religion und Religionsgesellschaften" (so die Überschrift des 3. Abschnitts [Art. 135 bis 141] des zweiten Hauptteils der Weimarer Reichsverfassung) betreffenden Vorschriften und ist ursprünglich, aber auch 30 Jahre später bei der Übernahme ins Grundgesetz auf Religionsschutz gemünzt. Im Standardkommentar zur Reichsverfassung von *Gerhard Anschütz* (14. Aufl. 1933) heißt es dazu (S. 654): „Die Motive dieses Artikels liegen ... auch ... in kirchenpolitischen Erwägungen. Dadurch, daß auch der neue Staat den Sonntag und die von ihm anerkannten kirchlichen Feiertage schützt und für deren äußere Heilighaltung mit seinen Machtmitteln einsteht, bezeugt er, daß er, wie es bisher

Rechtens war, kirchliche Interessen im öffentlichen Leben besonders zu berücksichtigen gesonnen ... ist". Irgendeine Änderung dieses Gewährleistungsinhalts stand im Parlamentarischen Rat nicht zur Debatte (*Stefan Korioth*, in: Maunz/Dürig, Grundgesetz, Art. 140 GG, Art. 139 WRV [Stand 2003], Rdnr. 10).

Der religiöse Bezug des Sonntagsschutzes, der auch im Hinblick auf die „Arbeitsruhe" besteht, wird auch daraus deutlich, daß der Sonntagsschutz weder im 2. Abschnitt des Zweiten Hauptteils der Weimarer Reichsverfassung untergebracht ist, in dem das Gemeinschafts- und Familienleben geschützt ist, noch im 5. Abschnitt über das Wirtschaftsleben, in dem sich viele Regelungen finden, die die Arbeit und den Schutz der Arbeitenden betreffen.

Durch Art. 139 WRV werden Rahmenbedingungen für die in Art. 4 Abs. 1 und 2 GG geschützte Religionsfreiheit gesichert (*Heinrich de Wall*, Zum subjektiven Recht der Kirchen auf Sonntagsschutz, in: NVwZ 2000, S. 857, 860). Der Schutz der Sonntage und der kirchlichen Feiertage ergänzt und konkretisiert die Religionsfreiheit, besonders deren aktive Praktizierung, die gerade in Feier, Muße und Ruhe gesehen wird, und zwar sowohl für die individuelle wie die kollektive Religionsfreiheit (so *Klaus Obermayer* in: Bonner Kommentar, Art. 140, Rdnr. 67 [1971]; *Martin Morlok*, in: Dreier, Grundgesetz Kommentar, Bd. III, 2000, Art. 140, Rdnr. 27; *Peter Unruh*, Die Kirchen und der Sonntagsschutz, in: ZevKR 52 [2007], S. 1, 16 f.). Die in Art. 139 WRV formulierte Schutzpflicht ist gegenüber Art. 4 Abs. 2 GG nichts Neues, der die Schutzpflicht enthält, die ungestörte Religionsausübung zu gewährleisten (*Christian Starck*, in: v. Mangoldt/Klein/Starck, Kommentar zum Grundgesetz, 5. Aufl, Bd. I, 2005, Art. 4 Rdnr. 12, 20 mit weiteren Nachweisen in Anm. 62).

Der Sonntag verdankt sich dem Christentum. Er ist der christliche Urfeiertag, der den jüdischen Sabbat ersetzt (vgl. auch zum folgenden *Walter Kasper*, Art. „Sonn- und Feiertage I", in: Staatslexikon, 7. Aufl. Bd. 4, 1988, Sp. 1198). Für die urchristliche Gemeinde war der Sonntag der Tag der Auferstehung Jesu Christi und damit die Feier der Befreiung von Sünde, alttestamentlichem Gesetz und Tod und des Anfangs der „neuen Schöpfung". Entsprechend wurde der Sonntag als der Herrentag (Offenbarung 1, 10), d.h. als der dem Herrn gehörende Tag (lat.: dies dominica, ital.: domenica, span.: domingo, franz. verballhornt zu dimanche), von Anfang an durch gottesdienstliche Versammlungen begangen. Die Feier des Sonntags, die die abendländische Kultur entscheidend geprägt hat, reicht in die älteste Zeit des Christentums zurück und ist als „Tag der Freude und der Muße“ für die christliche Identität weiterhin maßgebend, wie sie in der Liturgie-Konstitution des Zweiten Vatikanischen Konzils „Sacrosanctum Concilium“ Nr. 106 beschrieben ist. Juristisch formuliert im Codex Iuris Canonici, can. 1247: „Am Sonntag und an den anderen gebotenen Feiertagen sind die Gläubigen zur Teilnahme an der Messfeier verpflichtet; sie haben sich darüber hinaus jener Werke und Tätigkeiten zu enthalten, die den Gottesdienst, die dem Sonntag eigene Freude oder die Geist und Körper geschuldete Erholung hindern.“

Diese Tradition und Lebensweisheit ist in Art. 139 WRV (Freude > seelische Erhebung, Muße > Arbeitsruhe) erfasst, religiös neutral formuliert (vgl. BVerfGE 111, 10, 50 f.) und dem Staat zu schützen aufgegeben. Die religiös neutrale Formulierung des Sonntagsschutzes umschließt und schützt als Rahmenordnung die religiös – konfessionelle Feier des Sonntags, bei der dem beschwerdeführenden Erzbistum eine entscheidende Funktion zukommt, weshalb es durch die angegriffenen Vorschriften des Berliner Ladenöffnungsgesetzes selbst betroffen ist. Der Sonntag ist, wie dargelegt, so eng mit dem Christentum und dadurch auch mit unserer Kultur verbunden, dass der verfassungsrechtliche Sonntagsschutz, vermittelt durch die Grundrechte der Glaubensfreiheit (Art. 4 Abs. 1 GG) und der ungestörten Religionsausübung (Art. 4 Abs. 2 GG), durch die christlichen Kirchen, so auch durch das beschwerdeführende Erzbistum, vor dem Bundesverfassungsgericht muß verteidigt werden können (so sogar ohne Verbindung mit Art 4 GG *Martin Morlok*, in: Dreier, Grundgesetz Kommentar, Bd. III, 2000, Art. 140 GG/ Art. 139 WRV, Rdnr. 18-21; *Wolfgang Mosbacher*, Sonntagsschutz und Ladenschluß. Der verfassungsrechtliche Rahmen für den Ladenschluß an Sonn- und Feiertagen und seine subjektiv-rechtliche Dimension, 2007, S. 324 f.; wohl auch *Peter Häberle*, Der Sonntag als Verfassungsprinzip, 2. Aufl. 2006, S. 64).

Diese funktionale Verbindung der Garantie der Glaubensfreiheit (Art. 4 Abs. 1 GG) und der Gewährleistung der ungestörten Religionsausübung (Art. 4 Abs. 2 GG) mit dem Sonntagsschutz (Art. 140 GG in Verbindung mit Art. 139 WRV) leuchtet unmittelbar ein, wenn man sich vorstellt, der staatliche Gesetzgeber sieht im Ladenöffnungsgesetz von jeglichem Sonn- und Feiertagsschutz ab oder schafft gar den Sonntag vollständig ab und ersetzt ihn durch einen anderen Ruhetag nach einer

Zehn- oder Vierzehn-Tage-Frequenz. Für die Frage der Zulässigkeit der Verfassungsbeschwerde durch Selbstbetroffenheit der Kirche kann es nicht auf die Art und Weise sowie die Intensität des Eingriffs in den Sonntagsschutz ankommen. Diese spielen erst bei der Prüfung der Begründetheit der Verfassungsbeschwerde eine Rolle.

5. *Rechtswegerschöpfung*

Im Hinblick auf die angegriffenen Vorschriften der §§ 3, 4, 6 Abs. 2 BerlLadÖffG ist kein Rechtsweg gegeben. Ein Verfahren vor dem Verfassungsgerichtshof Berlin gehört nicht zum Rechtsweg im Sinne des Art. 90 Abs. 2 Satz 1 BVerfGG (BVerfGE 32, 157, 162). Die Verfassungswidrigkeit des § 6 Abs. 1 BerlLadÖffG wird im Zusammenhang mit den anderen angegriffenen Vorschriften geltend gemacht. Daher vermag die insoweit eventuell notwendige Rechtswegerschöpfung die Zulässigkeit der Verfassungsbeschwerde gegen diese Vorschrift nicht in Frage zu stellen. Die Einbeziehung des § 6 Abs. 1 BerlLadÖffG – ohne die insoweit eigentlich notwendige Rechtswegerschöpfung – lässt sich aus dem Gedanken des Sachzusammenhangs und aus § 90 Abs. 2 Satz 2 BVerfGG begründen.

6. *Verfassungsbeschwerdefrist*

Das Berliner Ladenöffnungsgesetz ist am 16. November verkündet worden und am Tage danach in Kraft getreten (§ 12 BerlLadÖffG). Da der 17. November 2007 ein Samstag ist, läuft die Jahresfrist (§ 93 Abs. 3 BVerfGG) am 19. November 2007 ab (vgl. § 187 Abs. 1, § 188 Abs. 2, § 193 BGB).

7. *Vollmacht*

Die Vollmacht gemäß § 22 Abs. 2 BVerfGG ist beigefügt.

III. Begründetheit der Verfassungsbeschwerde

Die zulässige Verfassungsbeschwerde ist begründet

1. Gesetzgebungskompetenz des Landes

Die angegriffenen Vorschriften des Berliner Ladenöffnungsgesetzes sind im Rahmen der durch die Föderalismusreform neu geschaffenen Gesetzgebungskompetenz des Landes Berlin erlassen worden (Art. 74 Abs. 1 Nr. 11 GG n.F. und Art. 125 a Abs. 1 Satz 2 GG n.F.); sie sind insoweit verfassungsmäßig.

2. Die angegriffenen Vorschriften

Die angegriffenen Vorschriften verstoßen aber gegen Art. 4 Abs. 1 und 2 GG, da der Berliner Gesetzgeber seiner aus Art. 140 GG in Verbindung mit Art. 139 WRV folgenden Schutzpflicht nicht gerecht geworden ist, indem er

- die vier Adventssonntage für die Öffnung aller Verkaufsstellen ab 13 Uhr,
- alle Sonn- und kirchlichen Feiertage für die Öffnung von Verkaufsstellen mit überwiegendem Lebens- und Genussmittelangebot, wenn der 24. Dezember auf den 4. Adventssonntag fällt, jedoch nur von 7 bis 14 Uhr, und
- alle Sonn- und Feiertage für den Verkauf leicht verderblichen Obstes und Gemüses vom Erzeuger, an Adventssonntagen von 7 bis 20 Uhr bzw. von 7 bis 14 Uhr

freigegeben hat und indem er darüber hinaus, insgesamt bis zu 6 weitere Sonntage bzw. kirchliche Feiertage betreffend,

- die Senatverwaltung ermächtigt hat, im öffentlichen Interesse ausnahmsweise die Öffnung von Verkaufstellen an höchstens vier Sonn- oder Feiertagen durch Allgemeinverfügung zuzulassen und

– Verkaufsstellen freigestellt hat, nach vorheriger Anzeige aus Anlass besonderer Ereignisse, insbesondere von Firmenjubiläen und Straßenfesten, an jährlich höchstens zwei weiteren Sonn- oder Feiertagen von 13 bis 20 Uhr zu öffnen.

3. *Schutzbereich des Art. 4 Abs. 1 und 2 in Verbindung mit Art. 140 GG/ Art. 139 WRV*

Art. 4 Abs. 1 und 2 GG schützt jegliches religiös motiviertes Verhalten, so auch die Gestaltung des Sonntags durch kultische Handlungen, sonstige religiöse Feiern und Veranstaltungen. Das Erzbistum Berlin als Körperschaft des öffentlichen Rechts, dem die Katholiken der Erzdiözese angehören, wird durch Art. 4 Abs. 1 und 2 GG darin geschützt, seinem Selbstverständnis entsprechend den Sonntag zu begehen. Die in Art. 139 WRV bezeichneten Zwecke „Arbeitsruhe" und „seelische Erhebung" sind weltlich, d. h. religiös neutral formulierte Rahmenbedingungen für eine christlich verstandene Feier des Sonntags, wozu nicht nur der Gottesdienst am Vormittag gehört, sondern auch die Muße, d. h. „die Geist und Körper geschuldete Erholung". Dazu gehört auch das Zusammensein der Familie in der Wohnung oder bei gemeinsamen Unternehmungen. Das wird auch vom Berliner Senat so gesehen, der in der Begründung zum Gesetzentwurf (Abgeordnetenhaus Berlin, Drucks. 16/0015, S. 8) folgendes schreibt: „Dem Sonntag kommt insbesondere in unserer auf Betriebsamkeit bedachten Gesellschaft eine große Bedeutung als Zeit zum physischen und mentalen Kräfteschöpfen zu. Als Ausgleich für die ständig wachsenden Anforderungen aus der Arbeitswelt insbesondere auch an die Mobilität und Flexibilität der Beschäftigten, ist der Sonntag im Interesse der Familie und zur Förderung der Sozialbeziehungen in unserer heutigen Zeit unverzichtbar. Der Sonntag wird zur Erholung, für die Gestaltung des Familienlebens, zur Pflege gesellschaftlicher, sportlicher, kultureller und nicht zuletzt auch religiöser Aktivitäten benötigt."

Ganz in diesem Sinne spricht das Bundesverfassungsgericht davon, dass Art. 139 WRV „nicht auf einen religiösen oder weltanschaulichen Sinngehalt der Sonn- und Feiertage beschränkt" sei, aber „die Möglichkeit der Religionsausübung an Sonn- und Feiertagen" umfasse (BVerfGE 111, 10, 51). In der Entscheidung heißt es dann weiter (aaO.):

„Die Regelung zielt in der säkularisierten Gesellschafts- und Staatsordnung aber auch auf die Verfolgung profaner Ziele wie die persönliche Ruhe, Besinnung, Erholung und Zerstreuung. An den Sonn- und Feiertagen soll grundsätzlich die Geschäftstätigkeit in Form der Erwerbsarbeit, insbesondere der Verrichtung abhängiger Arbeit, ruhen, damit der Einzelne diese Tage allein oder in Gemeinschaft mit anderen ungehindert von werktäglichen Verpflichtungen und Beanspruchungen nutzen kann. Von Bedeutung ist auch die Möglichkeit zur zeitlichen Verzahnung des sozialen Lebens der Bürger und insbesondere zur gemeinsamen Freizeit und gemeinsamen Gestaltung des Familienlebens. Besonders wichtig ist, dass die Bürger sich an Sonn- und Feiertagen von der beruflichen Tätigkeit erholen und das tun können, was sie je individuell für die Verwirklichung ihrer persönlichen Ziele und als Ausgleich für den Alltag als wichtig ansehen. Die von Art. 139 WRV ebenfalls erfasste seelische Erhebung soll allen Menschen unbeschadet einer religiösen Bindung zuteil werden können.“

In diese betont säkular formulierten Zwecke des Sonntagsschutzes passen die vom beschwerdeführenden Erzbistum Berlin geltend gemachten religiösen Gesichtspunkte des Sonntagsschutzes: Besuch der Sonntagsmesse, Muße durch Arbeitsruhe, Familie. Diese Zwecke, die von Art. 139 WRV gedeckt sind, sind, wie das Bundesverfassungsgericht ausdrücklich bezogen auf die Gesamtheit der Weimarer Kirchenartikel gesagt hat, „funktional auf die Inanspruchnahme und Verwirklichung des Grundrechts der Religionsfreiheit angelegt“ (BVerfGE 102, 370, 387; vgl. auch BVerfGE 42, 312, 322). Art. 139 WRV ist eine Schutznorm, die eine staatliche Schutzpflicht auslöst, institutionelle Bedingungen für die Religionsausübung zu gewährleisten und die Religionsausübung dadurch zu unterstützen. Die staatskirchenrechtliche Literatur liegt insgesamt auf dieser Linie:

Alexander Hollerbach, Freiheit kirchlichen Wirkens, in: HStR VI, 1989, § 140 Rdnr. 61; *Armin Pahlke*, Sonn- und Feiertagsschutz als Verfassungsgut, in: Essener Gespräche Bd. 24, 1990, S. 53, 60; *Axel von Campenhausen*, in: v. Mangoldt/Klein/Starck, Kommentar zum Grundgesetz, Bd. III, 5. Aufl. 2005, Art. 140 GG/139 WRV Rdnr. 19; *Martin Morlok*, in: Dreier, Grundgesetz Kommentar, Bd. III, 2000, Art. 140/ Art.139 WRV Rdnr. 10; *Karl-Hermann Kästner*, Der Sonntag und die kirchlichen Feiertage, in: Listl/Pirson, HdbStKirchR Bd. II, 2. Aufl. 1995, S. 337, 350 f.; *Claus Dieter Classen*, Religionsrecht, 2006, Rdnr. 133; *Wolfgang Rüfner*, Die institutionelle Garantie der Sonn- und Feiertage in: Festschrift für Martin Heckel, 1999, S. 447, 455 f.; *Dirk Ehlers*, in: Sachs, Grundgesetz Kommentar, 4. Aufl. 2007, Art. 140 GG, Art. 139 WRV Rdnr.7 ff., u. a.

4. *Grenzen für die Einschränkung des Sonn- und Feiertagsschutzes*

Der Schutz der Sonntage und staatlich anerkannten Feiertage auf dem Gebiete des Rechts des Ladenschlusses ist dem Gesetzgeber, neuerdings dem Landesgesetzgeber (siehe oben III 1), anvertraut. „Das Ziel der Regelung besteht darin, die Arbeitsruhe an Sonn- und Feiertagen zu schützen. Dazu ist der Gesetzgeber nach Art. 140 GG in Verbindung mit Art. 139 WRV verfassungsrechtlich verpflichtet“ (BVerfGE 87, 363, 393). Bei der Ausgestaltung des Schutzes steht ihm ein gewisser Spielraum zu, der durch den Kernbereich der Institution Sonntags- und Feiertagsschutz begrenzt ist. Dieser Kernbereich ist durch die Verfassung hinreichend klar umschrieben. Sonntage und staatlich anerkannte Feiertage stehen als ganze Tage unter Schutz. Das ergibt sich aus dem Zweck der Arbeitsruhe und seelischen Erhebung. Typisch werktägliche Betätigungen in abhängigen Arbeits- und Dienstverhältnissen sollen ruhen und diese Tage für andere Betätigungen freihalten wie z.B. Erholung, Zusammensein in der Familie usf., aber eben auch für religiöse Praxis durch Teilnahme an Gottesdiensten und sonstigen Veranstaltungen der Religionsgemeinschaften sowie durch private „Einkehr“. Insoweit dient die institutionelle Garantie des Sonn- und Freiertagschutzes der Verwirklichung der durch Art. 4 Abs. 1 und 2 GG geschützten Religionsfreiheit, und zwar in der vom Selbstverständnis der christlichen Kirchen getragenen Gemeinsamkeit der Gläubigen im Zusammenwirken mit den die Gottesdienste und sonstigen Feiern veranstaltenden Kirchen und kirchlichen Vereinigungen, Institutionen, Diensten usf. Insoweit ist der verfassungsrechtlich verbürgte Sonn- und Feiertagsschutz *auch,* und zwar in besonderem Maße eine die Religionsgesellschaften und die Gläubigen begünstigende Schutzvorschrift, wie sich schon aus deren Stellung im Gesamtgefüge der verfassungsrechtlichen Vorschriften ergibt (vgl. oben unter II 4 [S. 98 f.]).

Wenn der Gesetzgeber die Grenzen für die Sonntagsruhe festlegt, wird regelmäßig berücksichtigt, dass es „ *Arbeiten für den Sonntag*“ gibt, die z.B. mit dem Tourismus und dem Reisen zusammenhängen. Insoweit kann auf die Regelungen des alten Ladenschlussgesetzes in der seit 2003 geltenden Fassung verwiesen werden. Diese Beispiele zeigen, dass an Sonn- und Feiertagen nicht nur Arbeiten z. B. in Krankenhäusern, Apotheken, in Polizeistationen gestattet sind, die aus zwingenden Gründen notwendig sind („*Arbeiten trotz des Sonntags*“), sondern auch Arbeiten, welche den Freizeitbedürfnissen der Bevölkerung zugute kommen (siehe dazu § 4 Abs. 1 Nr. 1, 2, § 5 Nr. 2, 3 BerlLadÖffG). Für die insoweit beschäftigten Arbeitnehmer tritt der Sonn- und Feiertagsschutz zurück, was die dort Beschäftigten in ihrer Gestaltung der Sonn- und Feiertage beeinträchtigt (vgl. BVerfGE 111, 10, 51 ff.). In der zitierten Entscheidung ist für die Rechtfertigung des Sonn- und Feiertagsschutzes eine wichtige Aussage getroffen: Da Art. 140 GG in Verbindung mit Art. 139 WRV Ruheschutz an Sonn- und Feiertagen verlange, sei es nicht rechtfertigungsbedürftig, wenn der Gesetzgeber ihn vorsehe. Umgekehrt ist aber eine Einschränkung des Sonn- und Feiertagsschutzes angesichts der zitierten Regelung rechtfertigungsbedürftig, und zwar grundsätzlich in größerem Maße als bei der Erweiterung der abendlichen Ladenschlusszeit, wie das Bundesverfassungsgericht (BVerfGE 111, 10, 52 f.) ausdrücklich betont (so auch *Wolfgang Rüfner,* Die institutionelle Garantie der Sonn- und Feiertage, in: Festschrift für Martin Heckel, 1999, S. 447, 461). Rechtsvergleichend ist auf Art. 55 BremVerf. hinzuweisen, der alle Sonn- und Feiertage für arbeitsfrei erklärt (Abs. 3) und Ausnahmen durch Gesetz oder Gesamtvereinbarung nur zuläßt, „wenn die Art der Arbeit oder das Gemeinwohl es *erfordern*“ (Abs. 4).

Nun wird vom Berliner Senat gewiss geltend gemacht, dass Einkaufen heute eine beliebte Freizeitbeschäftigung sei und vielen Menschen zur „seelischen Erhebung“ diene. Da sich insoweit die Lebensgewohnheiten gewandelt hätten, müsse der Gesetzgeber nachziehen (so *Stefan Korioth*, in: Maunz/Dürig, Grundgesetz, Art. 140 GG / Art. 139 WRV [Stand 2003], Rdnr. 25). Festzuhalten bleibt aber, dass Einkaufen eine typische werktägliche Beschäftigung ist, sieht man von besonders veranstalteten sogenannten Antik-, Trödel- und Flohmärkten etc. ab, ja die Sonntagsruhe geradezu durch geschlossene Geschäfte äußerlich in Erscheinung tritt und garantiert wird, wenn man an das Heer von Beschäftigten denkt, die an die Arbeit gerufen werden, wenn die Läden sonntags geöffnet werden. *Axel von Campenhausen* schreibt dazu (v. Mangoldt/Klein/Starck, Kommentar zum Grundgesetz, 5. Aufl. Bd. III, 2005, Art. 140 GG / 139 WRV Rdnr. 31): Sonn- und Feiertage sollen so ausgestaltet sein, dass sie sich von den normalen Tagen mit ihrem Druck des Geldverdienenmüssens, der Konkurrenz und des Arbeitsrhythmus abheben. Der Gesetzgeber habe

Vorsorge zu treffen, dass die Unruhe und Unrast des Alltags eingeschränkt werde.

Mit dem Sonntagsschutz wird das Leben in einen Sieben-Tage-Rhythmus eingeteilt, der über den christlichen Zeitrhythmus hinaus auch von großer sozialer Relevanz ist. Dieser Rhythmus ist in Art. 139 WRV verankert, der ein Regel – Ausnahme – Verhältnis zugunsten des Verbots der Sonntagsarbeit enthält (so BVerfGE 111, 10, 52; *Axel von Campenhausen*, in: v. Mangoldt/Klein/Starck, Kommentar zum Grundgesetz, Bd. III, 5. Aufl. 2005, Art. 140 GG, 139 WRV Rdnr. 23). Art. 139 WRV verfolgt einen normativen Zweck, der sich nicht jedem beliebigen, empirisch feststellbaren Wunsch der Freizeitbeschäftigung öffnet. Denn er spiegelt nicht die gesellschaftliche Praxis, sondern soll rechtlich vorgegebene Standards sichern (*Thorsten Kingreen/Bodo Pieroth*, Verfassungsrechtliche Grenzen einer Aufhebung der Ladenschlußzeiten, in: NVwZ 2006, S. 1221, 1225), und zwar auch gegen heutzutage massiv geltend gemachte ökonomische Interessen, die auch unter Einsatz massenkommunikativer Werbung daran arbeiten, das Einkaufen zu einer beliebten Freizeitbeschäftigung zu machen. Gegen solche Tendenzen ist festzuhalten, dass die Vereinbarkeit eines Verhaltens mit dem Charakter der Sonn- und Feiertage nach objektiven Maßstäben zu ermitteln ist (BVerwGE 90, 337, 347).

Ökonomische Interessen, die auf Art. 12 GG gestützt werden, greifen schon deshalb nicht durch, weil Art. 139 WRV „Arbeitsruhe“ als schützenswertes Gut vorschreibt und insoweit als Spezialnorm die Berufsfreiheit in der Regel aussticht (dazu ausführlich *Wolfgang Mosbacher*, Sonntagsschutz und Ladenschluß, 2007, S. 112 ff, 146 f.). In diesem Sinne heißt es deutlich in BVerfGE 111, 10, 53: „Die Anforderungen an die Rechtfertigung von Ausnahmen vom Verbot der Sonn- und Feiertagsarbeit sind grundsätzlich größer als bei der abendlichen Ladenschlußzeit, da der Gesetzgeber dem Auftrag des Art. 139 WRV Rechnung zu tragen hat.“

Der Übergang der Gesetzgebungskompetenz für „das Recht des Ladenschlusses“ (vgl. Art. 74 Abs. 1 Nr. 11 GG) auf die Länder soll gewiß größere Variation von Land zu Land ermöglichen, was den Ladenschluß an Werktagen betrifft bis hin zum Extrem der Berliner Beseitigung jeglichen Ladenschlusses an Werktagen (§ 3 Abs. 1, 1. Satzhälfte BerlLadÖffG), weshalb das Gesetz Laden*öffnung*sgesetz genannt wird. Was die Sonntage und staatlich anerkannten Feiertage anbelangt, ist der Landesgesetzgeber genau wie ehedem der Bundesgesetzgeber an Art. 140 GG in Verbindung mit Art. 139 WRV gebunden. Die Spielräume haben sich durch die Verlagerung der Gesetzgebungskompetenz nicht erweitert.

5. *Beurteilung der einzelnen Ausnahmeregelungen*

Beurteilt man die durch die Verfassungsbeschwerde angegriffenen Ausnahmeregelungen als einzelne, so ergibt sich folgendes: Ausnahmen von der Regel des Sonntagsschutzes bedürfen nach den vorangegangenen Ausführungen einer Begründung, die der Verfassung standhält (BVerfGE 111, 10, 53).

a) *Vier Adventssonntage (§ 3 Abs. 1, 2. Halbsatz BerlLadÖffG)*

Die Begründung des Gesetzentwurfs (Abgeordnetenhaus Berlin, Drucks. 16/0015, S.8) betont, dass die Sonn- und Feiertage als Tage der Arbeitsruhe und seelischen Erhebung unter dem besonderen Schutz des Art. 140 GG und des Art. 35 Abs. 1 BerlVerf. stehen. Außerdem wird auf Art. 21 des Evangelischen Kirchenvertrages hingewiesen, der den Schutz der Sonn- und Feiertagsruhe garantiert. Es heißt dann weiter: „Es besteht kein Anlass, von dem Verfassungsprinzip der Sonn- und Feiertagsruhe durch eine Ausdehnung der Ladenöffnungszeiten abzuweichen". Nach weiteren Ausführungen über Sinn und Zweck des Sonntagsschutzes, die oben unter III 3 zitiert sind, wird dann unter Hinweis auf die Interessen des Einzelhandels deutlich zum Ausdruck gebracht, dass die Ladenöffnung an den vier Adventssonntagen ab 13 Uhr auf ökonomischen Erwägungen beruht. Mit dem Hinweis auf die Interessen der Kunden ist wohl deren Freizeitgestaltung gemeint. Diese Gründe greifen nicht durch.

Denn Art. 139 WRV verfolgt erstens geradezu das gegenläufige Ziel, den Sonntag von ökonomischen Bestrebungen zu befreien, indem es heißt, dass der Sonntag ein Tag der „Arbeitsruhe" und der „seelischen Erhebung" sei. So erscheint die Regelung des § 3 Abs. 1, 2. Satzhälfte als offener Verstoß gegen Art. 139 WRV. Der Berliner Gesetzgeber hat die Regelung dadurch abzumildern versucht, dass die Läden erst um 13 Uhr öffnen dürfen, um die vormittäglichen Hauptgottesdienstzeiten unberührt zu lassen. Der verfassungsrechtliche Sonntagsschutz erstreckt sich aber auf den ganzen Tag, weil er über die Gottesdienste hinaus auch andere

Güter schützen will, die auch die Kirchen verteidigen können: Familie, Aktivitäten kirchlicher Vereine, kirchliche Feiern und Aktivitäten außerhalb der Hauptgottesdienstzeiten bis zur ruhigen „Einkehr“.

Zweitens ist zweifelhaft, ob die Ladenöffnung an den Adventssonntagen überhaupt zu höherem Konsum führen oder ob sich nur eine Verlagerung von den Wochentagen auf den Sonntag einstellen wird. Dabei ist insbesondere zu berücksichtigen, dass nach § 3 Abs. 1, 1. Satzhälfte BerlLadÖffG an allen Werktagen die Geschäfte bis Mitternacht geöffnet werden dürfen, also auch an den Samstagen vor den Adventssonntagen. Deshalb ist schon die Eignung der Ladenöffnung an den Adventssonntagen zur Steigerung des Umsatzes fraglich. Das würde dann bedeuten, dass zusätzliche Ladensöffnungszeiten bei gleichbleibendem Umsatz einen höheren Aufwand fordern. Die ökonomische Motivation verkehrt sich ins Gegenteil. Auch unter Konkurrenzgesichtspunkten ist die Ladenöffnung an den vier Adventssonntagen problematisch. So gibt es erhebliche Vorbehalte gegen die Regelung bei den Inhabern kleinerer und mittlerer Geschäfte, die ihre Verantwortung für ihre Mitarbeiter und deren Familie ernst nehmen, sich aber aus Konkurrenzgründen gleichwohl genötigt sehen, die durch das Gesetz zugelassenen Öffnungszeiten zu nutzen, wenn sich die Umsätze von den Wochentagen (einschließlich Samstag) auf die Sonntage verlagern. Das Bundesverfassungsgericht hat auf diesen Umstand kürzlich hingewiesen, als es um die Rechtfertigung von Ladenschlußzeiten ging (BVerfGE 111, 10, 33, 40)

Drittens spricht die Massierung der Freigabe gerade der Sonntage vor Weihnachten gegen die Regelung. D.h. der Sonntagsschutz wird im Dezember, in machen Jahren schon Ende November bis Weihnachten aufgehoben, wofür sich keine rechtfertigenden Gründe finden lassen, zumal die an den Werktagen vollständig aufgehobenen Ladenschlusszeiten jedermann, auch Berufstätigen genügend Gelegenheit bieten, Weihnachtseinkäufe zu machen und die Geschäfte sich für den wirtschaftlichen Erfolg geeignete Ladenöffnungszeiten, besonders an den Abenden, aussuchen können.

Aus dem ersten und dritten Argument und verstärkend aus dem zweiten Argument ergibt sich die Verfassungswidrigkeit des § 3 Abs. 1, 2. Satzhälfte wegen Verstoßes gegen Art. 140 GG in Verbindung mit Art. 139 WRV.

b) *Lebens- und Genußmittelangebot an Sonn- und Feiertagen (§ 4 Abs. 1 Nr. 4 BerlLadÖffG)*

Diese Vorschrift kann so verstanden werden, dass Verkaufsstellen, die Lebens- und Genussmittel verkaufen, jeden Sonn- und Feiertag öffnen dürfen, denn an die einleitenden Worte des Abs. 1 „An Sonn- und Feiertagen dürfen öffnen" knüpft im Satzbau auch Nr. 4 an, der für den 24. Dezember, falls auf einen Sonntag, d.h. auf den vierten Advent fällt, ausnahmsweise nur eine Öffnungszeit von 7 bis 14 Uhr vorsieht. Das ist auch eine Ausnahme zu § 3 Abs. 2 Nr. 1 BerlLadÖffG, der für den 24. Dezember, der auf den vierten Advent fällt, eine Öffnung der Geschäfte verbietet. Nach dieser sich aus dem Wortlaut ergebenen Auslegung dürfen Verkaufsstellen mit überwiegendem Lebens- und Genussmittelangebot an allen Sonn- und Feiertagen des Jahres geöffnet sein. Da mit den in den Haushalten allgemein zur Verfügung stehenden Kühlmitteln selbst leicht verderbliche Speisen einen Tag frisch gehalten werden können, gibt es keinen übergeordneten Grund, so weitgehend vom Sonntagsschutz abzusehen. In dieser Auslegung ist die Vorschrift verfassungswidrig.

Die amtliche Begründung des Gesetzentwurfs (Drucks. 16/0015, S.12) geht von einer Auslegung des § 4 Abs. 1 Nr. 4 aus, wonach diese Vorschrift nur dazu dienen soll, der Bevölkerung für die nachfolgenden zwei Feiertage eine Bevorratung mit frischen Lebensmitteln zu ermöglichen, wenn der 24. Dezember auf einen Sonntag fällt. Diese Auslegung entspräche dem § 15 Nr. 2 LadSchlG, der allerdings klar und unmissverständlich formuliert ist und zudem die Überschrift trägt „Sonntagsverkauf am 24. Dezember". Für diese Auslegung, die allerdings nicht zu dem einleitenden Satz des Abs. 1 passt, an den die Nummern 1-3 und 5 anschließen, spricht eventuell das fehlende Komma zwischen den Worten „Genussmittelangebot" und „am". In dieser engen Auslegung, die allerdings vom Wortlaut kaum gedeckt ist, wird dann allerdings nur der auf den vierten Advent fallende 24. Dezember von 7 bis 14 Uhr vom Sonntagsschutz ausgenommen. Wenn das Bundesverfassungsgericht diese Auslegung zugrundelegt und für verfassungsmäßig hält, müßte dies in der Entscheidung ausdrücklich festgestellt werden.

c) Leicht verderbliches Obst und Gemüse vom Erzeuger an Sonn- und Feiertagen (§ 4 Abs. 2 Nr. 1 BerlLadÖffG)

Der Verkauf leicht verderblichen Obstes und Gemüses soll außerhalb von Verkaufsstellen vom Erzeuger an Sonn- und Feiertagen stets, an Adventssonntagen von 7 bis 20 Uhr und am 24. Dezember, wenn dieser Tag auf einen Adventssonntag fällt, von 7 bis 14 Uhr erlaubt sein. Diese Vorschrift sei mit dem Lande Brandenburg abgestimmt (Drucks. 16/0015, S. 12), da vorrangig aus dem Berliner Umland Erzeuger frische Spargel und Erdbeeren am Sonntag stundenweise von Ständen aus auf Berliner Straßen verkaufen wollen.

Diese Regelung, die einen Eingriff in den verfassungsrechtlichen Sonntagsschutz darstellt, ist zunächst in sich nicht stimmig. Denn in Frage dürften für solch eine Ausnahmeregelung nur die Erntemonate für schnell verderbliches Obst und Gemüse kommen, also von Mitte Mai (Spargel) bis längstens Ende September (Pflaumen). Deshalb irritiert die Einbeziehung der übrigen Monate, vor allem aber der Adventssonntage und des 24. Dezember. Offenbar ist das Attribut „leicht verderblich" nicht ernst gemeint, und die Erzeuger sollen das ganze Jahr über am Sonntag bis Weihnachten und darüber hinaus haltbare Kartoffeln, Kürbisse und Äpfel am Sonntag verkaufen dürfen.

Die Vorschrift leidet nicht nur an innerer Unstimmigkeit. Angesichts der Verkaufsmöglichkeiten an Samstagen und der heutzutage in den Haushalten zur Verfügung stehenden Kühlmöglichkeiten ist der Eingriff in den Sonntagsschutz nicht erforderlich, um der Bevölkerung den Kauf frischen Obstes und Gemüses zu ermöglichen. Die Regelung läßt sich somit vor Art. 140 GG in Verbindung mit Art. 139 WRV nicht rechtfertigen.

d) Freigabe von vier Sonn- oder Feiertagen auf Grund von Allgemeinverfügungen (§ 6 Abs. 1 BerlLadÖffG)

Die Senatsverwaltung kann an höchstens vier Sonn- und Feiertagen „im öffentlichen Interesse" ausnahmsweise die Öffnung von Verkaufstellen durch Allgemeinverfügung zulassen. Durch die Zahl „vier" ist der Begriff „ausnahmsweise" hinreichend definiert. Was allerdings „im öffentlichen Interesse" bedeutet, bleibt unklar. Das früher bundeseinheitlich in Berlin geltende Ladenschlussgesetz sah vor, dass anlässlich von Märkten und

Messen an vier Sonn- und Feiertagen Verkaufstellen höchstens fünf Stunden öffnen dürfen (§ 14). Eine weitere Vorschrift erlaubte Ausnahmen, die „im öffentlichen Interesse dringend nötig werden" (§ 23). Damit waren Notfälle gemeint. Demgegenüber ist die Wendung „im öffentlichen Interesse" zu unbestimmt. Wenn man sich die amtliche Begründung des Gesetzentwurf vor Augen hält, wird wieder ein rein wirtschaftlicher Grund deutlich, der diametral im Widerspruch zu Art. 139 WRV (Arbeitsruhe) steht. Es soll – so wird das öffentliche Interesse verstanden – die verstärkte Kaufkraft am Rande von größeren Veranstaltungen bzw. Besuchermengen abgeschöpft werden (Drucks. 16/0015, S. 13 f.: „Touristen nach Berlin holen"). Das öffentliche Interesse scheint hier als Leerformel begriffen zu werden, über die – angeleitet durch die amtliche Begründung – Ausnahmen des Sonn- und Feiertagsschutzes begründet werden können, die in offenkundigem Widerspruch zu Art. 139 WRV stehen.

Der Gesetzgeber hat sich nicht nur der unbestimmten Formel „im öffentlichen Interesse" bedient, sondern auch die Senatsverwaltung ermächtigt, durch Allgemeinverfügung über die Ausnahmen zu entscheiden und nur acht im einzelnen bezeichnete Sonn- und Feiertage davon ausgeschlossen.

Die Senatsverwaltung hat auf Grund des § 6 Abs.1 BerLadÖffG bereits zweimal für insgesamt vier Sonntage ihre Entscheidungen im Sinne der amtlichen Begründung getroffen und Kaufkraft am Rande der Grünen Woche (28.1.2007) und des 88. Deutschen Röntgenkongresses (20.5.2007) sowie der Internationalen Funkausstellung und des Musikfestes (2.9.2007) und des Forums Berlin und des Kunstherbstes Berlin (7.10.2007) zugunsten des Berliner Einzelhandels abgeschöpft (vgl. Bekanntmachungen vom 28.11.2006 – GesUmV II G 2 – und vom 30.4.2007 – GesUmV I g 2 –). Die Ausnahmevorschrift des § 6 Abs. 1 BerlLadÖffG ist zu unbestimmt, hat keine Beziehung mehr zu Art. 140 GG in Verbindung mit Art. 139 WRV und vermittelt dies mit hinreichender Deutlichkeit über die amtliche Begründung. Mit dieser Begründung und in der bisherigen Anwendung durch die Senatsverwaltung ist § 6 Abs. 1 BerlLadÖffG verfassungswidrig. Ob eine verfassungskonforme Auslegung etwa im Sinne des § 14 LadSchlG möglich ist, müsste das Bundesverfassungsgericht entscheiden und dafür Kriterien festlegen, die im Einklang mit Art. 140 GG in Verbindung mit Art. 139 WRV stehen.

e) *Freigabe von zwei Sonn- oder Feiertagen auf Grund von Anzeigen von Ladenbesitzern (§ 6 Abs. 2 BerlLadÖffG)*

Aus Anlass besonderer Ereignisse, insbesondere von Firmenjubiläen und Straßenfesten, dürfen Verkaufsstellen an jährlich höchstens zwei weiteren Sonn- oder Feiertagen von 13 bis 20 Uhr öffnen. Die beabsichtigte Öffnung ist dem zuständigen Bezirksamt sechs Tage vorher anzuzeigen. Diese Regelung ist in der amtlichen Begründung (Drucks. 16/0015, S. 13 f.) wiederum allein mit den Geschäftsinteressen der Inhaber von Verkaufstellen begründet, gewissermaßen als Kompensation für Ladenöffnungen gemäß § 6 Abs. 1 BerlLadÖffG, die sich auf die ganze Stadt beziehen, aber in Außenbezirken keinen höheren Umsatz erbringen. Konnten nach altem Recht (§ 14 LadSchlG) insgesamt vier Sonntage anlässlich von Märkten, Messen und ähnlichen Veranstaltungen zu verkaufsoffenen Sonntagen erklärt werden, sind es jetzt nach § 6 Abs. 1 und 2 BerlLadÖffG insgesamt sechs. Das bedeutet in dieser Kategorie der Ausnahmen eine Steigerung um 50 %. Trotz der Anzeigepflicht dürfte die Bezirksverwaltung größte Schwierigkeiten haben, die Ladenöffnung durch die einzelnen Verkaufstellen zu kontrollieren und zu registrieren, um Überschreitungen zu verhindern.

§ 6 Abs. 2 stellt einen weiteren Eingriff in die Sonntags- und Feiertagsruhe dar und ist zusammen mit den Ausnahmen in § 6 Abs. 1 als Verstoß gegen Art. 140 GG in Verbindung mit Art. 139 WRV verfassungswidrig.

6. *Zusammenschau der Ausnahmeregelungen und Ergebnis*

Am schwersten wiegt, deutlich erkennbar, der Eingriff in die Sonntagsruhe an den vier Adventssonntagen. Insoweit ist auch die amtliche Begründung des Gesetzentwurfs äußerst widersprüchlich. *Einerseits* wird behauptet, man sehe keinen Anlass, „von dem Verfassungsprinzip der Sonn- und Feiertagsruhe durch eine Ausdehnung der Ladenöffnungszeiten abzuweichen“ (Abgeordnetenhaus Berlin, Drucks. 16/0015, S. 8). In der Beschreibung des Zwecks der Sonntagsruhe werden die religiösen Aktivitäten besonders hervorgehoben. *Andererseits* wird ohne viel Federlesens der „Senatsbeschluß“ (sic!) mitgeteilt, dass die Ladenöffnungszeiten auf die Adventssonntage ausgeweitet würden. Das geschehe „unter Abwägung der Interessen des Einzelhandels, der Kundinnen und Kunden mit dem Schutzinteresse der Beschäftigten“ (aaO.). Nicht eingestellt worden sind in diese Abwägung

- der besondere religiöse Charakter der Adventssonntage für die Angehörigen der christlichen Kirchen als Vorbereitung auf das Fest der Ankunft Christi als Zeit der Besinnung,
- die Verbreitung dieses Sinnes der Adventssonntage in weiten Kreisen der Bevölkerung und
- der Umstand, dass das Berliner Ladenöffnungsgesetz für die Samstage vor den Adventssonntagen keinerlei Beschränkungen enthält, so dass das Kunden- und Geschäftsinteresse (sc. Weihnachtsgeschäft) bereits dadurch hinreichend befriedigt werden kann.

Genannt wird in dem kurzen Abwägungspassus gegen die Geschäftsinteressen nur das Interesse der in den Ladengeschäften Beschäftigten. Würde eine Verwaltungsbehörde solch eine Abwägung treffen, hätte sie als offensichtlich defizitär vor dem Verwaltungsgericht keinen Bestand. Das Berliner Abgeordnetenhaus, das Gesetze erlässt, ist zwar keine Verwaltungsbehörde, sondern ein durch Volkswahl unmittelbar demokratisch legitimiertes Staatsorgan. Wenn es aber eine verfassungsrechtliche Schutzvorschrift wie Art. 140 GG in Verbindung mit Art. 139 WRV ausführt („gesetzlich“), die ihrem Wortlaut nach Ausnahmen gar nicht vorsieht, müssen gesetzlich vorgesehene Ausnahmen ernsthaft begründet werden (BVerfGE 111, 10, 53); dabei muss die Schutzbestimmung selbst nicht nur erwähnt, sondern als wesentliches Moment der Abwägung sichtbar gemacht werden. Das ist nicht geschehen. Wäre dies ernsthaft geschehen, insbesondere unter Hinzunahme der langen Ladenöffnungszeiten an den Samstagen vor den Adventssonntagen, hätte das Abwägungsergebnis anders ausfallen müssen.

§ 4 Abs. 2 Nr. 1 BerlLadÖffG passt mit dem Angebot leicht verderblichen Obstes und Gemüses an Sonn- und Feiertagen schon nicht in die Monate von Oktober bis April und somit auch nicht auf die Adventssonntage und ist schon wegen der an Samstagen bestehenden Einkaufsmöglichkeiten nicht verfassungsmäßig.

Außer den Adventssonntagen überschreiten auch die Ausnahmeregelungen des § 6 BerlLadÖffG zusammengenommen mit 6 Sonn- oder Feiertagen den bisherige Standard von 4 Sonn- oder Feiertagen, an denen Verkaufsläden geöffnet sein dürfen. Die in der amtlichen Begründung des Gesetzentwurfs angegebenen Gründe für die Ausdehnung sind rein ökonomischer Natur, ohne dass Gegengründe zur Sprache kommen. Diese Regelungen haben daher vor Art. 140 GG in Verbindung mit Art. 139 WRV keinen Bestand.

Die verfassungsrechtliche Beurteilung der einzelnen Ausnahmen wird durch die Zusammenschau bestätigt. Dabei wird zugegeben, dass die in § 6 Abs. 1 und 2 BerlLadÖffG vorgesehenen Ausnahmen etwa auf die herkömmlichen vier reduziert (vgl. auch zu den Voraussetzungen „Märkte" und „Messen" sowie zur Dauer der Ladenöffnung § 14 LadSchlG) dem Sonn- und Feiertagsschutz standhalten dürften. Der Berliner Gesetzgeber geht mit der Reduktion des Sonntagsschutzes (= Ladenöffnung an zehn Sonntagen) weit über die anderen Landesgesetzgeber hinaus, selbst noch über Brandenburg, wo die Läden an sechs Sonn- und Feiertagen öffnen dürfen (§ 5 Abs. 1 BbgLöG vom 27.11.2006, GVBl. I, S.158). Daraus wird erkennbar, dass der Berliner Gesetzgeber mit seinen extensiven Ausnahmeregelungen zum Sonn- und Feiertagsschutz die Grenzen austesten will, gewissermaßen eine Probebohrung vorgenommen hat, um festzustellen, wie weit zugunsten ökonomischer Interessen der verfassungsrechtlich verbürgte Sonn- und Feiertagsschutz ausgehöhlt und verdrängt werden kann.

Deshalb bittet das beschwerdeführende Erzbistum das Bundesverfassungsgericht, diese Grenzen festzustellen, indem es antragsgemäß entscheidet.

Göttingen, den 7. November 2007 gez. Christian Starck

Professor Dr. iur. Christian Starck
Schlegelweg 10, 37075 Göttingen

16. Juli 2008

An das
Bundesverfassungsgericht
Schloßbezirk 3
76131 Karlsruhe

In der Verfassungsbeschwerdesache des Erzbistums Berlin
1 BvR 2858/07

gegen Vorschriften des Berliner Ladenöffnungsgesetzes vom 14. November 2006 (GVBl. S. 1045), die Ladenöffnungen an Sonntagen und staatlich anerkannten kirchlichen Feiertagen betreffen,

äußere ich mich zu den Stellungnahmen gemäß § 27a BVerfGG wie folgt:

1. Zur Selbstbetroffenheit

In einigen Stellungnahmen wird der Sonntag als ausschließlich säkulare Einrichtung bezeichnet, damit der religiösen Neutralität des Staates Genüge getan wird. Durch diese Aussage wird der richtige Gedanke, dass der verfassungsrechtliche Sonntagsschutz *auch* weltlichen Interessen der Menschen dient, verabsolutiert und damit insinuiert, dass die Kirchen am Sonntagsschutz kein verfassungsrechtlich relevantes Interesse hätten.

In der Verfassungsbeschwerde des Erzbistums Berlin ist ausführlich dargelegt, dass sich der Sonntag historisch dem Christentum verdankt *(S. 99 f.)* und heute noch zum Kernbestand des christlichen Lebens gehört; folglich steht der im Zweiten Hauptteil der Weimarer Verfassung verankerte Sonntagsschutz nicht im Abschnitt über das Gemeinschaftsleben, wie es in einer Stellungnahme fälschlich heißt (wohl im Anschluss an *Mosbacher*, Sonntagsschutz und Ladenschluss. 2007, S. 54), oder im Abschnitt über das Wirtschaftsleben, sondern im Abschnitt über Religion und Religionsgesellschaften. Von den sieben Artikeln dieses Abschnitts (Art. 135-141) sind fünf (Art. 136-139, 141) über Art. 140 in das Grundgesetz übernommen worden. Auf Art. 135 musste verzichtet werden, weil er durch Art. 4 Abs. 1, 2 GG ersetzt wurde. Art. 140 betrifft die Angehörigen der Wehrmacht, die es beim Erlass des Grundgesetzes nicht gab. Im Übrigen ist das ganze Konvolut der die Religion und das Verhältnis von Staat und Religionsgesellschaften betreffenden Vorschriften geltendes Verfassungsrecht geblieben, und dazu gehört auch der Sonntagsschutz. Im Schriftsatz vom 7.11.2007 ist im Einzelnen dargelegt *(S. 97 f.)*, wie das Bundesverfassungsgericht die funktionelle Bedeutung der staatskirchenrechtlichen Vorschriften für die Inanspruchnahme und Verwirklichung des Grundrechts der kollektiven Religionsfreiheit anerkannt und in die Gewährleistung des Art. 4 GG einbezogen hat.

Ergänzend ist darauf hinzuweisen, dass das Bundesverfassungsgericht in seiner Schutzpflichtenrechtsprechung den Schutzpflichtencharakter der Grundrechte über Art. 1 Abs. 1 und 6 GG hinaus subjektiviert und damit der Verfassungsbeschwerde zugänglich gemacht hat (*Starck*, in: von Mangoldt/Klein/Starck, Kommentar zum Grundgesetz, Band I, 5. Auflage 2005, Art. 1 Rdnr. 193-196). Manche sprechen insoweit auf die Religionsfreiheit bezogen von leistungsrechtlichem Grundrechtsschutz (z. B. *Martin Borowski*, Die Glaubens- und Gewissensfreiheit des Grundgesetzes, 2006, S.445). Dieser Subjektivierung der Schutzpflichten im Wege der Verfassungsrechtsfortbildung liegt das Bestreben des Bundesverfassungsgerichts zugrunde, auch die staatlichen Schutzpflichten auf Verfassungsebene einklagbar zu machen. Da es im Grundgesetz den Sonntagsschutz als staatliche Pflicht gibt, liegt es im Sinne der Schutzpflichtenrechtsprechung nahe, den Sonntagsschutz einklagbar zu machen. In der Stellungnahme der Vereinten Dienstleistungsgewerkschaft und des DGB-Bundesvorstandes wird im Sinne des beschwerdeführenden Erzbistums geltend gemacht, dass es im Interesse der Verwirklichung der verfassungsrechtlichen Vorgaben zum Sonn- und Feiertagsschutz notwendig sei, den Kirchen die Möglichkeit zu eröffnen, den Sonn- und Feiertagsschutz effektiv durchzusetzen, weil anderenfalls „diese verfassungsrechtliche Garantie zur leeren Hülse zu verkommen“ drohe.

Dass der Sonntagschutz auch unabhängig von religiösen und kirchlichen Bindungen Arbeitnehmer und Familien dienlich ist, spricht nicht gegen eine besondere Betroffenheit der Kirchen. Auch die interessante Verortung des Sonntags in der Menschenwürde (so *Peter Häberle*, Der Sonntag als Verfassungsprinzip, 2. Auflage 2006, S. 65), entfernt diesen weder entstehungsgeschichtlich noch aktuell von der Religionsfreiheit. Häberle spricht nämlich auch davon, dass der Sonntagsschutz „im Dienste einzelner Grundrechte, konkret der Art. 4 und 6 GG steht" (aaO, S. 64).

2. Zur Erschöpfung des Rechtsweges

Die Stellungnahmen, die die Verfassungsbeschwerde mangels Erschöpfung des Rechtsweges für unzulässig halten, verkennen die Stoßrichtung der Verfassungsbeschwerde. Ein Rechtsweg zu den Berliner Verwaltungsgerichten wäre nur im Hinblick auf die behördlich erlaubten Ladenöffnungen an Sonntagen gemäß § 6 Abs. 1 BerlLadöffG gegeben. Gegen Ladenöffnungen wie bisher an vier Sonntagen wendet sich die Verfassungsbeschwerde gar nicht. Das Ziel des verfassungsrechtlichen Angriffs ist die Häufung der Sonntagsöffnungen auf insgesamt 10 Sonntage. Gegen einzelne Sonntagsöffnungen wollte das beschwerdeführende Erzbistum nicht verfassungsrechtlich argumentieren. Es geht um die Kumulation und den Sachzusammenhang.

Nach § 90 Abs. 2 Satz 2 BVerfGG ist die Verfassungsbeschwerde von allgemeiner Bedeutung, weil über die Grenzen der Ausgestaltungsfreiheit des Art. 139 WRV durch den Gesetzgeber vom Bundesverfassungsgericht noch nicht entschieden worden ist und weil nach dem Übergang der Gesetzgebungskompetenz auf die Länder auch andere Länder Eingriffe in den Sonntagsschutz vorgenommen haben oder beabsichtigen.

3. Ausmaß der Gestaltungsfreiheit des Gesetzgebers beim Sonntagsschutz

a) Bedeutung der Verordnung der Reichsregierung von 1919

In mehreren Stellungnahmen wird auf die Verordnung der Reichsregierung über Sonntagsruhe im Handelsgewerbe und in Apotheken vom 15.2.1919 (RGBl. S. 176) hingewiesen, und zwar als Maßstab für den Sonntagsschutz in der ein halbes Jahr später erlassenen Weimarer Reichsverfassung vom 11.8.1919 (RGBl. S.1383), wo es heißt, dass die Sonntage geschützt bleiben. Die Verordnung verbot die Beschäftigung von Gehilfen, Lehrlingen und Arbeitern an Sonntagen und Festtagen und sah Ausnahmen für 6 und weitere 4 Sonn- und Festtage vor. Die Verordnung, die die Gewerbeordnung (§ 105b Abs. 2) – also ein Gesetz – änderte, ist kein Maßstab zur Auslegung des Art. 139 WRV. In den Jahren nach der Verfassunggebung von 1919 hatten die Verfassungsnormen nicht dieselbe Effektivität wie heute. Der Vorrang der Verfassung musste sich erst allgemein durchsetzen. Vor Gericht konnte man sich normalerweise gegen ein Gesetz nicht auf die Verfassung berufen. Das galt auch für die Grundrechte (vgl. z. B. *Albert Hensel*, Die Rangordnung der Rechtsquellen insbesondere von Reichs- und Landesgesetzgebung, in: HbDStR II, 1932, S. 316). Die Verordnung von 1919 kann also nicht dafür herhalten, den verfassungsrechtlich deutlich formulierten Sonntagsschutz von vornherein als um 20 % vermindert anzusehen.

b) Ladenöffnung als Arbeit für den Sonntag?

Die Stellungnahmen der Bundesarbeitsgemeinschaft der Mittel- und Großbetriebe des Einzelhandels, des Hauptverbandes des Deutschen Einzelhandels und der Industrie- und Handelskammern sehen einmütig den Kernbestand der institutionellen Garantie des Sonntagsschutzes durch das Berliner Ladenöffnungsgesetz nicht als verletzt an, soweit sie überhaupt auf Art. 139 WRV eingehen. So wie in der Gastronomie „Arbeit für den Sonntag“ geleistet werde, so sei es auch im Einzelhandel, weil heutzutage das Einkaufen zu einem Sonntagsvergnügen, zu einer Art Freizeiteinrichtung geworden sei. Durch Erklärung der Ladenöffnung zur „Arbeit für den Sonntag“

wird versucht, die verfassungsrechtliche Wertung des Art. 139 WRV zu eskamotieren. Der Grundgedanke der Ausnahme „Arbeit für den Sonntag" meint Situationen, in denen an Sonntagen Reisebedarf wie z. B. Esswaren, Benzin usw. feilgehalten und Gastronomie betrieben werden darf, die am Sonntag selbst benötigt werden. Entsprechend verhält es sich bei Veranstaltungen, die an Sonntagen durchgeführt werden. Dagegen bedeutet Einkaufen bei allem eventuell bestehendem Erlebniswert in der Regel Anschaffung von Gütern für den späteren Gebrauch. Daraus ergibt sich klar die Trennung von Sonntag und dem Einkauf von Waren, die als solche nichts mit dem Sonntag zu tun haben, also eine allgemeine Ladenöffnung an Sonntagen für die dort Beschäftigten keine „Arbeit für den Sonntag" ist.

c) Grundrechte gegen Sonntagsschutz?

Die zweite Angriffslinie gegen Art. 139 WRV wird auf die Grundrechte – gleich in doppelte Weise – gestützt.

Erstens: die Freiheit, zu verkaufen (Art. 12 GG) und zu kaufen (Art. 2 Abs. 1 GG), wird mit dem Art. 139 WRV abgewogen und bekommt als höherwertig ein Übergewicht, so dass nicht nur das vom Erzbistum angegriffene Gesetz gerechtfertigt erscheint, sondern schon die Argumente mitgeliefert werden, um den Sonntagsschutz zugunsten der Freiheit, zu verkaufen und zu kaufen, weiter zurückzudrängen. In der 74seitigen Stellungnahme der Bundesarbeitsgemeinschaft, verfasst vom Prozessvertreter im Verfahren 1 BvR 636/02 (BVerfGE 111, 10), in dem u. a. das gesetzliche Verbot der Öffnung von Verkaufsstellen an Sonntagen angegriffen wurde, kommt noch die damalige prozessrechtliche Situation zum Ausdruck, d. h. der argumentative Einsatz der genannten Grundrechte, um den verfassungsrechtlichen Sonntagsschutz zurückzudrängen. In der erwähnten Stellungnahme heißt es, dass das Land Berlin „einen wichtigen Schritt" unternommen habe, „um die überkommene Trennung zwischen Handel und Sonntag an die Lebenswirklichkeit anzupassen". Wenn man den Schriftsatz weiter liest, erkennt man, dass mit „Schritt" gemeint ist ein erster Schritt. In der Stellungnahme der Landesarbeitsgemeinschaft der Industrie- und Handelskammern des Landes Brandenburg wird bei einem Erfolg der Verfassungsbeschwerde die Beeinträchtigung des Grundrechts der Berufsfreiheit des Art. 12 GG und der unternehmerischen Entscheidungen beklagt, ohne daß auch nur mit einem Wort der verfassungsrechtliche Sonntagsschutz erwähnt wird. Die ganze Stellungnahme beschränkt sich auf eine rein wirtschaftliche Betrachtung.

Zweitens wird Art. 3 Abs. 1 GG ins Spiel gebracht, um aus Konkurrenzgründen zu verlangen, dass in allen Geschäften der Stadt an Sonntagen die gleichen Waren verkauft werden dürfen wie sie heute tatsächlich in Bahnhöfen, Flughäfen und Tankstellen verkauft werden. Der Gleichheitssatz wird ferner ins Spiel gebracht, um die „Konkurrenz" des elektronischen Handels, ja sogar die Konkurrenz großer Städte wie Paris auszugleichen. Es heißt zwar vorsichtig auf das vorliegende Verfahren bezogen, dass die angegriffene Regelung die bestehende Ungleichbehandlung unter dem alten Ladenschlussrecht deutlich bzw. merklich abmildere. Sollte die Argumentation mit dem allgemeinen Gleichheitssatz stimmen, würde eine Abmilderung nicht genügen, sondern es könnte eine Gleichbehandlung verlangt werden.

Aber der Gleichheitssatz taugt hier nichts. Denn gemäß § 5 BerlLadöffG dürfen an Tankstellen, Bahnhöfen und Flugplätzen nur Reisebedarf angeboten werden, an Tankstellen auch Betriebsstoffe und Ersatzteile zur Erhaltung oder Wiederherstellung der Fahrbereitschaft von Kraftfahrzeugen. Die Sonderregelung für den Flughafen Tegel beruht auf einem alten Privileg, das aufrecht erhalten wurde, um niemanden schlechter zu stellen als vor Erlass des BerlLadöffG (vgl. Abgeordnetenhaus Berlin, Drucks. 16/0015, S. 13). Ein Vergleich mit elektronischem Handel geht schon deshalb fehl, weil der Einkaufsvorgang nicht am Sonntag abgeschlossen werden kann. Im Vergleich mit anderen Hauptstädten zieht Art. 3 Abs. 1 GG nicht, so schon für eine entsprechende Fragestellung im Bundesstaat BVerfGE 10, 354, 371; 51, 43, 58 f., st. Rspr.: Die Verfassungsmäßigkeit eines Landesgesetzes könne nicht in Zweifel gezogen werden, weil es von verwandten Regelungen in anderen Ländern abweiche. Das gilt erst recht im Verhältnis zu anderen Staaten innerhalb der Europäischen Union.

d) Missachtung des Vorrangs der Verfassung

Verfehlt ist auch die in der Stellungnahme der Bundesarbeitsgemeinschaft der Mittel- und Großbetriebe des Einzelhandels e. V. vorgebrachte

Ansicht, dass Art. 139 WRV, Art. 140 GG noch keine praktische Relevanz habe, denn erst im Rahmen einfach-gesetzlicher Ausgestaltung werde der Umfang festgelegt. Damit wird das Verhältnis von Verfassungsrecht und Gesetzesrecht verkannt. Art. 139 WRV normiert den Sonntagsschutz so deutlich, dass allenfalls einzelne gesetzliche Ausnahmen von der Regel des Sonntagsschutzes zulässig sind. Dies ergibt sich deutlich aus der jüngsten Rechtsprechung des Bundesverfassungsgerichts. Im Hinblick auf Art. 139 WRV heißt es (BVerfGE 111, 10, 50): Art. 139 WRV sei von gleicher Normqualität wie die sonstigen Bestimmungen des Grundgesetzes. Der Sonntagsschutz bedeute, dass Art. 12 Abs. 1 GG die Berufsausübung an Sonntagen nur in eingeschränkter Weise gewährleiste. Diese zutreffende systematische Verfassungsinterpretation zeigt deutlich, dass eine sich auf die Berufsausübung beziehende spezielle Verfassungsnorm der Berufsfreiheit Grenzen zu ziehen vermag und nicht in ein offenes Abwägungsverhältnis gezogen werden darf. Dasselbe gilt im Hinblick auf das Einkaufen für das Grundrecht auf freie Entfaltung der Persönlichkeit (Art. 2 Abs. 1 GG). Folglich sind die Anforderungen an die Rechtfertigung von Ausnahmen vom Verbot der Sonn- und Feiertagsarbeit grundsätzlich größer als bei der abendlichen Ladenschlusszeit (BVerfGE 111, 10, 53). Dies kommt sehr richtig in der Stellungnahme des Landes Brandenburg zum Ausdruck, in der wichtige Gründe des Gemeinwohls für die Öffnung von Verkaufsstellen an Sonntagen verlangt werden, wobei „das allgemeine und pauschale Argument eines tatsächlichen oder vermeintlichen wirtschaftlichen Interesses des Handels an möglichst uneingeschränkten Absatzzahlen oder der Verbraucher an möglichst uneingeschränkten Einkaufszeiten für sich alleine kein Abweichen vom Grundsatz des Sonntagsschutzes rechtfertigen können."

Mit diesen die zitierte Entscheidung des Bundesverfassungsgericht aufnehmenden Darlegungen ist das Argument im Schriftsatz des Hauptverbandes des Deutschen Einzelhandels zurückgewiesen, dass die Ladenöffnung wegen Art. 2 Abs. 1 GG der Normalfall sei und Beschränkungen begründet werden müssten. In dem Schriftsatz werden auch sonst die normativen Verhältnisse umgedreht. Wegen des Wandels des Freizeitverhaltens (Einkaufen als Erlebnis) erscheint die Ladenöffnung an Sonntagen geradezu als Sonntagsschutz (ähnlich die Stellungnahme der IHK Berlin).

e) Die Modernität des Art. 139 WRV

Der durch Art. 139 WRV gewährleistete Schutz, der sich auf den ganzen Sonntag bezieht, mag manchen, insbesondere der modernen Geschäfts- und Konsumwelt, unmodern erscheinen. Deshalb wird keine Mühe gescheut, den Sonntagsschutz zu relativieren und letzten Endes zu zerbröseln. Das beschwerdeführende Erzbistum als Träger der kollektiven Religionsfreiheit hält die von Art. 139 WRV geschützte Ruhe und seelische Erhebung nur für erfolgversprechend, wenn der ganze Sonntag von werktäglichen Beschäftigungen freigehalten wird, wie von Art. 139 WRV vorgesehen. Es wäre ein Missverständnis der Aufgaben der Gesetzgebung und der Verfassungsinterpretation, diese auf Zeitströmungen verpflichten zu wollen. In Art. 139 WRV steckt so etwas wie ein Widerlager, ein Gegengewicht zur Ökonomisierung der Gesellschaft. Insoweit zeigt die Garantie durchaus ein modernes Gesicht, einen möglicherweise früher nicht voll realisierten Sinn, weil das Leben nicht so stark von Wirtschaft und Handel besetzt war.

Leitsätze
zum Urteil des Ersten Senats vom 1. Dezember 2009

1. Die aus den Grundrechten – hier aus Art. 4 Abs. 1 und 2 GG – folgende Schutzverpflichtung des Gesetzgebers wird durch den objektivrechtlichen Schutzauftrag für die Sonn- und Feiertage aus Art. 139 WRV in Verbindung mit Art. 140 GG konkretisiert.
2. Die Adventssonntagsregelung in § 3 Abs. 1 des Berliner Ladenöffnungsgesetzes steht mit der Gewährleistung der Arbeitsruhe an Sonn- und Feiertagen nicht in Einklang.

BUNDESVERFASSUNGSGERICHT

– 1 BvR 2857/07 –
– 1 BvR 2858/07 –

Im Namen des Volkes

In den Verfahren über die Verfassungsbeschwerden

1. der Evangelischen Kirche Berlin-Brandenburg-schlesische Oberlausitz,
vertreten durch den Vorsitzenden der Kirchenleitung,
Bischof Prof. Dr. H.,
und den Präsidenten des Konsistoriums, S.,
Georgenkirchstraße 69, 10249 Berlin,

– Bevollmächtigte:
Prof. Dr. Karl-Hermann Kästner,
Alt-Rathausstraße 5, 72511 Bingen –

gegen § 3 Abs. 1 Alternative 2, § 4 Abs. 1 Nr. 4, Abs. 2 Nr. 1 und § 6 Abs. 1, 2 des Berliner Ladenöffnungsgesetzes (BerlLadÖffG) vom 14. November 2006 (GVBl S. 1045) in der Fassung des Ersten Gesetzes zur Änderung des Berliner Ladenöffnungsgesetzes vom 16. November 2007 (GVBl S. 580)

– 1 BvR 2857/07 –,

2. des Erzbistums Berlin,
   vertreten durch den Erzbischof Kardinal S.,
   Hinter der Katholischen Kirche 3, 10117 Berlin,

– Bevollmächtigte:
Prof. Dr. Christian Starck,
Schlegelweg 10, 37075 Göttingen –

gegen § 3 Abs. 1 Alternative 2, § 4 Abs. 1 Nr. 4, Abs. 2 Nr. 1 und § 6 Abs. 1, 2 des Berliner Ladenöffnungsgesetzes (BerlLadÖffG) vom 14. November 2006 (GVBl S. 1045) in der Fassung des Ersten Gesetzes zur Änderung des Berliner Ladenöffnungsgesetzes vom 16. November 2007 (GVBl S. 580)

– 1 BvR 2858/07 –

hat das Bundesverfassungsgericht – Erster Senat – unter Mitwirkung der Richterin und Richter

Präsident Papier,
Hohmann-Dennhardt,
Bryde,
Gaier,
Eichberger,
Schluckebier,
Kirchhof,
Masing

aufgrund der mündlichen Verhandlung vom 23. Juni 2009 durch

Urteil

für Recht erkannt:

Die Regelung über die Öffnung von Verkaufsstellen an den Adventssonntagen in § 3 Absatz 1 Alternative 2 des Berliner Ladenöffnungsgesetzes (BerlLadÖffG) vom 14. November 2006 (Gesetz- und Verordnungsblatt für Berlin Seite 1045) in der Fassung des Ersten Gesetzes zur Änderung des Berliner Ladenöffnungsgesetzes vom 16. November 2007 (Gesetz- und Verordnungsblatt für Berlin Seite 580) ist mit Artikel 4 Absatz 1 und Absatz 2 in Verbindung mit Artikel 140 des Grundgesetzes und Artikel 139 der Weimarer Reichsverfassung unvereinbar. Die vorgenannte Bestimmung bleibt noch bis zum 31. Dezember 2009 anwendbar. Im Übrigen werden die Verfassungsbeschwerden zurückgewiesen. Das Land Berlin hat den Beschwerdeführern deren notwendige Auslagen zur Hälfte zu erstatten.

Gründe:

A.

[1] Die Beschwerdeführer sind öffentlichrechtlich verfasste Religionsgemeinschaften im Sinne von Art. 140 GG in Verbindung mit Art. 137 Abs. 5 der Weimarer Reichsverfassung (WRV). Sie wenden sich mit ihren Verfassungsbeschwerden unmittelbar gegen die Regelung der Ladenöffnungsmöglichkeiten an Sonn- und Feiertagen im Land Berlin.

I.

[2] 1. Im Zuge der so genannten Föderalismusreform I im Jahr 2006 wurde das Recht des Ladenschlusses aus dem Katalog der Gegenstände der konkurrierenden Gesetzgebung für das Recht der Wirtschaft (Art. 74 Abs. 1 Nr. 11 GG) herausgenommen und die Gesetzgebungskompetenz insoweit auf die Länder übertragen. Das Abgeordnetenhaus von Berlin beschloss daraufhin am 14. November 2006 das Berliner Ladenöffnungsgesetz (BerlLadÖffG, GVBl 2006, S. 1045). Das Gesetz trat am 17. November 2006 in Kraft. Ein Jahr später, am 16. November 2007, erging das Erste Gesetz zur Änderung des Berliner Ladenöffnungsgesetzes (GVBl 2007, S. 580).

Inzwischen haben alle Bundesländer bis auf den Freistaat Bayern den Ladenschluss durch Landesgesetz geregelt.

[3] a) Zuvor waren die Ladenöffnungszeiten bundeseinheitlich in dem Gesetz über den Ladenschluss (Ladenschlussgesetz – LadSchlG) vom 28. November 1956 (BGBl I S. 875) geregelt, zuletzt in der Fassung der Bekanntmachung vom 2. Juni 2003 (BGBl I S. 744), diese zuletzt geändert durch Art. 228 der Verordnung vom 31. Oktober 2006 (BGBl I S. 2407). Nach wiederholten Ausweitungen der Ladenöffnungszeiten unter der Geltung des Ladenschlussgesetzes des Bundes galt an Werktagen, einschließlich der Sonnabende, zuletzt eine Ladenschlusszeit von 20.00 bis 6.00 Uhr (§ 3 Nr. 2 LadSchlG). An Sonn- und Feiertagen untersagte das Gesetz grundsätzlich die Ladenöffnung (§ 3 Nr. 1 LadSchlG). Abweichend hiervon ließ § 14 Abs. 1 LadSchlG die Ladenöffnung an bis zu vier Sonn- und Feiertagen aus Anlass von Märkten, Messen oder ähnlichen Veranstaltungen durch Rechtsverordnung der Landesregierung oder der von ihr bestimmten Stellen zu. Die Ladenöffnung durfte fünf zusammenhängende Stunden nicht überschreiten, musste spätestens um 18.00 Uhr enden und sollte außerhalb der Zeit des Hauptgottesdienstes liegen (§ 14 Abs. 2 LadSchlG). Die Sonn- und Feiertage im Monat Dezember waren für jede – auch ausnahmsweise – Freigabe gesperrt (§ 14 Abs. 3 LadSchlG).

[4] Daneben enthielt das Ladenschlussgesetz des Bundes Sonderregelungen für bestimmte Verkaufsstellen wie Läden in Bahnhöfen oder in ländlichen Gebieten sowie für bestimmte Warengruppen. Insbesondere ermächtigte § 10 LadSchlG die Landesregierungen durch Rechtsverordnung zu bestimmen, dass und unter welchen Voraussetzungen und Bedingungen in Kurorten und in einzeln aufzuführenden Ausflugs-, Erholungs- und Wallfahrtsorten mit besonders starkem Fremdenverkehr an jährlich höchstens 40 Sonn- und Feiertagen Verkaufsstellen geöffnet werden dürfen. Die Dauer der Ladenöffnung war auf acht Stunden begrenzt. Es durfte nur der Verkauf bestimmter, in § 10 Abs. 1 LadSchlG genannter Waren zugelassen werden. Überdies konnten die obersten Landesbehörden nach § 23 LadSchlG in Einzelfällen befristete Ausnahmen von den Vorschriften des Ladenschlussgesetzes bewilligen, wenn die Ausnahmen „im öffentlichen Interesse dringend nötig“ waren.

[5] b) Die nach der Änderung der Gesetzgebungskompetenz bisher erlassenen Ladenschluss- oder -öffnungsgesetze der anderen Bundesländer halten in den Grundzügen am Regelungskonzept des Ladenschlussgesetzes des Bundes fest. Im Grundsatz sehen alle Landesgesetze vor, dass an Sonn- und Feiertagen keine Ladenöffnung erfolgt. Für bestimmte Verkaufsstellen sowie für bestimmte Waren und bestimmte Orte, etwa an Bahnhöfen, gibt es zahlreiche, zum Teil über die Regelung des Ladenschlussgesetzes des Bundes hinausgehende Ausnahmen. Insbesondere ermöglichen die Regelungen für Kur- und Ausflugsorte in einigen Landesgesetzen eine weitergehende Ladenöffnung als § 10 LadSchlG. Beispielsweise sehen die so genannten Bäderregelungen in den Gesetzen von Schleswig-Holstein und Mecklenburg-Vorpommern keine Sortimentsbeschränkung vor. Darüber hinaus ermöglichen alle Landesgesetze eine begrenzte Zahl verkaufsoffener Sonn- und Feiertage, die gesetzlich nicht an bestimmte Verkaufsstellen, Waren oder Orte gebunden, häufig aber anlassbezogen sind. Insoweit weisen die meisten anderen Bundesländer vier Sonn- und Feiertage zur Freigabe aus, Baden-Württemberg lediglich drei, Brandenburg hingegen sechs. Zumeist ist eine Ladenöffnung an den Adventssonntagen ausgeschlossen oder zumindest nur an einem einzigen Adventssonntag im Jahr gestattet. Neben Berlin sehen nur die Gesetze über den Ladenschluss von Brandenburg, Sachsen und Sachsen-Anhalt keinen besonderen Schutz der Adventssonntage vor. Die Landesgesetze enthalten – mit Ausnahme des sächsischen und des Berliner Ladenöffnungsgesetzes – Regelungen entsprechend der bundesrechtlichen allgemeinen Ausnahmevorschrift des § 23 LadSchlG.

[6] 2. a) Das Berliner Ladenöffnungsgesetz sieht – insoweit über die Regelungen in anderen Ländern hinausreichend – die Freigabe von jährlich bis zu zehn Sonn- und Feiertagen für die Ladenöffnung vor. Eine nach der Zahl der Tage nicht begrenzte, § 23 LadSchlG entsprechende allgemeine, aber einzelfallbezogene Ausnahmeregelung mit eng gefassten Voraussetzungen kennt das Berliner Ladenöffnungsgesetz nicht. Die Ladenöffnung an Werktagen ist vollständig freigegeben (24-Stunden-Öffnungsmöglichkeit).

[7] Die Ladenöffnung an Sonn- und Feiertagen ist im Berliner Ladenöffnungsgesetz wie folgt geregelt: Kraft Gesetzes und ohne weitere Voraus-

setzungen dürfen Verkaufsstellen an allen vier Adventssonntagen in der Zeit von 13.00 bis 20.00 Uhr geöffnet werden (§ 3 Abs. 1 Alternative 2 BerlLadÖffG). Vier weitere Sonn- und Feiertage jährlich können „im öffentlichen Interesse" durch Allgemeinverfügung der Senatsverwaltung freigegeben werden; eine uhrzeitliche Begrenzung sieht diese Regelung nicht vor (§ 6 Abs. 1 BerlLadÖffG). Zusätzlich dürfen an zwei weiteren Sonn- oder Feiertagen Verkaufsstellen nach vorheriger Anzeige gegenüber dem zuständigen Bezirksamt aus Anlass „besonderer Ereignisse, insbesondere von Firmenjubiläen und Straßenfesten", von 13.00 bis 20.00 Uhr offen gehalten werden (§ 6 Abs. 2 BerlLadÖffG). Von den Ladenöffnungsmöglichkeiten nach § 6 Abs. 1 und § 6 Abs. 2 BerlLadÖffG ausgenommen sind der 1. Januar, der 1. Mai, der Karfreitag, der Ostersonntag, der Pfingstsonntag, der Volkstrauertag, der Totensonntag und die Feiertage im Dezember (§ 6 Abs. 1 Satz 2, § 6 Abs. 2 Satz 3 BerlLadÖffG).

[8] In den Jahren 2007 bis 2009 hat die Berliner Senatsverwaltung von der Möglichkeit des § 6 Abs. 1 BerlLadÖffG jeweils in vollem Umfang Gebrauch gemacht und durch Allgemeinverfügungen die Öffnung der Verkaufsstellen an vier Sonn- oder Feiertagen zugelassen. In allen bisher ergangenen Allgemeinverfügungen wurde die Ladenöffnung allerdings auf die Zeit von 13.00 bis 20.00 Uhr begrenzt.

[9] Neben diesen für alle Verkaufsstellen, also den gesamten Einzelhandel geltenden Sonn- und Feiertagsregelungen bestehen weitere – auch bisher grundsätzlich schon übliche – Ausnahmetatbestände, die bereichsspezifisch vor allem nach Warengruppen und Anbietern sowie nach besonderen Orten differenzieren: Ausnahmen vom Ladenschluss an Sonn- und Feiertagen lässt das Gesetz unter anderem zu für die Versorgung von Veranstaltungsbesuchern (§ 4 Abs. 1 Nr. 2 BerlLadÖffG), für den Verkauf von Blumen, Zeitungen und Zeitschriften, Back- und Konditorwaren sowie Milch und Milcherzeugnissen (§ 4 Abs. 1 Nr. 3), für Kunst- und Gebrauchtwarenmärkte (§ 4 Abs. 1 Nr. 5) sowie für Apotheken, Tankstellen und Verkaufsstellen auf Personenbahnhöfen, Verkehrsflughäfen und in Reisebusterminals (§ 5 BerlLadÖffG). Eine dem bundesrechtlichen § 10 LadSchlG entsprechende Regelung für Kur-, Ausflugs- und Wallfahrtsorte sieht das Berliner Ladenöffnungsgesetz nicht vor. Stattdessen ist in § 4 Abs. 1 Nr. 1 BerlLadÖffG die Öffnung von Verkaufsstellen, die ausschließlich im Ge-

;, der Volkstrauertag, der Totensonntag und die Feiertage im De-
: sind hiervon ausgenommen.

·kaufsstellen dürfen aus Anlass besonderer Ereignisse, insbesondere rmenjubiläen und Straßenfesten, an jährlich höchstens zwei weite-nn- oder Feiertagen von 13.00 bis 20.00 Uhr öffnen. Die Verkaufs-hat dem zuständigen Bezirksamt die Öffnung sechs Tage vorher ›igen. Absatz 1 Satz 2 gilt entsprechend.

Veitere Ausnahmen vom Ladenschluss an Sonn- und Feiertagen für dere Warengruppen und Anbieter sowie für Verkaufsstellen an deren Orten sehen § 4 und § 5 BerlLadÖffG vor:

§ 4
Verkauf bestimmter Waren an Sonn- und Feiertagen

.n Sonn- und Feiertagen dürfen öffnen

Verkaufsstellen, die für den Bedarf von Touristen ausschließlich Andenken, Straßenkarten, Stadtpläne, Reiseführer, Tabakwaren, Verbrauchsmaterial für Film- und Fotozwecke, Bedarfsartikel für den alsbaldigen Verbrauch sowie Lebens- und Genussmittel zum sofortigen Verzehr anbieten, von 13.00 bis 20.00 Uhr und am 24. Dezember, wenn dieser Tag auf einen Adventssonntag fällt, von 13.00 bis 17.00 Uhr,

2. Verkaufsstellen zur Versorgung der Besucherinnen und Besucher auf dem Gelände oder im Gebäude einer Veranstaltung oder eines Museums mit themenbezogenen Waren oder mit Lebens- und Genussmitteln zum sofortigen Verzehr während der Veranstaltungs- und Öffnungsdauer,
3. Verkaufsstellen, deren Angebot ausschließlich aus einer oder mehreren der Warengruppen Blumen und Pflanzen, Zeitungen und Zeitschriften, Back- und Konditorwaren, Milch und Milcherzeugnisse besteht, von 7.00 bis 16.00 Uhr, an Adventssonntagen von 7.00 bis 20.00 Uhr und am 24. Dezember, wenn dieser Tag auf einen Adventssonntag fällt, von 7.00 bis 14.00 Uhr,

setz näher bestimmte Waren für den Bedarf von Tc
dem Sonn- und Feiertag in der Zeit von 13.00 bis 20.
liche Begrenzung auf bestimmte Bezirke oder Ausf

[10] b) Die für den gesamten Einzelhandel unabhä
und Sortiment geltenden Regelungen der Ladenöf
Ausnahmen vom Ladenschluss an Sonn- und Fei
Fassung des Gesetzes vom 16. November 2007:

§ 3
Allgemeine Ladenöffnungszeite

(1) Verkaufsstellen dürfen an Werktagen von 0.00 b
Adventssonntagen von 13.00 bis 20.00 Uhr geöffnet s

(2) Verkaufsstellen müssen, soweit die §§ 4 bis 6 ni
bestimmen, geschlossen sein

1. an Sonn- und Feiertagen und am 24. Dezembe
   auf einen Adventssonntag fällt,
2. am 24. Dezember, wenn dieser Tag auf einen We
   Uhr.

(3) Die Absätze 1 und 2 gelten auch für Kunst- und
märkte.

(4) Die bei Ladenschluss anwesenden Kundinnen und
noch bedient werden.

§ 6
Weitere Ausnahmen

(1) Die für die Ladenöffnungszeiten zuständige Senatsverv
öffentlichen Interesse ausnahmsweise die Öffnung von Ve
höchstens vier Sonn- oder Feiertagen durch Allgemeinverf
Der 1. Januar, der 1. Mai, der Karfreitag, der Ostersonnta

sonnta
zembe

(2) Ve
von F
ren S
stelle
anzu

[23]
beso
beso

(1)

4. Verkaufsstellen mit überwiegendem Lebens- und Genussmittelangebot am 24. Dezember, wenn dieser Tag auf einen Adventssonntag fällt, von 7.00 bis 14.00 Uhr,
5. Kunst- und Gebrauchtwarenmärkte von 7.00 bis 18.00 Uhr, an Adventssonntagen von 7.00 bis 20.00 Uhr.

(2) In Verkaufsstellen nach § 2 Abs. 1 Nr. 3
1. darf leicht verderbliches Obst und Gemüse vom Erzeuger angeboten werden an Sonn- und Feiertagen, an Adventssonntagen von 7.00 bis 20.00 Uhr und am 24. Dezember, wenn dieser Tag auf einen Adventssonntag fällt, von 7.00 bis 14.00 Uhr,
2. dürfen Weihnachtsbäume angeboten werden an Adventssonntagen von 7.00 bis 20.00 Uhr und am 24. Dezember, wenn dieser Tag auf einen Adventssonntag fällt, von 7.00 bis 14.00 Uhr.

(3) Am Ostermontag, Pfingstmontag und am zweiten Weihnachtsfeiertag dürfen als Waren nach Absatz 1 Nr. 3 nur Zeitungen und Zeitschriften und in Verkaufsstellen nach § 2 Abs. 1 Nr. 3 leicht verderbliches Obst und Gemüse vom Erzeuger angeboten werden. Am Karfreitag, Volkstrauertag und Totensonntag dürfen Kunst- und Gebrauchtwarenmärkte nicht öffnen.

§ 5
Besondere Verkaufsstellen

An Sonn- und Feiertagen und am 24. Dezember dürfen geöffnet sein:

1. Apotheken für die Abgabe von Arzneimitteln und das Anbieten von apothekenüblichen Waren,
2. Tankstellen für das Anbieten von Ersatzteilen für Kraftfahrzeuge, soweit dies für die Erhaltung oder Wiederherstellung der Fahrbereitschaft notwendig ist, sowie für das Anbieten von Betriebsstoffen und von Reisebedarf,
3. Verkaufsstellen auf Personenbahnhöfen, auf Verkehrsflughäfen und in Reisebusterminals für das Anbieten von Reisebedarf. Auf dem Flughafen Berlin-Tegel dürfen darüber hinaus Waren des täglichen Ge- und Verbrauchs, insbesondere Erzeugnisse für den allgemeinen Le-

bens- und Haushaltsbedarf, Textilien, Sportartikel, sowie Geschenkartikel angeboten werden.

[42] § 7 BerlLadÖffG trifft arbeitszeitrechtliche Regelungen zum Schutz der Arbeitnehmer. Danach dürfen Arbeitnehmer an Sonn- und Feiertagen in Verkaufsstellen nur mit Verkaufstätigkeit während der jeweils zugelassenen Öffnungszeiten sowie zur Erledigung von Vorbereitungs- und Abschlussarbeiten – wenn unerlässlich – während weiterer 30 Minuten beschäftigt werden; auf ihr Verlangen hin sind sie in jedem Kalendermonat mindestens an einem Sonnabend freizustellen. Beschäftigte mit mindestens einem Kind unter 12 Jahren im Haushalt oder einer zu versorgenden, anerkannt pflegebedürftigen Person sollen auf Verlangen an verkaufsoffenen Sonn- und Feiertagen freigestellt werden, soweit die Betreuung durch eine andere im Haushalt lebende Person nicht gewährleistet ist. Arbeitnehmer dürfen nur an zwei Adventssonntagen im Jahr beschäftigt werden.

[43] § 9 BerlLadÖffG bedroht Verstöße gegen näher bezeichnete Vorschriften des Berliner Ladenöffnungsgesetzes als Ordnungswidrigkeit mit Geldbuße. Der Ordnungswidrigkeitentatbestand, der auch die Bußgeldhöhe bestimmt, lautet auszugsweise:

§ 9
Ordnungswidrigkeiten

(1) Ordnungswidrig handelt, wer vorsätzlich oder fahrlässig als Inhaberin oder Inhaber einer Verkaufsstelle

1. entgegen § 3 Abs. 1, 2 und 3 eine Verkaufsstelle öffnet oder Waren anbietet,
2. entgegen §§ 4 und 5 über die zulässigen Öffnungszeiten hinaus Waren oder Waren außerhalb der genannten Warengruppen anbietet,
3. entgegen § 6 über die zulässige Anzahl der Sonn- oder Feiertage oder über die zulässigen Öffnungszeiten hinaus Verkaufsstellen öffnet oder Waren anbietet oder die rechtzeitige Anzeige bei der zuständigen Behörde unterlässt,
4. bis 6. ....

7. entgegen § 7 Abs. 5 Arbeitnehmerinnen und Arbeitnehmer an mehr als zwei Adventssonntagen im Jahr beschäftigt,
8. …

(2) …

(3) Die Ordnungswidrigkeiten können mit einer Geldbuße bis zu 2.500 Euro, in den Fällen des Absatzes 1 Nr. 4 und des Absatzes 2 mit einer Geldbuße bis zu 15.000 Euro geahndet werden.

[55] Der höhere Bußgeldrahmen von 15.000 Euro betrifft den Betrieb von Kunst- und Gewerbemärkten an Sonn- und Feiertagen entgegen § 3 und § 4 BerlLadÖffG und Verstöße gegen die Arbeitszeitvorschrift des § 7 Abs. 1 BerlLadÖffG.

[56] c) In der Begründung des Entwurfs zum Berliner Ladenöffnungsgesetz vom 14. November 2006 (Abgeordnetenhaus Drucks 16/0015) betonte der Senat von Berlin, dem Sonntag komme insbesondere in unserer auf Betriebsamkeit bedachten Gesellschaft eine große Bedeutung als Zeit zum physischen und mentalen Kräfteschöpfen zu. Als Ausgleich für die ständig wachsenden Anforderungen aus der Arbeitswelt, insbesondere auch an die Mobilität und Flexibilität der Beschäftigten, sei der Sonntag im Interesse der Familie und zur Förderung von Sozialbeziehungen in unserer heutigen Zeit unverzichtbar. Der Sonntag werde zur Erholung, für die Gestaltung des Familienlebens, zur Pflege gesellschaftlicher, sportlicher, kultureller und nicht zuletzt auch religiöser Aktivitäten benötigt. Vom Grundsatz der Sonn- und Feiertagsruhe könne deshalb nur ausnahmsweise unter Abwägung der Interessen des Einzelhandels und der Kunden mit den Schutzinteressen der Beschäftigten abgewichen werden. Das Gesetz sehe aus Gründen der Wettbewerbsgleichheit keine Sonderregelungen für allein inhabergeführte oder ausschließlich mit nicht-angestellten Familienangehörigen geführte Verkaufsstellen vor. Im Interesse einer weitgehenden Flexibilisierung der Verkaufszeiten, an der die Kunden interessiert seien, sei zügig von der neuen Gesetzgebungskompetenz Gebrauch gemacht worden. Damit werde auch dem Standort Berlin als Einkaufs- und Tourismusmetropole Rechnung getragen. Als besondere Neuerung wird hervorgehoben, dass das Gesetz keine Beschränkungen mehr für die

werktäglichen Öffnungszeiten enthält. Die Gesetzesbegründung gibt zugleich zu erkennen, dass die früher begrenzten Öffnungszeiten das Verkaufspersonal vor überlangen Arbeitszeiten hätten schützen sollen. Dies werde nunmehr durch den Arbeitszeitschutz sichergestellt.

[57] Die zeitlich begrenzte Freigabe der Ladenöffnung an den Adventssonntagen sei Ergebnis der Abwägung der Interessen des Einzelhandels und der Kunden mit den Schutzinteressen der Beschäftigten. Die Regelung des § 6 Abs. 1 BerlLadÖffG, nach der die Senatsverwaltung ermächtigt wird, durch Allgemeinverfügung bis zu vier verkaufsoffene Sonn- und Feiertage jährlich zuzulassen, löse die Regelungen der §§ 14 und 23 LadSchlG des Bundes ab. Die Ladenöffnung solle insoweit bei Veranstaltungen oder Ereignissen ermöglicht werden, die über die Stadt hinaus Bedeutung hätten und zahlreiche Touristen nach Berlin holten. Mit der verkaufsstellenspezifischen Ladenöffnungsmöglichkeit des § 6 Abs. 2 BerlLadÖffG an zwei weiteren Sonn- und Feiertagen solle der Kritik Rechnung getragen werden, dass die von der Senatsverwaltung ausgewählten Anlässe für die vier Sonn- und Feiertage, die früher durch Rechtsverordnung bestimmt wurden, nicht für alle Berliner Verkaufsstellen auch wirtschaftlichen Erfolg gebracht hätten.

[58] Zur Erweiterung des an jedem Sonntag verkaufbaren Sortiments auf touristische Bedarfsartikel in § 4 Abs. 1 Nr. 1 BerlLadÖffG führte der Senat aus, dass diese Regelung die nach § 10 LadSchlG ergangene Verordnung über den Ladenschluss in Ausflugs- und Erholungsgebieten ersetzen solle, derzufolge in der Zeit vom ersten Sonntag im März bis zum dritten Sonntag im Oktober ein stark begrenztes Sortiment in der Zeit von 11.00 bis 19.00 Uhr in elf exakt abgegrenzten Gebieten angeboten werden durfte. Zur Vermeidung der damit verbundenen erheblichen örtlichen Abgrenzungsprobleme werde zukünftig der Verkauf eines abgegrenzten Sortiments in der ganzen Stadt, an allen Sonn- und Feiertagen im Jahr, in der Zeit von 13.00 bis 20.00 Uhr, am 24. Dezember jedoch nur bis 17.00 Uhr zugelassen. § 4 Abs. 1 Nr. 4 BerlLadÖffG regele für den Sonderfall, dass der 24. Dezember auf einen Sonntag fällt, eine Durchbrechung des sonn- und feiertäglichen Schließungsgebots für Verkaufsstellen, die überwiegend Lebens- und Genussmittel anbieten. Hiermit solle gewährleistet werden, dass die Bevölkerung sich mit frischen Lebensmitteln

für die nachfolgenden Weihnachtsfeiertage eindecken kann. Die Regelung des § 4 Abs. 2 Nr. 1 BerlLadÖffG erlaube den Verkauf von leichtverderblichem, erntefrischem Obst und Gemüse in mobilen Verkaufsständen durch den Erzeuger oder durch die von ihm Beauftragten auch an Sonn- und Feiertagen zur Deckung des Bedarfs der Bevölkerung. Diese Regelung sei mit dem Land Brandenburg abgestimmt; denn wegen der räumlichen Nähe verkauften vorrangig Anbieter aus dieser Region Obst und Gemüse auf Berliner Straßen.

II.

[59] Mit ihren Verfassungsbeschwerden rügen die Beschwerdeführer eine Verletzung von Art. 4 Abs. 1 und 2 GG in Verbindung mit Art. 140 GG und Art. 139 WRV durch die Regelungen in § 3 Abs. 1 Alternative 2, § 4 Abs. 1 Nr. 4 und Abs. 2 Nr. 1, § 6 Abs. 1 und 2 und § 9 Abs. 2 BerlLadÖffG, soweit dieser für Fälle von Ordnungswidrigkeiten lediglich ein Bußgeld bis zu 2.500 Euro vorsehe, sowie durch die von der Kumulation der Regelungen ausgehende Wirkung. Die Beschwerdeführer begründen ihre Verfassungsbeschwerden im Wesentlichen übereinstimmend.

[60] 1. a) Die Beschwerdeführer halten sich für beschwerdebefugt.

[61] Sie meinen, ihrer Berufung auf Art. 4 Abs. 1 und 2 GG stehe nicht entgegen, dass bei der Beurteilung der Verfassungsmäßigkeit der angegriffenen Normen die Gewährleistung des Schutzes der Sonn- und Feiertagsruhe nach Art. 140 GG in Verbindung mit Art. 139 WRV maßgebliche Relevanz entfalte. Zwar enthalte Art. 140 GG in Verbindung mit Art. 139 WRV nach bisheriger Rechtsprechung des Bundesverfassungsgerichts kein Grundrecht oder grundrechtsgleiches Recht, sondern eine institutionelle Garantie. Indes werde die durch Art. 4 Abs. 1 und 2 GG geschützte Möglichkeit freier Religionsausübung in ihren tatsächlichen Rahmenbedingungen durch Art. 140 GG in Verbindung mit Art. 139 WRV entfaltet und ausgeformt. Es sei anerkannt, dass die Gewährleistungen der Weimarer Kirchenartikel funktional auf die Inanspruchnahme und Verwirklichung des Grundrechts der Religionsfreiheit angelegt seien. Art. 139 WRV enthalte mit der Zwecksetzung der „seelischen Erhebung“ auch eine religionsfördernde Komponente. Der Sache nach konkretisiere Art. 140 GG in Ver-

bindung mit Art. 139 WRV den Gewährleistungsgehalt von Art. 4 Abs. 1 und 2 GG, insbesondere die aus dem Grundrecht folgende Schutzpflicht des Staates. Indem die Verfassung den Schutz der Sonntage nach Maßgabe von Art. 140 GG in Verbindung mit Art. 139 WRV im Sinne einer institutionellen Garantie zur „seelischen Erhebung" gewährleiste, erwachse den Kirchen und Religionsgemeinschaften im Rahmen ihres Grundrechts auf Religionsfreiheit ein Anspruch, an diesem objektiv statuierten spezifischen Schutz ungestörter Religionsausübung effektiv teilzuhaben und nicht durch Landesrecht beeinträchtigt zu werden.

[62] Die Beschwerdeführer sehen sich von den angegriffenen Regelungen auch unmittelbar betroffen. Dies folge aus deren Kumulation, durch die eine Aushöhlung des verfassungsrechtlichen Schutzes der Sonntage bewirkt werde. Bei den Eingriffen in den Sonntagsschutz durch die Bestimmungen der § 3 Abs. 1, § 4 Abs. 1 Nr. 4 und § 4 Abs. 2 Nr. 1 BerlLadÖffG bedürfe es keines weiteren Vollzugsaktes. In den Fällen des § 6 Abs. 1 und 2 BerlLadÖffG sei zwar jeweils eine gewisse Umsetzung erforderlich. Gleichwohl komme es bei § 6 Abs. 2 BerlLadÖffG faktisch bereits unmittelbar zu einer Grundrechtsverletzung durch das Gesetz, da sie angesichts der kurzen Anzeigefrist von sechs Tagen und der Verteilung der Anmeldungen auf sämtliche Berliner Bezirksämter in der Regel keine rechtzeitige Kenntnis von Ladenöffnungen nach § 6 Abs. 2 BerlLadÖffG erhalten würden und somit auch keine Rechtsmittel gegen die Untätigkeit der Bezirksverwaltung ergreifen könnten. Fortsetzungsfeststellungsklagen würden angesichts der unterschiedlichen Gegebenheiten bei den jeweils öffnenden Verkaufsstellen und der meist fehlenden Wiederholungsgefahr als unzulässig scheitern. Bei § 6 Abs. 1 BerlLadÖffG bedürfe es einer Allgemeinverfügung der Senatsverwaltung, die verwaltungsgerichtlich angegriffen werden könne. Sie als Beschwerdeführer seien aber bereits durch die Ermächtigung zum Erlass von Allgemeinverfügungen unmittelbar betroffen, weil diese Ermächtigung im Verbund mit den anderen angegriffenen Regelungen stehe. Durch die Kumulation mit den „selbstvollziehenden" Vorschriften komme es zur Verletzung ihres Grundrechts auf freie Religionsausübung.

[63] Schließlich seien sie auch selbst betroffen. Sie seien zwar nicht Adressaten der Ladenöffnungsvorschriften. Ihre Grundrechtspositionen stünden

aber in enger Beziehung zu diesen Regelungen. Diese enge Beziehung folge aus der Verknüpfung von Art. 4 Abs. 1 und 2 GG mit Art. 140 GG in Verbindung mit Art. 139 WRV. Ihre Gottesdienste und religiösen Veranstaltungen würden an einer beträchtlichen Anzahl von Sonntagen nachhaltig behindert. Die Sonntage würden durch die Öffnung von Verkaufsstellen ihres ruhigen, geschützten Charakters entkleidet. Die Verfassung bekenne sich aber ausdrücklich zum Sonntagsschutz nach christlicher Tradition. In ihr sei ausdrücklich angelegt, dass der Sonntag für die christlichen Kirchen und Religionsgemeinschaften der hervorgehobene Tag der Woche sei. Art. 140 GG in Verbindung mit Art. 139 WRV schütze den gesamten Tag zur seelischen Erhebung und unterscheide nicht nach Hauptgottesdienstzeiten und dem übrigen Tag. Dies sei auch sachgerecht, weil sich die Religionsausübung und damit die seelische Erhebung auch außerhalb von Gottesdiensten in anderen Formen vollziehe.

[64] b) Weiter führen die Beschwerdeführer aus, der Rechtsweg sei erschöpft und der Grundsatz der Subsidiarität gewahrt:

[65] Die §§ 3 und 4 BerlLadÖffG könnten als Vorschriften eines formellen Gesetzes nicht in einem verwaltungsgerichtlichen Normenkontrollverfahren gemäß § 47 VwGO angegriffen werden. Bei der Regelung des § 6 Abs. 2 BerlLadÖffG handele es sich um eine Erlaubnis mit Anzeigevorbehalt. Ein Verwaltungsakt werde nur erlassen, wenn die Behörde aufgrund der Anzeige die Ausnahme verweigere. Rechtsschutz komme in Form einer Verpflichtungsklage in Betracht. Die Anzeigen seien aber an die verschiedenen Bezirksämter zu richten. Kenntnis hiervon könnten sie, die Beschwerdeführer, kaum erlangen. Deshalb sei es unzumutbar, sie auf den nicht praktikablen Rechtsweg zu verweisen.

[66] Gegen die Allgemeinverfügungen nach § 6 Abs. 1 BerlLadÖffG stehe zwar ein Rechtsweg zur Verfügung. Insoweit sei aber § 90 Abs. 2 Satz 2 BVerfGG anwendbar und damit auch ohne Erschöpfung des Rechtswegs die Zulässigkeit der Verfassungsbeschwerde zu bejahen. Die Klärung der Frage, welche Grenzen einem Ladenöffnungsgesetz durch Art. 4 Abs. 1 und 2 GG in Verbindung mit Art. 140 GG und mit Art. 139 WRV gesetzt seien, sei von allgemeiner Bedeutung. Die Frage nach der Begrenzung der Gestaltungsfreiheit des Gesetzgebers zur Ladenöffnung

am Sonntag habe das Bundesverfassungsgericht noch nicht beantwortet. Bisher sei nur festgestellt worden, dass ein Kernbereich an Sonn- und Feiertagsruhe unantastbar sei und ein hinreichendes Niveau des Sonn- und Feiertagsschutzes gewahrt bleiben müsse. Es sei noch nicht geklärt, wann Regelungen zur Ermöglichung der Ladenöffnung an Sonn- und Feiertagen verfassungsrechtlichen Anforderungen nicht mehr genügten (Bezugnahme auf BVerfGE 111, 10 <50, 52, 54>). Die aufgeworfene Frage werde auch in der Fachliteratur kontrovers diskutiert. Ihre Klärung habe darüber hinaus für die anderen Länder Bedeutung.

[67] 2. Die Verfassungsbeschwerden seien auch begründet.

[68] a) Ihr Anliegen, den Sonntag nach Maßgabe ihres religiösen Selbstverständnisses zu begehen, werde vom Schutzbereich des Art. 4 Abs. 1 und 2 GG erfasst. Dieser Schutz betreffe nicht nur die Möglichkeit, Gottesdienste und sonstige religiöse Veranstaltungen ungehindert von staatlichen Geboten oder Verboten abzuhalten. Das Grundrecht aus Art. 4 Abs. 1 und 2 GG sei vielmehr mit Art. 140 GG in Verbindung mit Art. 139 WRV verknüpft. Die Verfassung gewährleiste den Schutz der Sonntage im Sinne einer institutionellen Garantie zur „seelischen Erhebung“, mithin – neben der sozialpolitischen Zwecksetzung der Arbeitsruhe – mit einer religionsfördernden Zwecksetzung. Demzufolge fließe der verfassungsrechtliche Schutz der Sonn- und Feiertage im Umfang seiner religionsfördernden Dimension in den Gewährleistungsgehalt des Grundrechts aus Art. 4 Abs. 1 und 2 GG ein. Über diese Verknüpfung seien auch die äußeren Rahmenbedingungen der Veranstaltung von Gottesdiensten und sonstigen religiösen Veranstaltungen geschützt. Den Kirchen und sonstigen Religionsgemeinschaften erwachse ein Anspruch, an diesem spezifischen Schutz ungestörter Religionsausübung effektiv teilzuhaben. Insofern enthalte das Grundrecht auf Religionsfreiheit partiell ein Teilhaberecht. Den Kirchen und sonstigen Religionsgemeinschaften werde die Möglichkeit gesichert, gerade auch die vom Werktag unterschiedenen Sonntage nach Maßgabe ihres Selbstverständnisses zu begehen und dabei ihre Gläubigen tatsächlich erreichen zu können. Der Schutz der Sonntage richte sich in erster Linie auf die ungestörte Abhaltung von Gottesdiensten und sonstigen religiösen Veranstaltungen. Daneben sei den Kirchen an einer Unterstützung ihrer diakonischen und familienfördernden Arbeit

gelegen, welche nach ihrem Selbstverständnis gleichermaßen zu ihrem Auftrag gehörten. Der Sonntagsschutz erstrecke sich auf den ganzen Tag, weil er über den Gottesdienst hinaus auch andere Güter schütze, die auch die Kirchen verteidigten: Das gelte für die Familie, die Aktivitäten kirchlicher Vereine, kirchliche Feiern außerhalb der Hauptgottesdienstzeiten bis hin zur Möglichkeit der „ruhigen Einkehr". Damit bestehe eine unmittelbare Interdependenz zwischen der Religionsfreiheit der Kirchen und dem Schutz des Sonntags.

[69] b) Die angegriffenen Vorschriften verletzten jeweils für sich genommen sowie in ihrer Kumulation Art. 140 GG in Verbindung mit Art. 139 WRV und damit zugleich Art. 4 Abs. 1 und 2 GG.

[70] aa) § 3 Abs. 1 BerlLadÖffG verletze sie in ihren Grundrechten, weil danach eine Ladenöffnung an allen Adventssonntagen von 13.00 bis 20.00 Uhr zulässig sei. Die Sonntage in der Adventszeit nähmen einen hervorgehobenen Platz im Kirchenjahr ein und würden von den Kirchen traditionell auch entsprechend begangen. Das Berliner Ladenöffnungsgesetz beraube die Vorweihnachtszeit grundlegend ihres verfassungsrechtlichen Schutzes. Aufgrund des besonderen Gepräges der Adventssonntage würden durch die einschlägige Regelung die struktur- und typusbestimmenden Merkmale des verfassungsrechtlichen Sonntagsschutzes in ihrer religionsfördernden Komponente intensiv betroffen. Dies gelte umso mehr, als § 3 Abs. 1 BerlLadÖffG nicht vier punktuell über das Jahr verteilten Sonntagen ihren spezifischen Schutz nehme, sondern vier aufeinander folgenden Sonntagen. Damit werde der Schutz über einen Zeitraum von vier Wochen suspendiert. Die Verfassungswidrigkeit der Bestimmung folge überdies daraus, dass ihr allein wirtschaftliche Erwägungen zugrunde lägen, was in der Gesetzesvorlage deutlich zum Ausdruck komme. Eine Ausnahmeregelung vom Sonn- und Feiertagsschutz allein aus ökonomischen Gründen dürfe es aber nicht geben.

[71] bb) Auch § 4 Abs. 1 Nr. 4 BerlLadÖffG verletze den verfassungsrechtlichen Schutz der Sonntage. Die Vorschrift solle der Gesetzesvorlage zufolge dazu dienen, der Bevölkerung an Weihnachten für die beiden Feiertage eine Bevorratung mit frischen Lebensmitteln zu ermöglichen, wenn der 24. Dezember auf einen Sonntag falle. Dem fehle jede sachliche Berechti-

gung. Der Einkauf nicht verderblicher Lebensmittel lasse sich auch vor dem 24. Dezember vornehmen. Angesichts der heutigen Kühlmöglichkeiten gelte dies ebenso für verderbliche Lebensmittel. Im Übrigen beziehe sich § 4 Abs. 1 Nr. 4 BerlLadÖffG pauschal auf „Verkaufsstellen mit überwiegendem Lebens- und Genussmittelangebot". Eine solche Regelung sei im Sinne einer Bevorratung für die Weihnachtsfeiertage nicht erforderlich.

[72] cc) Ebenfalls unverhältnismäßig sei § 4 Abs. 2 Nr. 1 BerlLadÖffG. Mit der Privilegierung der Verkaufsstellen von Erzeugern heimischen Obstes und Gemüses werde der Zweck der Wirtschaftsförderung verfolgt. Dieser Zweck genieße keinen verfassungsrechtlichen Rang. Zudem sei auch insoweit angesichts der heutigen Kühlmöglichkeiten nicht ersichtlich, weshalb der Handel mit „leicht verderblichem Obst und Gemüse" an Sonn- und Feiertagen erforderlich sein solle.

[73] dd) Mit Art. 4 Abs. 1 und 2 GG unvereinbar sei ferner die Regelung über die Freigabe der Ladenöffnung durch Allgemeinverfügung an vier Sonn- und Feiertagen wegen eines öffentlichen Interesses nach § 6 Abs. 1 BerlLadÖffG. Zwar lehne sich diese Ausnahmeregelung an die vormals bundeseinheitlichen Regelungen der §§ 14, 23 LadSchlG an; sie unterscheide sich davon jedoch in einem maßgeblichen Punkt. Nach dem Ladenschlussgesetz des Bundes habe die Ausnahme im Einzelfall im öffentlichen Interesse dringend nötig sein müssen; dies sei etwa im Blick auf die Versorgung der Bevölkerung mit lebensnotwendigen Waren bei Notfällen und Katastrophen in Betracht gekommen. Die Regelung des § 6 Abs. 1 BerlLadÖffG hingegen enthalte keine derartigen strengen Anforderungen mehr. Für die Zulassung der Ladenöffnung genüge bereits eine mehr oder minder bedeutende Veranstaltung oder ein Ereignis, welches in irgendeiner Weise das Interesse der Berliner Bevölkerung oder der Touristen wecke. Von den Tatbestandsmerkmalen „im öffentlichen Interesse" und „ausnahmsweise" gehe praktisch kaum Steuerungswirkung aus. Das erweise sich an den bisher ergangenen Allgemeinverfügungen, bei denen Anlass für die Zulassung von Ladenöffnungen an Sonntagen im Jahr 2007 die Grüne Woche, jeweils zeitlich zusammentreffend ein Theatertreffen und der Deutsche Röntgenkongress, die Internationale Funkausstellung und das Musikfest 2007 sowie das Art Forum Berlin und der Kunstherbst Berlin gewesen seien. Die Ermächtigung in § 6 Abs. 1 BerlLadÖffG

normiere unangemessen geringe Ausnahmeanforderungen und verfolge ausschließlich wirtschaftliche Zwecke.

[74] ee) Der Regelung über die Ladenöffnung aus Anlass besonderer Ereignisse gemäß § 6 Abs. 2 BerlLadÖffG lägen ebenso allein wirtschaftliche Interessen zugrunde. Sie sei unverhältnismäßig, weil sie angesichts der sehr großen Anzahl von Handelsgeschäften in Berlin, der sehr niedrigen Erfordernisse für eine Ladenöffnung – „Firmenjubiläen und Straßenfeste" – und der Tatsache, dass pro Geschäft zwei Öffnungen im Jahr ermöglicht würden, eine beträchtliche Streuwirkung entfalte. Das Grundprinzip der Schließung von Verkaufsstellen an Sonn- und Feiertagen würde damit in Berlin faktisch flächendeckend aufgegeben.

[75] ff) Erst recht seien die angegriffenen Einzelbestimmungen in ihrer Kumulation verfassungswidrig. Ausnahmen vom verfassungsrechtlichen Sonn- und Feiertagsschutz seien jedenfalls dann verfassungswidrig, wenn ihre Kumulation dem Regel-Ausnahme-Verhältnis des Verbots und der Gestattung von Sonntagsarbeit zuwiderlaufe. Angesichts der quantitativen Dimension der möglichen Ladenöffnungen – zehn Sonn- und Feiertage pro Jahr, was fast einem Fünftel aller Sonntage gleichkomme – sei es nicht mehr beachtet. Es sei zudem davon auszugehen, dass es in Berlin keinen einzigen Sonntag mehr geben werde, an dem nicht eine größere Anzahl von Geschäften geöffnet habe. Die Gesamtwirkung der Ladenöffnungsmöglichkeiten werde nicht dadurch gemindert, dass die gesetzliche Regelungstechnik eine Verteilung auf verschiedene Paragraphen vorsehe.

[76] gg) Die Eingriffe seien insgesamt verfassungsrechtlich nicht gerechtfertigt. Wegen der schrankenlosen Gewährleistung von Art. 4 Abs. 1 und 2 GG komme nur eine Rechtfertigung kraft kollidierenden Verfassungsrechts in Betracht. Die wirtschaftsbezogenen Grundrechte der Art. 12 und 14 GG trügen die Eingriffe in den Sonn- und Feiertagsschutz nicht; denn die wirtschaftlichen Zwecksetzungen des Berliner Ladenöffnungsgesetzes hätten keinen Verfassungsrang. Auch könne das Versorgungsinteresse der Bevölkerung, dem angesichts des Sozialstaatsprinzips und staatlicher Schutzpflichten Verfassungsrang zugesprochen werden könne, nicht herangezogen werden, da die beanstandeten Vorschriften nicht der Grundversorgung dienten.

[77] hh) Die Aushöhlung der verfassungsrechtlichen Gewährleistung der Sonn- und Feiertagsruhe werde dadurch weiter verstärkt, dass das Gesetz nicht einmal wirksame Sanktionen bei Verstößen gegen die noch vorhandenen, rudimentären Restriktionen vorsehe. Nach Maßgabe von § 9 Abs. 2 BerlLadÖffG könnten Zuwiderhandlungen allenfalls mit einer Geldbuße bis zu 2.500 Euro geahndet werden. Es könne keine Rede davon sein, dass von diesem geringen Betrag – insbesondere im Blick auf große Handelsketten und Kaufhäuser – eine abschreckende Wirkung und ein Anreiz zur Rechtstreue ausgingen.

[78] ii) Der Beschwerdeführer zu 2) führt überdies aus, die Vorschrift des § 4 Abs. 1 Nr. 4 BerlLadÖffG könne so verstanden werden, dass Verkaufsstellen, die Lebens- und Genussmittel verkauften, an jedem Sonn- und Feiertag öffnen dürften; denn an die einleitenden Worte des ersten Absatzes „An Sonn- und Feiertagen dürfen öffnen" knüpfe im Satzbau auch Nr. 4 an, der für den 24. Dezember, falls er auf einen Sonntag falle, ausnahmsweise nur eine Öffnungszeit von 7.00 bis 14.00 Uhr vorsehe. In einer weiten, alle Sonn- und Feiertage einbeziehenden Auslegung sei die Vorschrift verfassungswidrig. Falls das Bundesverfassungsgericht eine engere Auslegung zugrunde lege – und für verfassungsmäßig halte –, müsse es dies in der Entscheidung ausdrücklich feststellen.

III.

[79] Zu den Verfassungsbeschwerden haben schriftlich Stellung genommen das Abgeordnetenhaus von Berlin und der Senat von Berlin, die Regierung des Landes Brandenburg, die Thüringer Landesregierung, das Bundesverwaltungsgericht, die Deutsche Bischofskonferenz, die Evangelische Kirche in Deutschland (EKD), der Bund Freireligiöser Gemeinden Deutschlands, der Dachverband Freier Weltanschauungsgemeinschaften e.V., die Deutsche Unitarier Religionsgemeinschaft e.V., die Giordano-Bruno-Stiftung, der Humanistische Verband Deutschlands – Bundesverband –, die Bundesarbeitsgemeinschaft der Mittel- und Großbetriebe des Einzelhandels e.V. (BAG), die Bundesvereinigung der Deutschen Arbeitgeberverbände (BDA), der Deutsche Industrie- und Handelskammertag sowie die Industrie- und Handelskammern zu Berlin und zu Köln und die Landesarbeitsgemeinschaft der Industrie- und Handelskammern des Lan-

des Brandenburg, der Hauptverband des Deutschen Einzelhandels (HDE), der Christliche Gewerkschaftsbund (CGB) sowie der Deutsche Gewerkschaftsbund (DGB) zusammen mit der Vereinten Dienstleistungsgewerkschaft ver.di. Der Senat hat zudem schriftliche Stellungnahmen der sachkundigen Auskunftspersonen Professor Dr. Peter Knauth (Technische Universität Karlsruhe) und Professor Dr. Friedhelm Nachreiner (Universität Oldenburg) eingeholt. Daneben hat er dem Bundestag, dem Bundesrat, der Bundesregierung, den anderen Landesregierungen und -parlamenten sowie weiteren sachkundigen Dritten Gelegenheit zur Stellungnahme eingeräumt, die sich jedoch nicht geäußert haben.

[80] 1. Das Abgeordnetenhaus von Berlin und der Senat von Berlin haben eine gemeinsame Stellungnahme abgegeben. Sie halten die Verfassungsbeschwerden für unzulässig, jedenfalls aber für unbegründet.

[81] a) Die Beschwerdeführer seien bereits nicht beschwerdebefugt. Art. 139 WRV könne im Verfahren der Verfassungsbeschwerde nicht gerügt werden. Das Bundesverfassungsgericht habe bereits entschieden, dass aus Art. 140 GG keine subjektiven Berechtigungen folgten. Art. 139 WRV sei eine institutionelle Garantie, die den Gesetzgeber objektivrechtlich verpflichte, ein Mindestmaß an gesetzlichen Regelungen zum Schutz von Sonn- und Feiertagen bereitzustellen. Die These einer Subjektivierung des Art. 139 WRV wegen heutiger Gefährdungslagen für den Sonntag sei nicht haltbar. Auch über die Konstruktion eines besonderen Näheverhältnisses von Art. 139 WRV zu Art. 4 Abs. 1 und 2 GG könne sie nicht begründet werden. Der Wortlaut des Art. 139 WRV lasse erkennen, dass der verfassungsrechtliche Sonntagsschutz nicht ein speziell auf die Kirchen gerichtetes Anliegen sei, sondern säkular verstanden werden müsse. Eine andere Sichtweise sei unvereinbar mit der auf weltanschauliche Neutralität ausgerichteten Grundkonzeption des Art. 4 GG. Der thematische Zusammenhang von Art. 4 GG und Art. 139 WRV ändere an der fehlenden subjektiven Wirkung des Art. 139 WRV nichts. Das Nebeneinander von sozialpolitischen und religiösen Motiven lasse eine Zuordnung zu individuellen Trägern, welche die Einhaltung des Sonn- und Feiertagsschutzes geltend machen könnten, nicht zu. Alles andere würde auf die Zulassung einer Popularbeschwerde hinauslaufen. Art. 4 GG schütze zwar ein religiös motiviertes Verhalten auch und gerade an Sonn-

tagen. Die Ausgestaltung der Rahmenbedingungen für den Sonntag im Allgemeinen, wie sie allein Art. 139 WRV im Auge habe, sei von der Religionsfreiheit aber nicht erfasst.

[82] Die Beschwerdebefugnis fehle den Beschwerdeführern auch, wenn man Art. 4 GG als offener gegenüber den kirchlichen Sonntagsinteressen ansehe. Die Beschwerdeführer seien durch das Berliner Ladenöffnungsgesetz weder selbst noch unmittelbar betroffen. Überdies hätten sie schon die Möglichkeit einer Grundrechtsverletzung nicht aufgezeigt. Durch die angegriffenen Vorschriften würden die Rahmenbedingungen für die Religionsausübung der Beschwerdeführer schon deshalb nicht unter Verstoß gegen Art. 140 GG in Verbindung mit Art. 139 WRV unzumutbar verschlechtert, weil die nunmehr an Sonn- und Feiertagen erlaubten Öffnungszeiten für Verkaufsstellen sich im Wesentlichen deckten mit denen, die aufgrund der Verordnung über Sonntagsruhe im Handelsgewerbe und in Apotheken vom 5. Februar 1919 zugelassen gewesen seien. Auf diese schon damals zulässigen Tatbestände nehme Art. 139 WRV durch die Formulierung „bleiben … geschützt“ Bezug. Während der Weimarer Zeit und auch danach sei bis zum Inkrafttreten des Ladenschlussgesetzes im Jahre 1956 die Ladenöffnung an Adventssonntagen grundsätzlich erlaubt gewesen. Diese Sonntage hätten sogar als besonders wichtige Verkaufstage gegolten. Das angegriffene Berliner Ladenöffnungsgesetz bleibe hinter der Verordnung aus dem Jahr 1919 sogar noch zurück, weil es die Öffnung an Adventssonntagen nur zeitlich begrenzt erlaube.

[83] Schließlich seien die Verfassungsbeschwerden auch wegen fehlender Erschöpfung des Rechtswegs unzulässig (§ 90 Abs. 2 BVerfGG), soweit sie sich gegen § 6 Abs. 1 und 2 BerlLadÖffG richteten. Denn diese Regelungen setzten jeweils einen Vollzugsakt der Verwaltung im Vorfeld der Ladenöffnung voraus, gegen den sich die Beschwerdeführer vor den Verwaltungsgerichten wenden könnten. Weshalb ihnen insoweit hinreichend effektiver Rechtsschutz versagt sei, legten die Beschwerdeführer nicht überzeugend dar.

[84] b) Halte man die Verfassungsbeschwerden für zulässig, seien sie jedenfalls unbegründet. Die angegriffenen Regelungen seien – auch objektiv – verfassungsgemäß; sie würden der institutionellen Garantie des

Art. 139 WRV gerecht. Insbesondere ließen sie den unantastbaren Kern der Sonn- und Feiertagsruhe unberührt. Art. 139 WRV verpflichte den Gesetzgeber, durch gesetzliche Regelungen zu gewährleisten, dass die Sonn- und Feiertage als Tage der Arbeitsruhe und seelischen Erhebung dienen können. Dabei verfüge er über einen Gestaltungsspielraum. In erster Linie sei die formale Existenz der Institution Sonn- und Feiertage geschützt. Dem trage § 3 Abs. 2 Nr. 1 BerlLadÖffG Rechnung, indem er anordne, dass in der Regel Verkaufsstellen an Sonn- und Feiertagen geschlossen sein müssten. Die Ausnahmeregelungen änderten hieran nichts, da die institutionelle Garantie nicht jede auflockernde Veränderung des Sonn- und Feiertagsschutzes verbiete. Die Bedürfnisse, insbesondere das Ruhebedürfnis, hätten sich gewandelt und konkurrierten heute mit anderen Bedürfnissen. Die religiöse Zweckbestimmung des Sonntags sei in den Hintergrund getreten. Einschränkungen der institutionellen Garantie könnten daher leichter begründet werden. Nicht nur das Unverzichtbare, das unbedingt Erforderliche, sondern auch andere plausible gesetzgeberische Intentionen wie das Bemühen, das Freizeitangebot oder die wirtschaftliche Situation zu verbessern, könnten eine Einschränkung des Sonntagsschutzes rechtfertigen. Dem genügten die angegriffenen Regelungen. Ebenso schütze Art. 139 WRV davor, dass die Institution bis auf eine „wertlose Hülse“ ausgehöhlt werde. Davon könne vorliegend offensichtlich keine Rede sein.

[85] Die Gestaltungsfreiheit des Gesetzgebers sei im Übrigen nur durch einen unantastbaren Kernbestand der Sonn- und Feiertagsruhe beschränkt: Einerseits betreffe dies die Anzahl der geschützten Sonn- und Feiertage und den Sieben-Tage-Rhythmus, andererseits das Regel-Ausnahme-Verhältnis von Arbeitsruhe und Abwesenheit von werktäglicher Geschäftigkeit zu Sonntagsarbeit. Soweit die Beschwerdeführer in diesem Zusammenhang rügten, es werde ihnen durch die Ladenöffnung an fast einem Fünftel aller Sonntage unzumutbar erschwert, Gottesdienste und sonstige religiöse Veranstaltungen abzuhalten, könne dem schon im Ansatz nicht gefolgt werden. Die Ladenöffnungsregelung stelle kein Gebot dar, die Verkaufsstellen aufzusuchen und Gottesdienste nicht zu besuchen, sondern trage lediglich einer geänderten sozialen Wirklichkeit Rechnung, namentlich geänderten Freizeitwünschen der Bürger, indem sie den Bürgern die Möglichkeit einräume, an Sonn- und Feiertagen Ver-

kaufsstellen aufzusuchen. Diese Möglichkeit sei auf zehn Sonn- und Feiertage beschränkt und an sechs dieser Tage auch noch zeitlich begrenzt. Das gebotene Regel-Ausnahme-Verhältnis werde angesichts der geringen Zahl der Sonn- und Feiertage, an denen die Ladenöffnung erlaubt sei, und der zeitlichen Beschränkung der Öffnung nicht verletzt. Dadurch, dass lediglich an vier Sonntagen eine ganztägige Ladenöffnung zulässig sei, nähmen die Sonntage nicht werktäglichen Charakter an. Eine bloße Zunahme der werktäglichen Prägung begründete noch keinen Verstoß gegen den Kernbestand der Sonn- und Feiertagsruhe.

[86] Der weltanschaulich-religiösen Komponente des Art. 139 WRV habe der Landesgesetzgeber ausreichend Rechnung getragen, indem er die Öffnung von Verkaufsstellen an Sonn- und Feiertagen grundsätzlich verboten und zudem die Öffnung an sechs von zehn verkaufsoffenen Sonn- und Feiertagen zeitlich begrenzt und gerade die Hauptgottesdienstzeiten von der Ladenöffnung ausgenommen habe.

[87] Die Entscheidung des Berliner Landesgesetzgebers bewege sich im Rahmen seiner Gestaltungsfreiheit. Bei der Ausgestaltung des Schutzes der Sonn- und Feiertage müsse der Gesetzgeber unter Berücksichtigung des nach Art. 139 WRV gebotenen Regel-Ausnahme-Verhältnisses einen Ausgleich unter anderem mit dem durch Art. 2 Abs. 1 GG geschützten Interesse der Verbraucher am Einkaufen und der durch Art. 12 Abs. 1 GG geschützten Berufsausübungsfreiheit der Ladeninhaber treffen. Hierbei komme ihm ein weiter Spielraum zu. Anerkannt sei, dass grundsätzlich nicht nur aus gesellschaftlichen und technischen Gründen notwendige Arbeiten gestattet seien, sondern auch Arbeiten, welche dem Freizeitbedürfnis der Bevölkerung zugute kämen. Bei solchen „Arbeiten für den Sonntag" könne nach der Rechtsprechung des Bundesverfassungsgerichts die Abwägung eher für die Ladenöffnung ausfallen als bei „Arbeiten trotz des Sonntags". Allerdings bestehe auch dann kein absolutes Verbot. Die angegriffenen Regelungen verstießen daher nur dann gegen Art. 139 WRV, wenn der Gesetzgeber verpflichtet wäre, sie zu unterlassen, weil der durch sie bewirkte Eingriff in die Sonn- und Feiertagsruhe nicht durch plausible Gründe des Gemeinwohls gerechtfertigt und unverhältnismäßig wäre. Davon sei nicht auszugehen. Die Handlungsfreiheit der Verbraucher und die Berufsausübungsfreiheit der Ladeninhaber legitimiere die Ausnahmeregelung sowohl ein-

zeln als auch in ihrer Gesamtschau. Die Regelungen seien zum Schutz dieser Rechtsgüter geeignet, erforderlich und unter Berücksichtigung des durch Art. 139 WRV vorgegebenen Regel-Ausnahme-Verhältnisses auch angemessen. Dies gelte insbesondere, wenn man die geänderten Einkaufsgewohnheiten der Bevölkerung berücksichtige: Für breitere Teile der Bevölkerung habe das Einkaufen an Sonn- und Feiertagen, insbesondere auch an Adventssonntagen, seinen werktäglichen Charakter verloren und sei zu einer der Erholung dienenden Freizeitbeschäftigung geworden, so dass die Ladenöffnung dazu tendiere, zu einer „Arbeit für den Sonntag" zu werden. Selbst wenn man das anders sehe, komme den geänderten Einkaufsgewohnheiten zusammen mit dem vom Gesetzgeber verfolgten Ziel der Stimulierung der Wirtschaft jedenfalls solches Gewicht zu, dass es die Einschränkung des Sonn- und Feiertagsschutzes in dem beschränkten Umfang rechtfertige.

[88] Dies treffe auch für die einzelnen Regelungen zu. Die Ladenöffnung an allen Adventssonntagen sei nicht zu beanstanden. Art. 139 WRV lasse sich nicht entnehmen, dass stets alternierend einem Sonntag, an dem zeitlich beschränkt eine Ladenöffnung zulässig ist, ein verkaufsfreier Sonntag folgen müsse. Dem von Art. 139 WRV verfolgten Ziel der Arbeitsruhe zugunsten der Arbeitnehmer im Einzelhandel habe der Gesetzgeber dadurch Rechnung getragen, dass gemäß § 7 Abs. 5 BerlLadÖffG Arbeitnehmer nur an zwei Adventssonntagen im Jahr beschäftigt werden dürfen. Zwar hätten die Adventssonntage im Kirchenjahr einen hervorragenden Platz. Dem stehe aber gegenüber, dass der Einzelhandel im Weihnachtsgeschäft einen beachtlichen Teil des Umsatzes erziele, und deshalb besonderes Interesse an der Ladenöffnung habe, mit dem das gesteigerte Interesse der Bevölkerung an Sonntagseinkäufen im Advent gegebenenfalls im familiären Rahmen korrespondiere. Zudem habe der Berliner Gesetzgeber die Hauptgottesdienstzeiten von der Ladenöffnung ausgespart. Die in § 4 Abs. 1 Nr. 4 BerlLadÖffG geregelte Ladenöffnung an Weihnachten, wenn der 24. Dezember auf einen Adventssonntag fällt, sei nicht zu beanstanden, weil lediglich der Verkauf bestimmter Waren gestattet sei und zudem die Öffnungszeiten entsprechend den Interessen der Beschwerdeführer auf die Zeit von 7.00 bis 14.00 Uhr beschränkt seien. Die Regelung des Verkaufs von leicht verderblichem Obst und Gemüse durch den Erzeuger (§ 4 Abs. 2 Nr. 1 BerlLadÖffG) spiele für die Adventssonntage keine nennenswerte Rolle.

[89] Die weiteren Regelungen der Ladenöffnung bedürften keiner Einzelbetrachtung. Die Ausnahmeregelungen seien überdies sachlich noch eingeschränkt durch die Voraussetzungen des „öffentlichen Interesses“ beziehungsweise des „besonderen Ereignisses“. Zudem hätten sich entsprechende Vorläufer schon in § 14 und § 23 LadSchlG gefunden. Die Rechtslage des Berliner Ladenöffnungsgesetzes sei demgegenüber sogar enger, weil die Zahl der verkaufsoffenen Sonn- und Feiertage anders als in § 23 LadSchlG beschränkt sei.

[90] 2. Die Regierung des Landes Brandenburg hat sich lediglich zu § 4 Abs. 1 Nr. 4 und § 4 Abs. 2 Nr. 1 BerlLadÖffG geäußert, da nur diese Bestimmungen dem brandenburgischen Landesrecht ähnelten. Diese Vorschriften würden den verfassungsrechtlichen Maßgaben gerecht. Durch sie werde weder der Kernbereich des Sonn- und Feiertagsschutzes noch das verfassungsrechtlich verbürgte Regel-Ausnahme-Verhältnis hinsichtlich der Ladenöffnung an Sonn- und Feiertagen angetastet.

[91] 3. Die Thüringer Landesregierung hält die Verfassungsbeschwerden für zulässig und begründet. Die Beschwerdeführer würden durch die angegriffenen Gesetzesbestimmungen in ihrem Grundrecht auf Religionsausübungsfreiheit aus Art. 4 Abs. 1 und 2 GG verletzt. Die Ausgestaltung des Sonn- und Feiertagsschutzes genüge nicht mehr dem Gebot an den Gesetzgeber, einen absoluten Kernbereich der Sonn- und Feiertagsruhe zu schützen. Die Regelungen in § 6 Abs. 1 und 2 BerlLadÖffG verstießen zudem gegen das Grundrecht der Beschwerdeführer auf Gewährleistung effektiven Rechtsschutzes gemäß Art. 19 Abs. 4 GG, denn es sei vom Zufall abhängig, ob die Beschwerdeführer Kenntnis von der Anzeige des Verkaufsstelleninhabers gegenüber dem zuständigen Bezirksamt erhielten und gegebenenfalls das Nichteinschreiten der Behörde gerichtlich überprüfen lassen könnten.

[92] 4. Das Bundesverwaltungsgericht hat mitgeteilt, nach Inkrafttreten der so genannten Föderalismusreform I mit der Änderung des Art. 74 Abs. 1 Nr. 11 GG sei der für das Wirtschaftsverwaltungsrecht zuständige 6. Revisionssenat nicht mit Verfahren aus dem Gebiet des Ladenschlussrechts befasst gewesen. Der früher für das genannte Rechtsgebiet zuständige 1. Revisionssenat habe sich in mehreren Entscheidungen mit Fragen

des Bundesgesetzes über den Ladenschluss befasst. Einen gewissen Bezug zu den mit den vorliegenden Verfassungsbeschwerden aufgeworfenen Fragen wiesen mehrere, im Einzelnen aufgeführte Entscheidungen auf. Von einer weiteren Stellungnahme hat das Bundesverwaltungsgericht abgesehen.

[93] 5. Die Deutsche Bischofskonferenz hält die Verfassungsbeschwerden für zulässig und begründet. Sie verweist auf die Beschwerdeschriften und hebt ergänzend hervor, dass das angegriffene Gesetz den Schutz des Sonntags und der Feiertage in verfassungsrechtlich nicht mehr erträglicher Weise zurückdränge.

[94] 6. Die Evangelische Kirche in Deutschland (EKD) stimmt dem Inhalt der Beschwerdeschrift der Evangelischen Kirche Berlin-Brandenburg-schlesische Oberlausitz in vollem Umfang zu und schließt sich auch den Überlegungen in der Beschwerdeschrift des Erzbistums Berlin an.

[95] 7. Der Bund Freireligiöser Gemeinden Deutschlands und der Dachverband Freier Weltanschauungsgemeinschaften e.V. haben gleich lautende Stellungnahmen abgegeben. Sie sind der Auffassung, die Verfassungsbeschwerden seien abzuweisen, da die Beschwerdeführer nicht in ihren Rechten verletzt seien. Eine kirchliche Deutungshoheit der Sonn- und Feiertage sei im weltanschaulich neutralen Staat abzulehnen.

[96] 8. Der Verein Deutsche Unitarier Religionsgemeinschaft e.V. hat geäußert, von staatlicher Seite sollten wiederkehrende Zeiten sichergestellt werden, die dem Einzelnen Ruhe und Besinnung, Zeiten des religiösen Erlebens oder auch Erlebnisse in Gemeinschaften erlaubten. Dies könne aber in verschiedenen Formen, nicht nur durch Sonntagsruhe oder Feiertagsschutz erfolgen, wobei dem gesellschaftlichen Wandel Rechnung getragen werden müsse. Traditionell kirchliche Feiertage zu schützen, sei angesichts der Verpflichtung des Staates zur weltanschaulichen Neutralität nicht die Aufgabe des Staates.

[97] 9. Nach Auffassung der Giordano-Bruno-Stiftung können die Verfassungsbeschwerden keinen Erfolg haben. Art. 139 WRV beinhalte nur einen objektivrechtlichen Sonntagsschutz mit weitem Spielraum des Ge-

setzgebers. Auch auf die Gewährleistung seines Kernbereichs bestehe kein subjektiver Rechtsanspruch. Deshalb seien die Verfassungsbeschwerden unzulässig. Zudem lasse sich selbst bei einer umfassenden objektivrechtlichen Prüfung des angegriffenen Gesetzes kein Verfassungsverstoß feststellen. Von jährlich 52 Sonntagen blieben mindestens 44 von gravierender „werktäglicher Geschäftigkeit“ frei. An den vier Adventssonntagen dürften Verkaufsstellen nur von 13.00 bis 20.00 Uhr geöffnet sein. Der absolut geschützte Kernbereich der institutionellen Garantie des Art. 139 WRV sei daher nicht berührt.

[98] 10. Der Humanistische Verband Deutschlands – Bundesverband – trägt vor, die Verfassungsbeschwerden verkürzten den Schutz des Sonntags unzulässig auf eine christlich-religiöse Schutzvorschrift, was schon dem Wortlaut des Art. 139 WRV widerspreche. Der Sonntag sei kein speziell christlicher Feiertag. Art. 139 WRV enthalte lediglich eine objektivrechtliche Institutsgarantie ohne subjektive Berechtigung. Das angegriffene Gesetz nehme auch nicht die Möglichkeit zum Kirchgang. Im Übrigen müssten die soziologischen Determinanten im Lande Berlin berücksichtigt werden. Die christlichen Kirchen vereinten nicht die Mehrheit der Berliner unter sich. Die Regelungen des Berliner Ladenöffnungsgesetzes seien verfassungsgemäß, da das Recht auf Religionsausübung für jede gläubige Minderheit gewährleistet sei.

[99] 11. Nach Auffassung der Bundesarbeitsgemeinschaft der Mittel- und Großbetriebe des Einzelhandels e.V. (BAG) fehlt es den Beschwerdeführern bereits an einem subjektiven Recht zur Geltendmachung ihrer Ansprüche. Dessen ungeachtet tasteten die angegriffenen Regeln des Berliner Ladenöffnungsgesetzes nicht den Kernbestand der Sonn- und Feiertagsruhe an. Vielmehr stellten sie einen interessengerechten Ausgleich zwischen den Erholungs- und Freizeitbedürfnissen der Bevölkerung und dem Grundsatz der Arbeitsruhe her, ohne dabei das Regel-Ausnahme-Verhältnis zwischen werktäglicher Beschäftigung und sonntäglicher Arbeitsunterbrechung zu berühren. Im Übrigen diene die Neugestaltung der Ladenschlusszeiten sowohl der Ausübung von Grundrechten der Ladeninhaber als auch der Angestellten und Dritter sowie der Berücksichtigung übergreifender und verfassungsrechtlich legitimierter gesellschaftlicher und ökonomischer Interessen der Allgemeinheit. Die Berücksichtigung dieser Rechte und

Interessen lasse einen etwaigen Eingriff in Grundrechte der Beschwerdeführer in jedem Fall als gerechtfertigt erscheinen.

[100] Die Bundesarbeitsgemeinschaft weist zudem darauf hin, dass eine stichprobenartige Umfrage unter den mittelständischen Einzelhandelsunternehmen in Berlin ergeben habe, dass 14 % der befragten Geschäftsinhaber erklärt hätten, speziell im Hinblick auf die erweiterten Ladenöffnungszeiten neue Angestellte eingestellt zu haben. Sie betont, dass mit der Neuregelung der Ladenöffnungszeiten die von ihr für gleichheitswidrig erachtete Bevorzugung von Einzelhändlern an privilegierten Standorten wie Tankstellen, Raststätten, Flughäfen und Bahnhöfen sowie die Bevorzugung des Online-Handels deutlich abgemildert worden sei.

[101] 12. Die Bundesvereinigung der Deutschen Arbeitgeberverbände (BDA) ist der Ansicht, die Ausgestaltung der Ladenöffnungszeiten stelle keinen Verstoß gegen die aus Art. 139 WRV in Verbindung mit Art. 140 GG folgende Pflicht des Staates zur Gewährleistung der Sonntagsruhe dar. Der Berliner Gesetzgeber bewege sich innerhalb seines Ausgestaltungsspielraums. Die Vorschriften seien weder einzeln noch in ihrer Zusammenschau verfassungswidrig.

[102] 13. Der Deutsche Industrie- und Handelskammertag enthält sich einer eigenen Stellungnahme, weil die von den einzelnen Industrie- und Handelskammern geäußerten wirtschaftsbezogenen Positionen im konkreten Fall so unterschiedlich seien, dass ein klarer Trend nicht erkennbar sei.

[103] So sei die Industrie- und Handelskammer Berlin der Auffassung, die Ladenöffnung diene der Befriedigung von Freizeitbedürfnissen und stelle damit als „Arbeit für den Sonntag" eine privilegierte Ausnahme vom Gebot der Arbeitsruhe dar. Zu berücksichtigen sei auch die Sonderrolle Berlins als Hauptstadt und Touristenmetropole. Der Kernbestand des Sonn- und Feiertagsschutzes werde durch die maßvolle Freigabe des Einzelhandels nicht angetastet.

[104] Die Landesarbeitsgemeinschaft der Industrie- und Handelskammern des Landes Brandenburg vertrete die Ansicht, ein weitgehendes Verbot der Arbeit an Sonn- und Feiertagen schade dem Standort Deutsch-

land, seiner Wirtschaft und seinen Bürgern. Das Arbeitszeitgesetz biete hinreichende Schutzmöglichkeiten.

[105] Die Industrie- und Handelskammer zu Köln verweise auf die wichtige Funktion der verkaufsoffenen Sonntage für den Einzelhandel sowie für die Vitalität der Innenstädte. Für den innerstädtischen Einzelhandel eines Oberzentrums seien verkaufsoffene Sonntage geradezu notwendig, um sich im nationalen und internationalen Standortwettbewerb zu behaupten.

[106] 14. Der Hauptverband des Deutschen Einzelhandels (HDE) hält die Regelungen des Berliner Ladenöffnungsgesetzes für verfassungskonform. Die Verfassungsbeschwerden seien unzulässig, jedenfalls aber unbegründet. Es fehle den Beschwerdeführern schon an der Beschwerdebefugnis, denn sie seien nicht selbst und zumindest teilweise nicht unmittelbar von den angegriffenen Normen betroffen. Die mögliche Verletzung eines Grundrechts sei nicht dargetan. Teilweise unzulässig seien die Verfassungsbeschwerden darüber hinaus, weil die Beschwerdeführer zunächst den Rechtsweg zu den Fachgerichten beschreiten müssten. Unabhängig davon seien die Beschwerdeführer aber auch sachlich nicht in ihren Grundrechten verletzt.

[107] 15. Nach Auffassung des Christlichen Gewerkschaftsbunds (CGB) dient der Sonn- und Feiertagsschutz des Art. 139 WRV im Schwerpunkt dem religiös-gemeinschaftlichen Aspekt, der „seelischen Erhebung“, und weniger der körperlichen Erholung. Dies ergebe sich aus dem Kontext der Bestimmung. Unter Berücksichtigung dieses Umstands konkretisiere Art. 139 WRV die in Art. 4 GG manifestierte Religionsfreiheit. Untermauert werde dies durch die christlich geprägte Bedeutung des Sonntags in der abendländischen Kultur. Das angegriffene Gesetz hebele den Schutz der Sonn- und Feiertage aus und verletze dessen Kernbereich. Den Verfassungsbeschwerden sei stattzugeben.

[108] 16. Die Vereinte Dienstleistungsgewerkschaft ver.di und der Deutsche Gewerkschaftsbund (DGB) teilen die Rechtsauffassung der Beschwerdeführer und unterstützen die Verfassungsbeschwerden in einer gemeinsamen Stellungnahme. Im Interesse der Verwirklichung der ver-

fassungsrechtlichen Vorgaben zum Sonn- und Feiertagsschutz sei es notwendig, den Kirchen die Möglichkeit zur effektiven Durchsetzung des Sonn- und Feiertagsschutzes zu eröffnen. Die angegriffenen Vorschriften seien schon deshalb verfassungswidrig, weil das Land keine Kompetenz zur Regelung der arbeitsschutzrechtlichen Aspekte des Ladenschlusses habe. Ferner stellten die angegriffenen Regelungen einen nicht gerechtfertigten Eingriff in den gemäß Art. 140 GG in Verbindung mit Art. 139 WRV garantierten Schutz der Sonn- und Feiertagsruhe dar. Sie seien weder geeignet noch erforderlich, um die vom Gesetzgeber verfolgten Ziele zu erreichen. Im Übrigen seien sie wegen der gravierenden Folgen auch nicht angemessen. Hinzu komme, dass auch der Schutz der Familie (Art. 6 Abs. 1 GG) und die körperliche Unversehrtheit der Arbeitnehmer (Art. 2 Abs. 2 Satz 1 GG) beeinträchtigt würden.

[109] Im Übrigen heben die Gewerkschaft ver.di und der Deutsche Gewerkschaftsbund hervor, die Eignung der vom Landesgesetzgeber getroffenen Regelung, das verfolgte Ziel zu erreichen, nämlich zusätzliche Arbeitsplätze zu schaffen und die wirtschaftliche Entwicklung positiv zu beeinflussen, begegne erheblichen Zweifeln. Diese Ziele seien schon bei früheren Ausweitungen der Ladenöffnungszeiten genannt, aber verfehlt worden. So habe insbesondere die Verlängerung der Ladenöffnungszeiten an Samstagen bis 20.00 Uhr seit dem Jahr 2003 bis zum Jahr 2007 lediglich zu einer Umsatzsteigerung von 0,2 % geführt. Zugleich sei die Zahl der Beschäftigten um 3,2 % zurückgegangen. Besonders gravierend sei die Entwicklung bei den Vollzeitbeschäftigten. Deren Zahl sei seit 2003 um 10,5 % gesunken, während der Anteil geringfügig entlohnter Beschäftigter um 4,9 % und der Anteil von Teilzeitbeschäftigten um 5,9 % gestiegen sei. Diese Zahlen zeigten, dass eine Verlängerung der Ladenöffnungszeiten nicht die erhofften positiven Effekte nach sich ziehe. Die Veränderung der Öffnungszeiten habe keine Erhöhung des Konsums zur Folge, verursache aber höhere Betriebskosten. Regelmäßig würden diese durch Einsparungen bei den Personalkosten kompensiert, was zu einer Ausweitung geringfügig entlohnter Beschäftigung zulasten sozialversicherungspflichtiger Beschäftigung führe. Im Ergebnis würden lediglich die Kundenströme verlagert, zugunsten der großen Einkaufszentren und der Innenstädte von Großstädten, zulasten kleinerer Einzelhandelsgeschäfte und der Geschäfte in Klein- und Mittelstädten sowie in städtischen Rand-

lagen. Ziel des Berliner Ladenöffnungsgesetzes sei gerade, die Kundenströme aus den umliegenden Gebieten abzuziehen und die Kaufkraft nach Berlin zu verlagern. Diese Konkurrenzsituation könne dazu führen, dass benachbarte Regionen zulasten des Sonn- und Feiertagsschutzes um die liberaleren Öffnungszeiten wetteiferten.

[110] Weiter weisen die Gewerkschaften darauf hin, dass die Arbeitszeiten der Beschäftigten weit über die Öffnungszeiten der Geschäfte hinausgingen, weil die Ladenöffnung umfangreiche Vor- und Nacharbeiten erfordere. Ferner betonen sie die Bedeutung der durch die kollektiv freien Tage bewirkten gleichen Taktung des sozialen Lebens. Erst diese Synchronisation der Freizeit schaffe die Möglichkeit, sich dem Leben in der Familie, in der Ehe, den Vereinen, den Gemeinden und damit Grundelementen des sozialen Zusammenlebens zuzuwenden. Die Veränderung der Öffnungszeiten führe zu einer entsprechenden Veränderung der Rhythmizität von Arbeit und Freizeit, verbunden mit einer Desynchronisation von biologischen und sozialen Rhythmen. Die Abweichung von den Normal- und Standardarbeitszeiten führe zu einer Erhöhung des Risikos von Beeinträchtigungen im physiologischen wie im psychosozialen Bereich, und zwar nicht nur für die Betroffenen selbst, sondern auch für deren Familienangehörige.

[111] Zur Beschäftigtenstruktur im Einzelhandel führen die Gewerkschaften aus, dass zum 31. März 2007 im Einzelhandel insgesamt – allerdings deutschlandweit – von etwa 2 Millionen Beschäftigten mehr als zwei Drittel, nämlich 1,4 Millionen, weiblich gewesen seien. Von den im Handel insgesamt (Einzel- und Großhandel) zu diesem Stichtag beschäftigten Frauen sei etwa die Hälfte jünger als 40 Jahre und rund drei Viertel jünger als 50 Jahre. Die Anzahl von beschäftigten Frauen unter 50 Jahren liege im Einzelhandel bei etwa 75 % und sei besonders groß. Diese Gruppe sei aber gerade im Hinblick auf die mit der Sonn- und Feiertagsruhe verfolgten sozialen Zwecke besonders sensibel. Personen in dieser Altersgruppe hätten typischerweise häufig Kinder, die noch nicht volljährig und selbständig seien. Traditionell komme der größere Teil der Kinderbetreuung und der Versorgung des Haushaltes noch immer den Frauen zu. Sie seien daher in besonderer Weise betroffen.

[112] Schließlich weisen die Gewerkschaften auch auf die Folgen der Sonn- und Feiertagsöffnung für andere Bereiche hin, etwa in der Zulieferindustrie und im Bereich der Infrastruktur. Besonders kritisch sehen die Gewerkschaften die Ladenöffnung an den Adventssonntagen. Die Beschäftigten im Einzelhandel bedürften gerade in der Vorweihnachtszeit wegen der besonderen Belastungen durch das Weihnachtsgeschäft noch dringlicher der Erholungsphase am Wochenende.

[113] Die angegriffenen Regelungen seien nach allem weder geeignet noch erforderlich, die vom Landesgesetzgeber verfolgten Ziele zu erreichen. Sie seien unverhältnismäßig, weil die mit der Öffnung an Sonn- und Feiertagen verbundenen Folgen so gravierend seien, dass die verfolgten Ziele solche Ausnahmen nicht rechtfertigen könnten. Neben der Religionsfreiheit sei zugleich der Schutz der Familie im Sinne des Art. 6 Abs. 1 GG gefährdet und der Schutz der körperlichen Unversehrtheit gemäß Art. 2 Abs. 2 Satz 1 GG beeinträchtigt.

[114] 17. Die sachkundigen Auskunftspersonen Professor Dr. Knauth und Professor Dr. Nachreiner haben zu den Auswirkungen von Sonn- und Feiertagsarbeit auf die Beschäftigten und deren Angehörige aus arbeits- und sozialwissenschaftlicher Sicht Stellungnahmen abgegeben.

IV.

[115] In der mündlichen Verhandlung haben sich geäußert: die Beschwerdeführer, das Abgeordnetenhaus und der Senat von Berlin, der Handelsverband Berlin-Brandenburg e.V., die Bundesarbeitsgemeinschaft der Mittel- und Großbetriebe des Einzelhandels e.V., der Hauptverband des Deutschen Einzelhandels, die Vereinte Dienstleistungsgewerkschaft ver.di, die Deutsche Bischofskonferenz und der Rat der Evangelischen Kirche in Deutschland sowie die sachkundigen Auskunftspersonen Professor Dr. Knauth und Professor Dr. Nachreiner.

[116] Die Vertreter des Abgeordnetenhauses und des Senats von Berlin haben die Ansicht vertreten, dass das Berliner Ladenöffnungsgesetz den Sonntagsschutz gegenüber der Rechtslage nach dem Ladenschlussgesetz des Bundes nicht verschlechtert, sondern sogar verstärkt habe. Denn die

Bezirksämter hätten nach früherer Rechtslage gestützt auf § 23 LadSchlG zahlreiche Ausnahmen vom Verbot der Ladenöffnung an Sonn- und Feiertagen zugelassen. Die neue gesetzliche Regelung sehe eine solche allgemeine Ausnahmeregelung hingegen nicht vor. Im neuen Gesetz habe man die Zahl der für eine Freigabe offenen Sonn- und Feiertage auf eine absolute Höchstzahl begrenzt und zudem die Schwierigkeiten und Unwägbarkeiten, welche die Anwendung des § 23 LadSchlG mit sich gebracht habe, beseitigt.

B.

[117] Die zulässigen Verfassungsbeschwerden haben in der Sache teilweise Erfolg.

I.

[118] Die Verfassungsbeschwerden sind zulässig. Die beschwerdeführenden, öffentlichrechtlich verfassten Religionsgemeinschaften sind beschwerdefähig und beschwerdebefugt (1.). Das Gebot der Rechtswegerschöpfung steht der Zulässigkeit nicht entgegen (2.).

[119] 1. Die Beschwerdeführer sind als juristische Personen ungeachtet ihrer öffentlichrechtlichen Organisationsform hinsichtlich des Grundrechts der Religionsfreiheit beschwerdefähig (vgl. BVerfGE 42, 312 <321 f.>; 53, 366 <387 f.>) und auch beschwerdebefugt. Sie machen geltend, durch die angegriffenen Normen in einem verfassungsbeschwerdefähigen Recht (vgl. Art. 93 Abs. 1 Nr. 4a GG, § 90 Abs. 1 BVerfGG), nämlich in Art. 4 Abs. 1 und 2 GG in Verbindung mit Art. 140 GG und Art. 139 WRV selbst, unmittelbar und gegenwärtig verletzt zu sein. Dies erscheint als möglich (vgl. BVerfGE 94, 49 <84>; siehe auch BVerfGE 28, 17 <19>; 52, 303 <327>; 65, 227 <232 f.>; 89, 155 <171>).

[120] a) Ein Betroffensein in einem eigenen Grundrecht wäre von vornherein ausgeschlossen, wenn auf der Grundlage der bisherigen Rechtsprechung des Bundesverfassungsgerichts bereits entwickelte Grundsätze zur Reichweite des Grundrechts der Beschwerdeführer aus Art. 4 Abs. 1 und 2 GG angewandt werden könnten und auf deren Grundlage eine Verletzung

dieses Grundrechts in Verbindung mit Art. 140 GG und Art. 139 WRV ohne weiteres zu verneinen wäre (vgl. BVerfGE 110, 274 <287 ff.> zu Art. 12 Abs. 1 GG). Die Möglichkeit einer Grundrechtsverletzung ist hingegen dann gegeben, wenn die Verfassungsbeschwerde eine bislang vom Bundesverfassungsgericht noch nicht entschiedene, offene verfassungsrechtliche Frage aufwirft (vgl. BVerfGE 94, 49 <84>; Magen, in: Umbach/ Clemens/Dollinger, BVerfGG, 2. Aufl., § 92 Rn. 50), die die Annahme eines verfassungsbeschwerdefähigen Rechts jedenfalls nicht von vornherein ausschließt. Das ist hier hinsichtlich der Frage eines etwaigen Überwirkens der objektivrechtlichen Schutzgarantie des Art. 140 GG in Verbindung mit Art. 139 WRV auf das Grundrecht aus Art. 4 Abs. 1 und 2 GG im Sinne einer Konkretisierung und Stärkung des Grundrechtsschutzes der Fall.

[121] Die Beschwerdeführer werfen die Frage auf, ob und inwieweit sich Religionsgemeinschaften im Wege einer Verfassungsbeschwerde auf die verfassungsrechtliche Sonn- und Feiertagsgarantie des Art. 139 WRV berufen können. Es handelt sich hierbei um einen in der Rechtsprechung des Bundesverfassungsgerichts noch nicht geklärten Problemkreis, da bislang nur die Wirkung des Art. 139 WRV gegenüber Grundrechtsträgern beurteilt wurde, die sich in ihrer Berufsausübungsfreiheit eingeschränkt sahen und denen an Ausnahmen vom Sonn- und Feiertagsschutz gelegen war (vgl. BVerfGE 111, 10). Daneben wurde in der Rechtsprechung des Bundesverfassungsgerichts lediglich ausgesprochen, dass Art. 140 GG selbst keine Grundrechtsqualität beizumessen ist (vgl. BVerfGE 19, 129 <135>; siehe dazu auch BVerfG, Beschluss der 1. Kammer des Ersten Senats vom 18. September 1995 – 1 BvR 1456/95 –, NJW 1995, S. 3378 f.). Offen geblieben ist bisher aber, ob und inwieweit gerade Art. 139 WRV im Zusammenwirken mit Art. 4 Abs. 1 und 2 GG oder anderen Grundrechten Religionsgemeinschaften oder anderen Betroffenen eine Durchsetzung des Sonn- und Feiertagsschutzes ermöglicht. Unbeantwortet ist weiter, ob und inwieweit der Schutzgehalt eines Grundrechts – hier des Art. 4 Abs. 1 und 2 GG – durch den Sonntagsschutz des Art. 139 WRV (i.V.m. Art. 140 GG) konkretisiert und verstärkt werden kann und dabei die Gewährleistungen der Arbeitsruhe und der Möglichkeit zu seelischer Erhebung in die Bestimmung des Schutzgehalts der Grundrechtsnorm einzubeziehen sind. Bejahendenfalls stellt sich die bislang ebenso ungeklärte Frage, ob es gerade wegen der Bedeu-

tung des Sonntagsschutzes für die Ladenöffnung konkrete, auch grundrechtsverbürgte Grenzen für diese gibt und wo sie verlaufen.

[122] Das Grundrecht aus Art. 4 Abs. 1 und 2 GG steht auch den Religions- und Weltanschauungsgemeinschaften zu (vgl. nur BVerfGE 24, 236). Schon nach der bisherigen Rechtsprechung des Bundesverfassungsgerichts sind die Gewährleistungen der Weimarer Kirchenartikel funktional auf die Inanspruchnahme und Verwirklichung des Grundrechts der Religionsfreiheit angelegt (vgl. BVerfGE 102, 370 <387>).

[123] Danach erscheint eine Verletzung der Beschwerdeführer in einem durch die Gewährleistung des Art. 140 GG in Verbindung mit Art. 139 WRV konkretisierten Grundrecht aus Art. 4 Abs. 1 und 2 GG durch die gesetzliche Erweiterung der Ladenöffnungsmöglichkeiten an Sonn- und Feiertagen als möglich.

[124] b) Die Beschwerdeführer haben überdies auch hinreichend dargelegt, selbst betroffen zu sein, obgleich sie nicht unmittelbar Adressaten der landesgesetzlichen Regelungen über die Verkaufsstellenöffnung sind. Aus ihrem Vortrag ergibt sich die Möglichkeit eines rechtlich erheblichen Nachteils auch für sie. Geöffnete Läden und eine Inanspruchnahme des Sonn- oder Feiertages seitens der Beschwerdeführer zum Zwecke der seelischen Erhebung schließen sich zwar nicht gänzlich aus. So können auch während der Ladenöffnungszeiten Gottesdienste oder andere religiöse Veranstaltungen abgehalten oder diese gegebenenfalls auf Tageszeiten verlegt werden, zu denen die Geschäfte noch nicht oder nicht mehr geöffnet haben. Eine Selbstbetroffenheit der Beschwerdeführer kommt aber unter dem Gesichtspunkt in Betracht, dass sich durch die in Rede stehenden Ladenöffnungszeiten generell der Charakter der Sonn- und Feiertage als Tage der Arbeitsruhe, aber auch der Besinnung verändert, weil diese Tage auch in ihrer Ganzheit als Tage der Ruhe und der seelischen Erhebung religiöse Bedeutung für die Beschwerdeführer haben („… am siebten Tage sollst Du ruhen, ...“; vgl. in der Bibel Ex 23, 12; dazu weiter Dtn 5, 12-14 und in den Zehn Geboten Ex 20, 8-11). Das gilt jedenfalls auf der Grundlage der Annahme einer Konkretisierung des Schutzgehalts des Art. 4 Abs. 1 und 2 GG durch Art. 140 GG in Verbindung mit Art. 139 WRV, auf die sich die Beschwerdeführer berufen.

[125] c) Die Beschwerdeführer sind durch die in Rede stehenden Normen zudem gegenwärtig betroffen, weil das Berliner Ladenöffnungsgesetz in Kraft ist. Die unmittelbare Betroffenheit der Beschwerdeführer folgt daraus, dass die angegriffenen Vorschriften über die Möglichkeit der Verkaufsstellenöffnung an den Adventssonntagen (§ 3 Abs. 1 Alternative 2 BerlLadÖffG) keines weiteren Vollzugsaktes bedürfen, also so genannte selbstvollziehende Gesetzesnormen sind (vgl. BVerfGE 109, 279 <306 f.> m.w.N.). Das gilt auch für die Bestimmungen in § 4 Abs. 1 Nr. 4 und Abs. 2 Nr. 1 BerlLadÖffG. Soweit die Regelungen des § 6 Abs. 1 und 2 BerlLadÖffG jeweils noch einer Umsetzung bedürfen, also einer Allgemeinverfügung oder einer vorherigen Anzeige mit folgender Duldung seitens der Verwaltung, steht dies der Annahme unmittelbaren Betroffenseins nicht entgegen. Von den Anzeigen der Verkaufsstellen werden die Beschwerdeführer zumeist nicht rechtzeitig Kenntnis erlangen. Angesichts der Kumulation der im Gesetz an verschiedenen Stellen angelegten Ladenöffnungsmöglichkeiten an Sonn- und Feiertagen ist eine unmittelbare Betroffenheit auch durch § 6 Abs. 1 BerlLadÖffG kraft Sachzusammenhangs gegeben.

[126] 2. Das Gebot der Rechtswegerschöpfung (§ 90 Abs. 2 Satz 1 BVerfGG) und der Grundsatz der Subsidiarität stehen der Zulässigkeit der Verfassungsbeschwerden nicht entgegen.

[127] a) Gegen die „selbstvollziehenden“ Bestimmungen der § 3 Abs. 1 Alternative 2, § 4 Abs. 1 Nr. 4 und Abs. 2 Nr. 1 BerlLadÖffG, welche die Öffnungen an den vier Adventssonntagen sowie für den Verkauf von leicht verderblichem Obst und Gemüse und für einen auf den Sonntag fallenden Heiligabend betreffen, ist für die Beschwerdeführer kein wirkungsvoller Rechtsschutz außerhalb des Verfassungsbeschwerdeverfahrens gegeben.

[128] b) Hinsichtlich der Regelung der mit einer Anzeigepflicht verbundenen Befugnis der Verkaufsstellen zur Öffnung aus besonderem Anlass (§ 6 Abs. 2 BerlLadÖffG) besteht ebenso wenig ein wirkungsvoller fachgerichtlicher Rechtsschutz. Die erforderlichen Anzeigen, die sechs Tage vor der beabsichtigten Ladenöffnung zu erfolgen haben, müssen den Beschwerdeführern nicht zur Kenntnis gebracht werden.

[129] c) Wegen der Möglichkeit, vier Sonn- und Feiertage durch Allgemeinverfügung aufgrund des § 6 Abs. 1 BerlLadÖffG für die Verkaufsstellenöffnung freizugeben, ist den Beschwerdeführern eine Verweisung auf den fachgerichtlichen Rechtsweg nicht zumutbar. Sie erstreben eine verfassungsgerichtliche Überprüfung des Normenkomplexes der § 3 Abs. 1 Alternative 2, § 4 Abs. 1 Nr. 4 und Abs. 2 Nr. 1, § 6 Abs. 1 und 2 BerlLadÖffG insgesamt; die anderen Vorschriften können aber nicht ohne den damit im Sachzusammenhang stehenden § 6 Abs. 1 BerlLadÖffG erschöpfend beurteilt werden.

II.

[130] Die Verfassungsbeschwerden sind teilweise begründet. Das Schutzkonzept, das den Regelungen zur Ladenöffnung an Sonn- und Feiertagen im Land Berlin zugrunde liegt, wird der Schutzverpflichtung des Landesgesetzgebers aus Art. 4 Abs. 1 und 2 GG in seiner Konkretisierung durch Art. 139 WRV (i.V.m. Art. 140 GG) nicht hinreichend gerecht.

[131] Das Grundrecht aus Art. 4 Abs. 1 und 2 GG wird in seiner Bedeutung als Schutzverpflichtung des Gesetzgebers (1.) durch den objektivrechtlichen Schutzauftrag für den Sonn- und Feiertagsschutz aus Art. 139 WRV (i.V.m. Art. 140 GG) konkretisiert, der neben seiner weltlich-sozialen Bedeutung in einer religiös-christlichen Tradition wurzelt (2.). Danach ist ein Mindestniveau des Schutzes der Sonntage und der gesetzlich anerkannten – hier der kirchlichen – Feiertage durch den Gesetzgeber zu gewährleisten (3.). Dem genügt das Berliner Sonn- und Feiertagsschutzkonzept nicht in jeder Hinsicht. Die dort vorgesehene Möglichkeit der Ladenöffnung an allen vier Adventssonntagen ist mit den Mindestanforderungen an einen auch grundrechtsverbürgten Schutz nicht mehr in Einklang zu bringen. Die Regelung über die Öffnung aufgrund Allgemeinverfügung an vier weiteren Sonn- und Feiertagen trägt nur bei einschränkender Auslegung den Erfordernissen des vom Gesetzgeber zu gewährleistenden Mindestschutzes Rechnung (4.). Im Übrigen halten die angegriffenen Bestimmungen im Rahmen des vom Landesgesetzgeber verfolgten Schutzkonzepts verfassungsrechtlicher Prüfung stand (5.).

[132] 1. Das Grundrecht aus Art. 4 Abs. 1 und 2 GG ist hier in seiner Bedeutung als Schutzverpflichtung des Staates betroffen.

[133] Das Berliner Ladenöffnungsgesetz greift weder gezielt in die Religionsfreiheit der Beschwerdeführer ein, noch liegt in den verschiedenen Bestimmungen und Optionen zur Ladenöffnung an Sonn- und Feiertagen das „funktionale Äquivalent" eines Eingriffs. Es richtet sich mit den hier angegriffenen Vorschriften an die Verkaufsstelleninhaber und eröffnet diesen Möglichkeiten zur Ladenöffnung an Sonn- und Feiertagen.

[134] Nach der Rechtsprechung des Bundesverfassungsgerichts erschöpft sich der Grundrechtsschutz nicht in seinem klassischen Gehalt als subjektives Abwehrrecht gegenüber staatlichen Eingriffen. Aus Grundrechten ist vielmehr auch eine Schutzpflicht des Staates für das geschützte Rechtsgut abzuleiten, deren Vernachlässigung von dem Betroffenen mit der Verfassungsbeschwerde geltend gemacht werden kann (vgl. BVerfGE 92, 26 <46>; ähnlich BVerfGE 56, 54 <80 f.>; 77, 170 <215>; 79, 174 <202>). Auch die Religionsfreiheit beschränkt sich nicht auf die Funktion eines Abwehrrechts, sondern gebietet auch im positiven Sinn, Raum für die aktive Betätigung der Glaubensüberzeugung und die Verwirklichung der autonomen Persönlichkeit auf weltanschaulich-religiösem Gebiet zu sichern (vgl. BVerfGE 41, 29 <49>). Diese Schutzpflicht trifft den Staat auch gegenüber den als Körperschaften des öffentlichen Rechts verfassten Religionsgemeinschaften.

[135] Der Staat muss dieser Schutzpflicht durch hinreichende Vorkehrungen genügen. Aus einer grundrechtlichen Schutzpflicht folgt in der Regel indessen keine bestimmte Handlungsvorgabe. Die zuständigen staatlichen Organe, insbesondere der Gesetzgeber, haben vielmehr zunächst in eigener Verantwortung zu entscheiden, wie sie ihre Schutzpflichten erfüllen. Es ist grundsätzlich Sache des Gesetzgebers, ein Schutzkonzept aufzustellen und normativ umzusetzen. Dabei kommt ihm ein weiter Einschätzungs-, Wertungs- und Gestaltungsspielraum zu. Das Bundesverfassungsgericht kann die Verletzung einer solchen Schutzpflicht nur feststellen, wenn Schutzvorkehrungen entweder überhaupt nicht getroffen sind, wenn die getroffenen Regelungen und Maßnahmen offensichtlich ungeeignet oder völlig unzulänglich sind, das gebotene Schutzziel zu

erreichen, oder wenn sie erheblich hinter dem Schutzziel zurückbleiben (vgl. BVerfGE 92, 26 <46>; ähnlich BVerfGE 56, 54 <80 f.>; 77, 170 <215>; 79, 174 <202>).

[136] 2. Allein aus Art. 4 Abs. 1 und 2 GG lässt sich keine staatliche Verpflichtung herleiten, die religiös-christlichen Feiertage und den Sonntag unter den Schutz einer näher auszugestaltenden generellen Arbeitsruhe zu stellen und das Verständnis bestimmter Religionsgemeinschaften von nach deren Lehre besonderen Tagen zugrunde zu legen. Das Grundrecht aus Art. 4 Abs. 1 und 2 GG erfährt jedoch eine Konkretisierung durch die Sonn- und Feiertagsgarantie nach Art. 140 GG in Verbindung mit Art. 139 WRV: Die Sonn- und Feiertagsgarantie wirkt ihrerseits als in der Verfassung getroffene Wertung auf die Auslegung und Bestimmung des Schutzgehalts von Art. 4 Abs. 1 und 2 GG ein und ist deshalb auch bei der Konkretisierung der grundrechtlichen Schutzpflicht des Gesetzgebers zu beachten. Art. 139 WRV enthält einen Schutzauftrag an den Gesetzgeber (vgl. BVerfGE 87, 363 <393>), der im Sinne der Gewährleistung eines Mindestschutzniveaus dem Grundrechtsschutz aus Art. 4 Abs. 1 und 2 GG insoweit Gehalt gibt.

[137] a) Art. 4 GG garantiert in Absatz 1 die Freiheit des Glaubens, des Gewissens und des religiösen und weltanschaulichen Bekenntnisses, in Absatz 2 das Recht der ungestörten Religionsausübung. Beide Absätze des Art. 4 GG enthalten ein umfassend zu verstehendes einheitliches Grundrecht (vgl. BVerfGE 24, 236 <245 f.>; 32, 98 <106>; 44, 37 <49>; 83, 341 <354>; 108, 282 <297>), das auch die Religionsfreiheit der Korporationen umfasst (vgl. BVerfGE 19, 129 <132>; 24, 236 <245>; 83, 341 <354 f.>).

[138] Bei der näheren Bestimmung des Schutzgehalts des Grundrechts aus Art. 4 Abs. 1 und 2 GG ist auch an die Schutzgarantie des Art. 139 WRV für den Sonn- und Feiertagsschutz anzuknüpfen. Die durch Art. 140 GG aufgenommenen Vorschriften der Weimarer Reichsverfassung und somit auch Art. 139 WRV sind von gleicher Normqualität wie die sonstigen Bestimmungen des Grundgesetzes (vgl. BVerfGE 111, 10 <50> m.w.N.). Bei der Sonn- und Feiertagsgarantie handelt es sich zwar nicht um ein Grundrecht oder grundrechtsgleiches Recht (vgl. BVerfGE 19, 129

<135>; 19, 206 <218>). Die Gewährleistungen der so genannten Weimarer Kirchenartikel sind aber funktional auch auf die Inanspruchnahme und Verwirklichung des Grundrechts der Religionsfreiheit angelegt (vgl. BVerfGE 42, 312 <322>; 102, 370 <387>). Die inkorporierten Kirchenartikel der Weimarer Reichsverfassung, die mit dem Grundgesetz ein organisches Ganzes bilden (vgl. BVerfGE 66, 1 <22>; 70, 138 <167>), regeln das Grundverhältnis zwischen Staat und Kirche (vgl. BVerfGE 42, 312 <322>). Es ist anerkannt, dass zumindest Teilaspekte dieses Grundverhältnisses auch von Art. 4 GG erfasst werden (vgl. BVerfGE 42, 312 <322>). Im Kontext des Grundgesetzes sind die Kirchenartikel auch ein Mittel zur Entfaltung der Religionsfreiheit der korporierten Religionsgemeinschaften (vgl. BVerfGE 102, 370 <387> zu Art. 137 Abs. 5 Satz 2 WRV; siehe auch BVerfGE 99, 100 <119 ff.> zu Art. 138 Abs. 2 WRV).

[139] b) Die funktionale Ausrichtung der so genannten Weimarer Kirchenartikel auf die Inanspruchnahme des Grundrechts aus Art. 4 Abs. 1 und 2 GG gilt auch für die Gewährleistung der Tage der Arbeitsruhe und der seelischen Erhebung in Art. 139 WRV, obgleich in dieser Norm selbst der religiös-christliche Bezug nicht ausdrücklich erwähnt wird. Art. 139 WRV hat nach seiner Entstehungsgeschichte, seiner systemischen Verankerung in den Kirchenartikeln und seinen Regelungszwecken neben seiner weltlich-sozialen auch eine religiös-christliche Bedeutung. Er sichert mit seinem Schutz eine wesentliche Grundlage für die Rekreationsmöglichkeiten des Menschen und zugleich für ein soziales Zusammenleben und ist damit auch Garant für die Wahrnehmung von Grundrechten, die der Persönlichkeitsentfaltung dienen. Er erweist sich so als verfassungsverankertes Grundelement sozialen Zusammenlebens und staatlicher Ordnung und ist als Konnexgarantie zu verschiedenen Grundrechten zu begreifen. Die Gewährleistung von Tagen der Arbeitsruhe und der seelischen Erhebung ist darauf ausgerichtet, den Grundrechtschutz – auch im Sinne eines Grundrechtsvoraussetzungsschutzes – zu stärken und konkretisiert insofern die aus den jeweils einschlägigen Grundrechten folgenden staatlichen Schutzpflichten (vgl. Häberle, Der Sonntag als Verfassungsprinzip, 2. Aufl. 2006, S. 63 f., 70).

[140] Schon die Entstehungsgeschichte der Vorschrift lässt die Verknüpfung der tradierten religiösen und sozialen Aspekte des Sonn- und Feier-

tagsschutzes zutage treten. Bei der Einbringung in der Weimarer Nationalversammlung hob der Berichterstatter, der Abgeordnete Mausbach (Zentrumspartei), hervor, die Bestimmung schütze die „öffentliche Sitte“ und die christliche Tradition und Religionsausübung. Die großen geschichtlichen Bestandteile der Kultusausübung enthielten aber auch wertvolle Freiheitsrechte für die Einzelnen; und gerade diese Seite der Sonntagsruhe, die „Schonung der Freiheit“ und der „sozialen Gleichwertigkeit aller Klassen“, sei darin angesprochen (vgl. Heilfron, Die Deutsche Nationalversammlung im Jahre 1919, 6. Band, 1920, S. 4007). Der Religionsbezug des Art. 139 WRV wird bestätigt durch seine Stellung im Grundrechtsteil der Weimarer Reichsverfassung unter der Abschnittsüberschrift „Religion und Religionsgesellschaften“. Die Inkorporation der Weimarer Kirchenartikel in das Grundgesetz war letztlich ein Kompromiss, bei dessen Findung der überkommene Gewährleistungsgehalt des Art. 139 WRV nicht mehr zur Debatte stand. Damit setzte sich im Ergebnis die motivische Allianz zwischen religions- und arbeitsverfassungspolitischen Bestrebungen fort, die schon das Zustandekommen des Art. 139 WRV bestimmt hatte (vgl. Korioth, in: Maunz/Dürig, GG, Art. 139 WRV Rn. 9 f.).

[141] Art. 139 WRV ist damit ein religiöser, in der christlichen Tradition wurzelnder Gehalt eigen, der mit einer dezidiert sozialen, weltlich-neutral ausgerichteten Zwecksetzung einhergeht.

[142] c) Soweit Art. 139 WRV an den Sonntag und an die staatlich anerkannten religiösen Feiertage in ihrer überkommenen christlichen Bedeutung als arbeitsfreie Ruhetage anknüpft, deckt er sich im lebenspraktischen Ergebnis in seinen Wirkungen weitgehend mit der sozialen Bedeutung der Sonn- und Feiertagsgarantie. Er hat insoweit seine Wurzeln im jüdischen Sabbat (Samstag). Das jüdische Verständnis des Sabbats als heiliger Ruhetag wurde später auf den Sonntag übertragen (vgl. Bergholz, in: Theologische Realenzyklopädie, Bd. XXXI, 2000, Artikel Sonntag, S. 451 ff.).

[143] In der neuzeitlichen Interpretation durch die großen öffentlich-rechtlich verfassten christlichen Religionsgemeinschaften kommt dem Sonntag und den religiös-christlichen Feiertagen auch die Aufgabe zu, Schutz vor einer weitgehenden Ökonomisierung des Menschen zu bieten.

So heißt es etwa im Katechismus der Katholischen Kirche (Rn. 2172), der Sonntag unterbreche den Arbeitsalltag und gewähre eine Ruhepause; er sei ein Tag des Protestes gegen die „Fron der Arbeit“ und die „Vergötzung des Geldes“. Das Leben der Menschen erhalte durch die Arbeit und die Ruhe seinen Rhythmus (Rn. 2184). Im Evangelischen Erwachsenenkatechismus (6. Aufl. 2000) wird hervorgehoben, der Mensch und die Gesellschaft brauchten den Sonntag, um zu erfahren, dass Produktion und Rentabilität nicht den Sinn des Lebens ausmachten. Nach diesem Verständnis ist der „Rhythmus von Arbeit und Ruhe" ein „zentraler Rhythmus der christlich-jüdischen Kultur“ (S. 424 f., S. 457).

[144] d) Mit der Gewährleistung rhythmisch wiederkehrender Tage der Arbeitsruhe konkretisiert Art. 139 WRV überdies das Sozialstaatsprinzip. Unter diesem Gesichtspunkt hat er weitergehende grundrechtliche Bezüge. Die Sonn- und Feiertagsgarantie fördert und schützt nicht nur die Ausübung der Religionsfreiheit. Die Arbeitsruhe dient darüber hinaus der physischen und psychischen Regeneration und damit der körperlichen Unversehrtheit (Art. 2 Abs. 2 GG). Die Statuierung gemeinsamer Ruhetage dient dem Schutz von Ehe und Familie (Art. 6 Abs. 1 GG). Auch die Vereinigungsfreiheit lässt sich so effektiver wahrnehmen (Art. 9 Abs. 1 GG). Der Sonn- und Feiertagsgarantie kann schließlich ein besonderer Bezug zur Menschenwürde beigemessen werden, weil sie dem ökonomischen Nutzendenken eine Grenze zieht und dem Menschen um seiner selbst willen dient.

[145] Die soziale Bedeutung des Sonn- und Feiertagsschutzes und mithin der generellen Arbeitsruhe im weltlichen Bereich resultiert wesentlich aus der – namentlich durch den Wochenrhythmus bedingten – synchronen Taktung des sozialen Lebens. Während die Arbeitszeit- und Arbeitsschutzregelungen jeweils für den Einzelnen Schutzwirkung entfalten, ist der zeitliche Gleichklang einer für alle Bereiche regelmäßigen Arbeitsruhe ein grundlegendes Element für die Wahrnehmung der verschiedenen Formen sozialen Lebens. Das betrifft vor allem die Familien, insbesondere jene, in denen es mehrere Berufstätige gibt, aber auch gesellschaftliche Verbände, namentlich die Vereine in den unterschiedlichen Sparten. Daneben ist im Auge zu behalten, dass die Arbeitsruhe an Sonn- und Feiertagen auch für die Rahmenbedingungen des Wirkens der politischen Par-

teien, der Gewerkschaften und sonstiger Vereinigungen bedeutsam ist und sich weiter, freilich im Verbund mit einem gesamten „freien Wochenende“, auch auf die Möglichkeiten zur Abhaltung von Versammlungen auswirkt. Ihr kommt mithin auch erhebliche Bedeutung für die Gestaltung der Teilhabe im Alltag einer gelebten Demokratie zu. Sinnfällig kommt das dadurch zum Ausdruck, dass nach der einfachrechtlichen Ausgestaltung der Tag der Wahlen ein Sonntag oder gesetzlicher Feiertag sein muss (vgl. § 16 Satz 2 Bundeswahlgesetz).

[146] Darüber hinaus eröffnet die generelle Arbeitsruhe an Sonn- und Feiertagen dem Einzelnen die Möglichkeit der physischen und psychischen Regeneration. Aus arbeitswissenschaftlicher Sicht wird dem wesentliche Bedeutung für das individuelle Wohlbefinden und die gesundheitliche Stabilität beigemessen, wie die sachkundigen Auskunftspersonen Professor Dr. Peter Knauth und Professor Dr. Friedhelm Nachreiner in der mündlichen Verhandlung fundiert ausgeführt haben.

[147] e) Neben dieser anhand des Regelungszwecks bestimmten Bedeutung für den Schutz der Grundrechte wird der Charakter des Art. 139 WRV als Konnexgarantie dadurch unterstrichen, dass verfassungsrechtliche Institutsgarantien ohnehin in ihrem jeweils spezifischen Gehalt auf Grundrechtsstärkung ausgerichtet sind. Da die Verfassung insgesamt als ein teleologisches Sinngebilde erscheint (vgl. BVerfGE 19, 206 <220>) und der Sonn- und Feiertagsschutz in Art. 139 WRV zudem als verfassungsrechtliche Wertung zu begreifen ist, ist dieser Schutzauftrag an den Gesetzgeber bei der Konkretisierung seiner grundrechtsverankerten Schutzpflichten heranzuziehen.

[148] f) Die Pflicht des Staates zu weltanschaulich-religiöser Neutralität steht einer Konkretisierung des Schutzgehalts des Art. 4 Abs. 1 und 2 GG durch Art. 139 WRV nicht entgegen. Denn die Verfassung selbst unterstellt den Sonntag und die Feiertage, soweit sie staatlich anerkannt sind, einem besonderen staatlichen Schutzauftrag und nimmt damit eine Wertung vor, die auch in der christlich-abendländischen Tradition wurzelt und kalendarisch an diese anknüpft. Wenn dies den christlichen Religionsgemeinschaften einen grundrechtsverankerten Mindestschutz der Sonntage und ihrer staatlich anerkannten Feiertage vermittelt, so ist dies in der Wert-

entscheidung des Art. 140 GG in Verbindung mit Art. 139 WRV angelegt. Im Übrigen können sich auf diesen Schutz auch andere Grundrechtsträger im Rahmen ihrer Grundrechtsverbürgungen berufen.

[149] g) Der objektivrechliche Schutzauftrag, der in der Sonn- und Feiertagsgarantie begründet ist (Art. 139 WRV), ist mithin auf die Stärkung des Schutzes derjenigen Grundrechte angelegt, die in besonderem Maße auf Tage der Arbeitsruhe und der seelischen Erhebung angewiesen sind. Dies trifft sich mit der Schutzpflicht, die auch aus den Grundrechten selbst dem Staat und seinen Organen erwächst. Der Schutzauftrag des Art. 139 WRV (i.V.m. Art. 140 GG) löst damit nicht nur die Schutzfunktion der Grundrechtsverbürgung des Art. 4 Abs. 1 und 2 GG in Bezug auf den Sonn- und Feiertagsschutz aus; darüber hinaus konkretisiert er auch inhaltlich die materiellen Vorgaben für die Ausgestaltung des grundrechtlich gebotenen Mindestschutzniveaus für die Sonn- und Feiertage durch den Gesetzgeber.

[150] 3. Der Gesetzgeber verletzt die sich aus Art. 4 Abs. 1 und 2 GG ergebende Schutzpflicht, wenn er die aus Art. 140 GG in Verbindung mit Art. 139 WRV folgenden Mindestanforderungen an den Sonn- und Feiertagsschutz unterschreitet.

[151] a) Charakter und Umfang der Schutzgarantie des Art. 140 GG in Verbindung mit Art. 139 WRV haben durch die Rechtsprechung des Bundesverfassungsgerichts schon bisher eine Konkretisierung erfahren:

[152] Art. 139 WRV enthält einen Schutzauftrag an den Gesetzgeber (vgl. BVerfGE 87, 363 <393>), der für die Arbeit an Sonn- und Feiertagen unter anderem ein Regel-Ausnahme-Verhältnis statuiert (vgl. BVerfGE 87, 363 <393>; 111, 10 <53>). Grundsätzlich hat die typische „werktägliche Geschäftigkeit“ an Sonn- und Feiertagen zu ruhen. Der verfassungsrechtlich garantierte Sonn- und Feiertagsschutz ist nur begrenzt einschränkbar. Ausnahmen von der Sonn- und Feiertagsruhe sind zur Wahrung höher- oder gleichwertiger Rechtsgüter möglich; in jedem Falle muss der ausgestaltende Gesetzgeber aber ein hinreichendes Niveau des Sonn- und Feiertagsschutzes wahren (vgl. BVerfGE 111, 10 <50>).

[153] Im Einzelnen gilt insoweit: Der Schutz der Sonn- und Feiertage wird in Art. 139 WRV als gesetzlicher Schutz beschrieben. Dies bedeutet, dass die Institution des Sonn- und Feiertags unmittelbar durch die Verfassung garantiert ist, die Art und das Ausmaß des Schutzes aber einer gesetzlichen Ausgestaltung bedürfen. Der Gesetzgeber darf in seinen Regelungen auch andere Belange als den Schutz der Arbeitsruhe und der seelischen Erhebung zur Geltung bringen. Ihm ist deshalb ein Ausgleich zwischen Art. 140 GG in Verbindung mit Art. 139 WRV einerseits und Art. 12 Abs. 1, aber auch Art. 2 Abs. 1 GG anderseits aufgegeben (vgl. BVerfGE 111, 10 <50>).

[154] Der Schutz des Art. 140 GG in Verbindung mit Art. 139 WRV ist nicht auf einen religiösen oder weltanschaulichen Sinngehalt der Sonn- und Feiertage beschränkt. Umfasst ist zwar die Möglichkeit der Religionsausübung an Sonn- und Feiertagen. Die Regelung zielt in der säkularisierten Gesellschafts- und Staatsordnung aber auch auf die Verfolgung profaner Ziele wie die der persönlichen Ruhe, Besinnung, Erholung und Zerstreuung. An den Sonn- und Feiertagen soll grundsätzlich die Geschäftstätigkeit in Form der Erwerbsarbeit, insbesondere der Verrichtung abhängiger Arbeit, ruhen, damit der Einzelne diese Tage allein oder in Gemeinschaft mit anderen ungehindert von werktäglichen Verpflichtungen und Beanspruchungen nutzen kann. Geschützt ist damit der allgemein wahrnehmbare Charakter des Tages, dass es sich grundsätzlich um einen für alle verbindlichen Tag der Arbeitsruhe handelt. Die gemeinsame Gestaltung der Zeit der Arbeitsruhe und seelischen Erhebung, die in der sozialen Wirklichkeit seit jeher insbesondere auch im Freundeskreis, einem aktiven Vereinsleben und in der Familie stattfindet, ist insoweit nur dann planbar und möglich, wenn ein zeitlicher Gleichklang und Rhythmus, also eine Synchronität, sichergestellt ist. Auch insoweit kommt gerade dem Sonntag im Sieben-Tage-Rhythmus und auch dem jedenfalls regelhaft landesweiten Feiertagsgleichklang besondere Bedeutung zu. Diese gründet darin, dass die Bürger sich an Sonn- und Feiertagen von der beruflichen Tätigkeit erholen und das tun können, was sie individuell für die Verwirklichung ihrer persönlichen Ziele und als Ausgleich für den Alltag als wichtig ansehen. Die von Art. 139 WRV ebenfalls erfasste Möglichkeit seelischer Erhebung soll allen Menschen unbeschadet einer religiösen Bindung zuteil werden (vgl. BVerfGE 111, 10 <51>).

[155] b) Der Gesetzgeber kann bei dem Ausgleich gegenläufiger Schutzgüter im Rahmen seines Gestaltungsspielraums auf eine geänderte soziale Wirklichkeit, insbesondere auf Änderungen im Freizeitverhalten, Rücksicht nehmen. Allerdings führt der Schutz der Verwirklichung von Freizeitwünschen der Bürger insoweit zu einem Konflikt, als diese auf die Bereitstellung von Leistungen angewiesen sind, die den Arbeitseinsatz der Anbieter solcher Leistungen erfordern.

[156] Einfachrechtlich werden schon seit jeher an Sonn- und Feiertagen Arbeiten gestattet, die aus gesellschaftlichen oder technischen Gründen notwendig sind. Diese Arbeiten „trotz des Sonn- und Feiertags" sind in Grenzen durchaus zulässig. So ist anerkannt, dass etwa zum Schutz von Grundrechten und sonst gewichtigen Rechtsgütern der Bürger oder der Gemeinschaft in Rettungsdiensten, bei Feuerwehr, Polizei, in der gesamten medizinischen Versorgung, für die Aufrechterhaltung der Infrastruktur – neben der Energieversorgung auch die Sicherung der Mobilität (Autostraßen, Bahnen, Busse, Luftverkehr) – an Sonn- und Feiertagen gearbeitet werden darf. In diesen Bereich fallen auch die vielfältigen Notdienste der unterschiedlichen Branchen und die Ausnahmen im industriellen Bereich aus produktionstechnischen Gründen. Für die Erhaltung der Wettbewerbsfähigkeit im internationalen Vergleich und damit aus beschäftigungspolitischen Erwägungen ist schließlich im Bereich der Industrie eine Ausnahme vom Sonntagsschutz seit langem akzeptiert, zumal diese der öffentlichen Wahrnehmung weitgehend entzogen ist und ihr damit kein prägender Charakter für den äußeren Ruherahmen der Sonntage zukommt (vgl. nur die Ausnahmeregelungen in § 10 Abs. 1 Nr. 14 bis 16 und Abs. 2 sowie insbesondere in § 13 Abs. 1, 4 und 5 Arbeitszeitgesetz – ArbZG). Dem entspricht, dass etwa der öffentlich wahrnehmbare Schwerlastverkehr aufgrund verkehrsrechtlicher Bestimmung als Ausdruck des Sonntagsschutzes grundsätzlich ruht, es aber auch hier Ausnahmen gibt (vgl. § 30 Abs. 3 Straßenverkehrs-Ordnung). Neben diesen Feldern der „Arbeit trotz des Sonntags" ist auch die „Arbeit für den Sonntag" anerkannt, die etwa in der Hotel- und Gastronomiebranche und im Bereich der Sicherstellung der Mobilität des Einzelnen dazu dient, den Bürgern eine individuelle Gestaltung ihres Tages der Arbeitsruhe und der seelischen Erhebung zu ermöglichen. Stets aber muss ein hinreichendes Niveau des Sonn- und Feiertagsschutzes gewahrt bleiben (vgl. BVerfGE 111, 10 <51 f.>). Das gilt auch im Blick

auf die Berufsausübungsfreiheit (Art. 12 Abs. 1 GG; vgl. BVerfGE 111, 10 <50, 52>).

[157] c) Auf dieser Grundlage ergibt sich, dass gesetzliche Schutzkonzepte für die Gewährleistung der Sonn- und Feiertagsruhe erkennbar diese Tage als solche der Arbeitsruhe zur Regel erheben müssen. Hinsichtlich der hier in Rede stehenden Ladenöffnung bedeutet dies, dass die Ausnahme eines dem Sonntagsschutz gerecht werdenden Sachgrundes bedarf. Ein bloß wirtschaftliches Umsatzinteresse der Verkaufsstelleninhaber und ein alltägliches Erwerbsinteresse („Shopping-Interesse") potenzieller Käufer genügen grundsätzlich nicht, um Ausnahmen von dem verfassungsunmittelbar verankerten Schutz der Arbeitsruhe und der Möglichkeit zu seelischer Erhebung an Sonn- und Feiertagen zu rechtfertigen. Darüber hinaus müssen Ausnahmen als solche für die Öffentlichkeit erkennbar bleiben und dürfen nicht auf eine weitgehende Gleichstellung der sonn- und feiertäglichen Verhältnisse mit den Werktagen und ihrer Betriebsamkeit hinauslaufen.

[158] Dem Regel-Ausnahme-Gebot kommt generell umso mehr Bedeutung zu, je geringer das Gewicht derjenigen Gründe ist, zu denen der Sonn- und Feiertagsschutz ins Verhältnis gesetzt wird und je weitergreifend die Freigabe der Verkaufsstellenöffnung in Bezug auf das betroffene Gebiet sowie die einbezogenen Handelssparten und Warengruppen ausgestaltet ist. Deshalb müssen bei einer flächendeckenden und den gesamten Einzelhandel erfassenden Freigabe der Ladenöffnung rechtfertigende Gründe von besonderem Gewicht vorliegen, wenn mehrere Sonn- und Feiertage in Folge über jeweils viele Stunden hin freigegeben werden sollen.

[159] 4. Die angegriffenen Regelungen des Berliner Ladenöffnungsgesetzes über die Verkaufsstellenöffnung an Sonn- und Feiertagen und die vom Landesgesetzgeber gewählte Schutzkonzeption werden diesen grundrechtlichen Schutzpflichtanforderungen aus Art. 4 Abs. 1 und 2 GG in Verbindung mit Art. 140 GG und Art. 139 WRV nicht in jeder Hinsicht gerecht. Die vom Landesgesetzgeber gewählte Schutzkonzeption ist zwar formell verfassungsgemäß und enthält gewichtige schützende Elemente. Sie erweist sich indessen – auch eingedenk der Weite des Gestaltungsspielraums des Landesgesetzgebers – hinsichtlich des gebotenen Mindest-

schutzniveaus in einem wesentlichen Teil als nicht hinreichend wirksam und bleibt insoweit hinter dem vorgegebenen Schutzziel erheblich zurück.

[160] a) Der Berliner Landesgesetzgeber ist Adressat der grundrechtlichen Schutzpflicht; denn ihm kommt die Gesetzgebungsbefugnis für die hier in Rede stehenden Regelungen zu.

[161] Mit der ausdrücklichen Herausnahme des Rechts des Ladenschlusses aus dem Katalog der Gegenstände der konkurrierenden Gesetzgebung in Art. 74 Abs. 1 Nr. 11 GG im Zuge der Föderalismusreform I ist die Gesetzgebungskompetenz auf die Länder übergegangen (Art. 70 Abs. 1 GG). Kompetenzrechtlichen Zweifeln sind die angegriffenen Vorschriften nicht deshalb ausgesetzt, weil sich die konkurrierende Gesetzgebung des Bundes nach Art. 74 Abs. 1 Nr. 12 GG auf das Gebiet des Arbeitsrechts einschließlich des Arbeitsschutzes erstreckt und der Bund ein Arbeitszeitgesetz erlassen hat, in § 7 BerlLadÖffG aber gleichwohl arbeitsschutzrechtliche Aspekte des Ladenschlusses geregelt sind. Der Berliner Landesgesetzgeber ist offenbar davon ausgegangen, dass die konkurrierende Gesetzgebungskompetenz für das Arbeitszeitrecht im Zusammenhang mit dem Ladenschluss beim Bund verblieben ist, dieser jedoch hiervon insoweit keinen Gebrauch gemacht hat (vgl. Abgeordnetenhaus Drucks 16/0015, S. 14, zu § 7 BerlLadÖffG). Die Frage der Gesetzgebungskompetenz hinsichtlich des arbeitszeitrechtlichen Regelungselements kann hier offen bleiben, weil die individuell-arbeitnehmerschützende Bestimmung des § 7 BerlLadÖffG nicht Angriffsgegenstand der Verfassungsbeschwerden ist. Selbst wenn dem Landesgesetzgeber insoweit die Gesetzgebungskompetenz fehlen würde, blieben die übrigen hier angegriffenen Bestimmungen des Gesetzes davon unberührt. Denn dann würde die – insoweit strengere – bundesrechtliche Arbeitszeitschutzregelung greifen (vgl. § 13 ArbZG) oder von der Fortgeltung der arbeitnehmerschützenden Bestimmung des § 17 LadSchlG auszugehen sein (vgl. dazu Kühling, ArbuR 2006, S. 384; Kühn, ArbuR 2006, S. 418, siehe auch Kingreen/Pieroth, NVwZ 2006, S. 1221 <1224>; Horstmann, NZA 2006, S. 1246 <1249 f.>).

[162] b) Die Schutzkonzeption und die angegriffenen Regelungen des Berliner Ladenöffnungsgesetzes werden dem Grundrecht der Beschwerdeführer aus Art. 4 Abs. 1 und 2 in Verbindung mit Art. 140 GG und

Art. 139 WRV hinsichtlich des zu gewährleistenden Mindestschutzes nicht uneingeschränkt gerecht. Der Gesetzgeber hat zwar positive Schutzvorkehrungen getroffen, die bei der gebotenen Gesamtbetrachtung seines Konzepts mit in den Blick zu nehmen sind. Die Durchbrechungen dieses Schutzkonzepts verfehlen indessen in einem wesentlichen Teil das erforderliche Mindestniveau an Schutz.

[163] aa) Nach dem Berliner Landesrecht genießen die Sonntage und die allgemeinen Feiertage als Tage der Arbeitsruhe und der seelischen Erhebung staatlichen Schutz (§ 1 Abs. 3 des Gesetzes über die Sonn- und Feiertage Berlin). An diesen Tagen sind öffentlich bemerkbare Arbeiten verboten, soweit sie nicht nach Bundes- oder Landesrecht allgemein oder im Einzelfall zugelassen sind (vgl. § 2 Feiertagsschutz-Verordnung Berlin mit weiteren Ausnahmetatbeständen). Das Berliner Ladenöffnungsgesetz sieht dementsprechend im Grundsatz vor, dass Verkaufsstellen an Sonn- und Feiertagen geschlossen sein müssen (§ 3 Abs. 2 Nr. 1 BerlLadÖffG). Damit wird der Konflikt zwischen den grundrechtlichen Positionen der Ladeninhaber (Berufsfreiheit) und Einkaufswilligen (allgemeine Handlungsfreiheit) einerseits und den Beschäftigten, den Ruhesuchenden sowie den Beschwerdeführern (Art. 2, 4 Abs. 1 und 2, Art. 6 Abs. 1 und 2 GG) andererseits im Ausgangspunkt und in der systematischen Anlage zugunsten eines grundsätzlichen Schutzes der Beschwerdeführer und anderer arbeitsruhesuchender Grundrechtsträger entschieden. Im Ansatz entspricht das – für sich betrachtet – dem Schutzauftrag des Art. 139 WRV. Auch in der Gesetzesbegründung zum Berliner Ladenöffnungsgesetz wird die Bedeutung des Sonn- und Feiertagsschutzes zur Gewährleistung der Arbeitsruhe und der seelischen Erhebung allgemein hervorgehoben (vgl. Abgeordnetenhaus Drucks 16/0015, S. 7 f.). Schließlich hat der Landesgesetzgeber auf eine generelle, einzelfallbezogene Ausnahmeklausel ohne Begrenzung der Zahl der ihr unterfallenden Sonn- und Feiertage verzichtet, wie sie das Bundesrecht kannte (§ 23 LadSchlG).

[164] bb) Das Schutzkonzept des Landesgesetzgebers wird indessen durch die Ausnahmeregelungen zur Ladenöffnung an Sonn- und Feiertagen erheblich eingeschränkt. In einem wesentlichen Teil wird dadurch dem Erfordernis des Regel-Ausnahme-Verhältnisses nicht hinreichend Rechnung getragen und es bestehen insoweit keine genügenden Gründe. Im

Ergebnis ist das erforderliche Mindestschutzniveau deshalb nicht gewährleistet.

[165] (1) Bei der Einordnung und Bewertung der Durchbrechungen der Arbeitsruhe an Sonn- und Feiertagen kommt der Ladenöffnung großes Gewicht zu. Das Erreichen des Ziels des Sonntagsschutzes – des religiös wie des weltlich motivierten – setzt das Ruhen der typischen werktäglichen Geschäftigkeit voraus. Gerade die Ladenöffnung prägt aber wegen ihrer öffentlichen Wirkung den Charakter des Tages in besonderer Weise. Von ihr geht eine für jedermann wahrnehmbare Geschäftigkeits- und Betriebsamkeitswirkung aus, die typischerweise den Werktagen zugeordnet wird. Diese Wirkung wird nicht nur durch die in den Verkaufsstellen tätigen Arbeitnehmer und sonstigen Beschäftigten ausgelöst, sondern auch durch die Kunden. Sie erfasst überdies den Straßenverkehr und den öffentlichen Personennahverkehr in seiner Dichte und hat Rückwirkungen auf dessen Beschäftigte wie auch den verkehrsverursachten Lärm. Auf diese Weise bestimmt die Ladenöffnung maßgeblich das öffentliche Bild des Tages. Damit werden notwendig auch diejenigen betroffen, die weder arbeiten müssen noch einkaufen wollen, sondern Ruhe und seelische Erhebung suchen, namentlich auch die Gläubigen christlicher Religionen und die Religionsgemeinschaften selbst, nach deren Verständnis der Tag ein solcher der Ruhe und der Besinnung ist.

[166] (2) Die Zahl der durch die Ladenöffnung an Sonn- und Feiertagen potentiell Betroffenen auf Beschäftigten- und Kundenseite sowie in so genannten Folgesparten, zum Beispiel dem innerörtlichen Verkehr, ist vergleichsweise hoch. So liegt die Zahl allein der sozialversicherungspflichtig Beschäftigten ausweislich der vorliegenden statistischen Erhebungen deutschlandweit im Einzelhandel um mehr als das Doppelte, in Berlin um nahezu das Doppelte über der Zahl der Beschäftigten in der Gastronomiebranche. Der Anteil der weiblichen Beschäftigten ist besonders hoch (vgl. dazu Amt für Statistik Berlin-Brandenburg, Statistischer Bericht A VI 15 – vj 4/07, Sozialversicherungspflichtig Beschäftigte, Juni 2008). Hinzu kommen die Selbständigen, die mithelfenden Familienangehörigen und vor allem die so genannten geringfügig Beschäftigten. Hinsichtlich der zuletzt genannten Gruppe deutet eine Studie, die von Gewerkschaftsseite publiziert worden ist, auf einen Trend hin, demzufolge

die Ausweitung der Ladenöffnungszeiten den Anteil der nicht-sozialversicherungspflichtig Beschäftigten deutlich erhöht hat. Nach dieser Studie beträgt der Anteil der Frauen an der Mitarbeiterschaft der Verkaufsstellen etwa 72 % (so schon der Hinweis in BVerfGE 111, 10 <40>; vgl. WABE-Institut Berlin, Hrsg. ver.di – Vereinte Dienstleistungsgewerkschaft, Einzelhandel – Branchendaten 2007/2008, 27. März 2008). Diese Beschäftigtenzahlen sind allerdings Gesamtzahlen. Potentiell sind zwar alle Beschäftigten von der Durchbrechung des Sonn- und Feiertagsschutzes betroffen. Real wird an freigegebenen Sonn- und Feiertagen aber stets nur ein gewisser Anteil der Beschäftigten arbeiten.

[167] Allein schon diese beachtliche Zahl von Betroffenen belegt eine erhebliche Beeinträchtigung der grundsätzlichen Arbeitsruhe an Sonn- und Feiertagen mit breiter Öffentlichkeitswirkung, zumal wenn – wie hier – generelle, landesweite Öffnungsmöglichkeiten für alle Verkaufsstellen in Rede stehen.

[168] (3) Durch die maximale Ausweitung der werktäglichen Öffnungszeiten auf 24 Stunden, die, wenn von ihnen Gebrauch gemacht wird, mit entsprechendem Personaleinsatz verbunden ist, gewinnt die Arbeitsruhe an Sonn- und Feiertagen noch mehr an Bedeutung und Gewicht. Mit der vollständigen Freigabe der Ladenöffnungszeiten an Werktagen einschließlich des Samstags („shop-around-the-clock") kommt es notwendigerweise vermehrt zum Einsatz der Beschäftigten im Schicht- und Nachtbetrieb. Deshalb ist für sie trotz der arbeitszeitrechtlichen Vorschriften für den individuellen Arbeitsschutz gerade der Sonntag als einzig verbleibender Tag der Arbeitsruhe im rhythmischen Gleichklang ein solcher der Rekreation und der Möglichkeit des familiären und sozialen Zusammenseins von herausragender Bedeutung. Das gilt zumal angesichts der Beschäftigtenstruktur im Einzelhandel, in dem Frauen, die sich im Rahmen einer familiären Einbindung zu einem großen Teil nach wie vor einer Doppelbelastung in ihren Familien ausgesetzt sehen, besonders stark vertreten sind (in diesem Sinne auch schon BVerfGE 111, 10 <40>).

[169] Die Professoren Knauth und Nachreiner haben in der mündlichen Verhandlung hervorgehoben, dass die Ausweitung von Nacht- und Schichtarbeit bei gleichzeitiger Einbeziehung des Tages der allgemeinen

Arbeitsruhe vermehrt zu psychosozialen Beeinträchtigungen führt. Eine Verringerung oder gar Aufgabe sozialer Beziehungen, eine reduzierte Anteilnahme am sozialen Leben und eine Veränderung der Einstellung zu sozialer, aber auch zu politischer Teilhabe, sind nicht nur bei lebensnaher Betrachtung naheliegend; sie sind auch in der Arbeitswissenschaft anerkannt. Die Desynchronisationseffekte führen zwangsläufig zu einer Verringerung der sozialen Interaktionsdichte und -qualität, die sich auch auf den Familienverband und zu betreuende Kinder auswirkt. Aus religiös-christlicher Sicht, die sich im Ergebnis von den in der weltlich-sozialen Perspektive hervorgehobenen Auswirkungen nicht wesentlich unterscheidet, wird insoweit den Sonn- und Feiertagen der Charakter als Tag der Gemeinschaft, aber auch der Besinnung durch ausgreifende Ladenöffnungsmöglichkeiten, die auch Folgesparten miterfassen, weitgehend genommen.

[170] (4) Schließlich fällt ins Gewicht, dass der Landesgesetzgeber gerade der Berufsausübungsfreiheit der Verkaufstelleninhaber wie auch der allgemeinen Handlungsfreiheit potenzieller Kunden in weitem Umfang Rechnung getragen hat. Er hat die werktäglichen Öffnungszeiten vollständig freigegeben (24-Stunden-Öffnung) und warengruppenspezifische sowie orts- und anlassbezogene Ausnahmeregelungen getroffen, die an Sonn- und Feiertagen dem Erwerbs- und Einkaufsinteresse sowie dem Versorgungs- und Bedarfsdeckungsinteresse in hohem Maße entsprechen (vgl. § 4 Nr. 1, Nr. 2, Nr. 3, Nr. 5, § 4 Abs. 2 und 3, § 5 Nr. 2, Nr. 3 BerlLadÖffG). Dem Bedarfsdeckungs- und Versorgungsargument kommt deswegen an Sonn- und Feiertagen nur noch geringe Bedeutung zu. Auch im Hinblick auf die beschäftigungspolitischen Effekte hat sich bislang kein Hinweis auf die Gefahr eines beachtlichen Einbruchs im Einzelhandel ergeben. Die vorliegenden Erkenntnisse, etwa in der Studie des WABE-Instituts (herausgegeben von ver.di – Vereinte Dienstleistungsgewerkschaft, Einzelhandel – Branchendaten 2007/2008, Berlin, 27. März 2008), deuten auch unter Berücksichtigung der vom Handelsverband Berlin-Brandenburg vorgelegten Übersichten darauf hin, dass es mit der Sonntagsladenöffnung lediglich zu einer anderen Verteilung der Kundenströme und einer Optimierung und Streckung des Einsatzes der Arbeitnehmer kommt. Erkennbar verbleibt danach ein unternehmerisches Erwerbsinteresse, das sich mit dem alltäglichen Shopping-Interesse von Besuchern und Einwohnern im Land Berlin paart. Diese sind aber keine geeigneten Gründe, die es rechtfertigen

könnten, das Niveau des Sonn- und Feiertagsschutzes in erheblichem Umfang abzusenken.

[171] (5) Die Beeinträchtigung der Sonn- und Feiertagsruhe wird nicht durch den von der Bundesarbeitsgemeinschaft der Mittel- und Großbetriebe des Einzelhandels erhobenen Einwand relativiert, mit der Neuregelung der Ladenöffnungszeiten sei die für gleichheitswidrig zu erachtende Bevorzugung von Einzelhändlern an privilegierten Standorten (Tankstellen, Raststätten, Flughäfen, Bahnhöfen; vgl. § 5 BerlLadÖffG) und die Bevorzugung des Online-Handels („E-Commerce") deutlich abgemildert worden. Diese Argumentation, die letztlich auf die Forderung des Ausgleichs von Wettbewerbsnachteilen hinausläuft, die durch unterschiedliche tatsächliche und rechtliche Rahmenbedingungen entstehen, kann nicht durchdringen. Verfassungsrechtlich ist anerkannt, dass es grundsätzlich keinen Anspruch auf Teilhabe an Vergünstigungen gibt. Niemand kann allein daraus, dass einer Gruppe aus besonderem Anlass Vergünstigungen zugestanden werden, für sich ein verfassungsrechtliches Gebot herleiten, dieselben Vorteile in Anspruch nehmen zu dürfen (vgl. BVerfGE 49, 192 <208>; 67, 231 <238>), sofern für ihn kein vergleichbarer besonderer Anlass besteht. Wegen des Ausnahmecharakters der Regelungen für die Verkaufsstellenöffnung an bestimmten Orten, die letztlich dem Bereich der „Arbeit für den Sonntag" zuzuordnen sind, kann deren Ausweitung auf bis dahin nicht erfasste Sachverhalte nicht durch Berufung auf den allgemeinen Gleichheitssatz erzwungen werden (vgl. BVerfGE 67, 231 <238>). Hinsichtlich des Online-Handels („E-Commerce") scheidet die Annahme einer sachwidrigen Ungleichbehandlung schon deshalb aus, weil sich dessen Rahmenbedingungen grundlegend anders darstellen.

[172] (6) Soweit in der Gesetzesbegründung (vgl. Abgeordnetenhaus Drucks 16/0015, S. 7) hervorgehoben wird, dem Schutz des Verkaufspersonals werde durch das Arbeitszeitrecht Rechnung getragen, ändert dies ebenfalls nichts an der beeinträchtigenden Wirkung der Verkaufsstellenöffnung an Sonn- und Feiertagen. Von diesen arbeitnehmerschützenden Bestimmungen geht nur eine individuelle Schutzwirkung aus (vgl. § 7 BerlLadÖffG). Auf die öffentlich wahrnehmbare, den Tag maßgeblich prägende Geschäftigkeitswirkung der Ladenöffnung sind sie ohne Einfluss.

[173] c) Auf dieser Grundlage führt die Bestimmung über die voraussetzungslose siebenstündige Öffnung an allen vier Adventssonntagen wegen der vollständigen Herausnahme eines zusammenhängenden Monatszeitraums aus dem Schutz der Sonntage ohne hinreichend gewichtige Gründe zu einem Unterschreiten des Maßes an gebotenem Mindestschutz. Die flächendeckende Möglichkeit der Öffnung aufgrund einer Allgemeinverfügung an vier weiteren Sonn- oder Feiertagen bei öffentlichem Interesse ohne zeitliche Begrenzung ist bei einschränkender Interpretation mit der Verfassung vereinbar. Die weiteren mit den Verfassungsbeschwerden angegriffenen Bestimmungen beeinträchtigen den verfassungsrechtlich gebotenen Mindestschutz nicht in erheblichem Maße; sie sind verfassungsrechtlich nicht zu beanstanden.

[174] aa) Die Adventssonntagsregelung (§ 3 Abs. 1 Alternative 2 BerlLadÖffG) als generelle und materiell voraussetzungslose Freigabe der Öffnung von Verkaufsstellen an allen Adventssonntagen von 13.00 bis 20.00 Uhr im Land Berlin steht angesichts der Bedeutung der Verkaufsstellenöffnung für die Gewährleistung der Arbeitsruhe an Sonn- und Feiertagen mit dem Grundrecht der Beschwerdeführer aus Art. 4 Abs. 1 und 2 GG in Verbindung mit Art. 140 GG und Art. 139 WRV nicht mehr in Einklang.

[175] (1) Die Besonderheit dieser Regelung besteht darin, dass schon kraft Gesetzes ohne irgendeine weitere Voraussetzung vier Sonntage in Folge für die Dauer von jeweils sieben Stunden zur Ladenöffnung freigegeben werden. Diese Vorschrift hält der Anforderung, dass die Sonntagsruhe die Regel ist, nicht stand, weil sie einen in sich geschlossenen Zeitblock von etwa einem Zwölftel des Jahres vollständig vom Grundsatz der Arbeitsruhe ausnimmt. Daran ändert der allgemein gehaltene Hinweis in der Gesetzesbegründung auf die Metropolfunktion Berlins nichts. Auch darin spiegeln sich lediglich bloße Umsatz- und Erwerbsinteressen wider. Der Sache nach läuft die Regelung mithin darauf hinaus, den Sonn- und Feiertagsschutz für die Dauer eines Monates für die Verkaufsstellen, die den äußeren Charakter des Tages auch angesichts der Zahl der unmittelbar wie mittelbar Betroffenen und der Öffentlichkeitswirkung maßgeblich prägen, aufzuheben, ohne dass für eine derart intensive Beeinträchtigung eine hinreichend gewichtige Begründung gegeben würde oder sonst er-

kennbar wäre, die dem verfassungsrechtlichen Rang des Sonntagsschutzes gerecht werden könnte.

[176] Wenn der Berliner Landesgesetzgeber mit Blick auf die Besonderheiten der Vorweihnachtszeit für eine Ladenöffnung an den Adventssonntagen Sachgründe anführen könnte, so könnte dies die Ladenöffnung nur an einzelnen Sonntagen rechtfertigen.

[177] (2) Entgegen der in der Stellungnahme des Abgeordnetenhauses und des Senats von Berlin vertretenen Auffassung kann der vorstehenden Bewertung der gesetzlichen Freigabe der Adventssonntage nicht mit Erfolg entgegengehalten werden, dass schon während der Zeit der Weimarer Republik und in der Bundesrepublik bis zum Jahr 1956 gerade die Adventssonntage besonders wichtige Verkaufstage des Handels gewesen seien. Diese Stellungnahme stützt sich darauf, dass nach der Änderung des § 105b Abs. 2 Gewerbeordnung durch Art. 1 der Verordnung über die Sonntagsruhe im Handelsgewerbe und in Apotheken vom 5. Februar 1919 (RGBl S. 176) die Öffnung der Verkaufsstellen durch die zuständigen Behörden noch zugelassen gewesen sei und dies auch in der Weimarer Republik gegolten habe. Danach habe die Polizeibehörde für sechs Sonn- und Festtage, die höhere Verwaltungsbehörde für weitere vier Sonn- und Festtage im Jahre, an denen „besondere Verhältnisse einen erweiterten Geschäftsverkehr erforderlich machen, für alle oder für einzelne Geschäftszweige“ eine Beschäftigung bis zu acht Stunden zulassen dürfen. Am 2., 3. und 4. Adventssonntag seien damals auf der Grundlage dieser Regelung besonders hohe Umsätze erzielt worden. An die seinerzeitige Rechtslage knüpfe Art. 139 WRV an, indem er mit der Formulierung „bleiben ... geschützt“ den Vergangenheitsbezug zum Ausdruck bringe.

[178] Dieser Einwand verkennt, dass die vergangenheitsbezogene Wendung in Art. 139 WRV die Sonn- und Feiertage lediglich in allgemeiner Hinsicht dem fortdauernden Schutz des Gesetzgebers anheimgibt, über dessen konkrete Ausgestaltung indessen zunächst nichts aussagt. Bei der vergleichenden Beurteilung ist in Betracht zu ziehen, dass Ausnahmen von der Sonntagsruhe im Handel nach der genannten früheren Regelung an die Erfüllung einer begrenzenden Tatbestandsvoraussetzung gebunden waren und eine verwaltungsbehördliche Entscheidung darüber voraus-

setzten. Sie besagte nicht, dass eine Ladenöffnung an allen Adventssonntagen von vornherein und überall zulässig sein sollte. Hinzu kommt, dass damals die Ladenöffnungszeiten an den Werktagen abends kürzer waren und auch die Samstags-Öffnungszeiten nicht bis in den späten Abend reichten. Die geringere Mobilität der Bevölkerung erschwerte zudem in ländlichen Gebieten Einkäufe während der Werktage. Auch wegen der damals deutlich ausgedehnteren werktäglichen Arbeitszeiten in anderen Branchen hatte die Möglichkeit zum Tätigen von Weihnachtseinkäufen an den Adventssonntagen unter dem Versorgungs- und Bedarfsaspekt größere Bedeutung. Dieser Gesichtspunkt hat aufgrund der veränderten Verhältnisse, vor allem mit der Ausdehnung der werktäglichen Öffnungszeiten auf 24 Stunden, sein Gewicht eingebüßt.

[179] bb) Die Regelung, wonach die Senatsverwaltung im öffentlichen Interesse ausnahmsweise die Öffnung von Verkaufsstellen an höchstens vier (weiteren) Sonn- oder Feiertagen durch Allgemeinverfügung zulassen kann (§ 6 Abs. 1 Satz 1 BerlLadÖffG), ist mit dem Grundrecht der Beschwerdeführer aus Art. 4 Abs. 1 und 2 GG in Verbindung mit Art. 140 GG und Art. 139 WRV jedenfalls bei einschränkender Auslegung vereinbar.

[180] (1) Hinsichtlich der Zahl von vier Tagen lässt sich gegen die Regelung im Blick auf die Gesamtzahl von regelhaft 52 Sonntagen im Jahr und von insgesamt neun je nicht zwingend auf einen Sonntag fallenden weiteren Feiertagen nichts erinnern, zumal bestimmte Feiertage von dieser Öffnungsmöglichkeit ausgenommen sind (§ 6 Abs. 1 Satz 2 BerlLadÖffG). Da die Freigabe durch Allgemeinverfügung erfolgt, bedarf es einer Verwaltungsentscheidung, die die Möglichkeit eröffnet, die jeweils betroffenen Interessen und Rechtsgüter konkret in eine Abwägung einzubeziehen.

[181] (2) Bedenken begegnet indessen die weite, allgemein gehaltene Voraussetzung für die Ausnahmeregelung: Erforderlich ist lediglich, dass die ausnahmsweise Öffnung „im öffentlichen Interesse“ liegt. Dabei handelt es sich um einen ausfüllungsbedürftigen unbestimmten Rechtsbegriff, der es bei einem allein am Wortlaut orientierten Verständnis ermöglicht, jedes noch so geringe öffentliche Interesse genügen zu lassen. Hier

ist eine der Wertung des Art. 139 WRV genügende Auslegung geboten. Danach ist ein öffentliches Interesse solchen Gewichts zu verlangen, das die Ausnahmen von der Arbeitsruhe rechtfertigt. Dazu genügen das alleinige Umsatz- und Erwerbsinteresse auf Seiten der Verkaufsstelleninhaber und das alltägliche „Shopping-Interesse“ auf der Kundenseite nicht.

[182] Der Begriff des „öffentlichen Interesses“ soll der Gesetzesbegründung zufolge für „besondere Ereignisse im Interesse der Berliner und Touristen“ zusätzliche Öffnungszeiten zulassen. Dabei soll es um „große Veranstaltungen“ gehen, die wegen ihrer Bedeutung für die ganze Stadt eine Geschäftsöffnung erforderlich machen. Damit sind Veranstaltungen und Ereignisse gemeint, die auch „über die Stadt hinaus Bedeutung haben und zahlreiche Touristen nach Berlin holen“ (Abgeordnetenhaus Drucks 16/0015, S. 13). Auf diese Weise wird dem Umstand Rechnung getragen, dass sich in einem Land von der Struktur Berlins die Versorgung von Touristen und Besuchern von großen Messen und anderen Großveranstaltungen schwer auf bestimmte Bezirke begrenzen lässt. Für die von der Begründung in Bezug genommene Zielsetzung und Kategorie von Ereignissen werden nur Veranstaltungen, die einzeln oder in ihrem Zusammenwirken Bedeutung für Berlin als Ganzes haben, die Ausnahme tragen können.

[183] (3) Bei verfassungskonformer Auslegung ist nicht zu beanstanden, dass die Ausnahme von der Arbeitsruhe an Sonn- und Feiertagen in § 6 Abs. 1 BerlLadÖffG an den betroffenen Tagen keine ausdrückliche uhrzeitliche Eingrenzung enthält. Während die anderen Ausnahmeregelungen zur Ladenöffnung an den Adventssonntagen sowie aus Anlass besonderer Ereignisse eine Begrenzung auf den Zeitraum von 13.00 bis 20.00 Uhr vorsehen (§ 3 Abs. 1 Alternative 2, § 6 Abs. 2 BerlLadÖffG), fehlt hier eine solche. Der Wortlaut lässt also den Schluss zu, dass an den in Rede stehenden vier weiteren Sonn- oder Feiertagen – wie nach der Berliner Regelung für Werktage – eine 24-Stunden-Öffnung statthaft sei. Gerade weil bei den anderen Ausnahmeregelungen – von denen für besondere Verkaufsstellen und bestimmte Waren abgesehen – ausdrücklich uhrzeitliche Begrenzungen genannt sind, hier indessen nicht, liegt diese Auslegung nicht fern. Von ihr gehen auch das Abgeordnetenhaus und der Senat von Berlin in ihrer Stellungnahme aus. Ein solches Verständnis liefe allerdings darauf hinaus, dass die werktägliche Geschäftigkeit an

diesen Tagen wegen der prägenden öffentlichen Betriebsamkeitswirkung der Verkaufsstellenöffnung in vollem Umfang auf die Sonn- und Feiertage übertragen würde. Diese Tage würden sich insoweit – jedenfalls nach der maßgeblichen Rechtslage – nicht mehr deutlich vom Werktag unterscheiden. Der Ausnahmecharakter der Regelung käme in der praktischen Anwendung und in der öffentlichen Wahrnehmung nicht mehr hinreichend zum Ausdruck.

[184] Auch insoweit ist allerdings die Möglichkeit einer einengenden, grundrechts- und sonntagsschutzgeleiteten Auslegung der Ausnahmebestimmung eröffnet. Diese orientiert sich an dem System der übrigen Ausnahmen, das der Landesgesetzgeber in § 3 Abs. 1 Alternative 2, § 6 Abs. 2 BerlLadÖffG errichtet hat und das uhrzeitliche Begrenzungen vorsieht. Will der Landesgesetzgeber dennoch eine flächendeckende, allgemeine 24-Stunden-Öffnung an Sonn- und Feiertagen ermöglichen, könnte er dem verfassungsrechtlich zu gewährleistenden Schutz nur dadurch Rechnung tragen, dass er dafür eine besonders hohe Voraussetzung vorsähe, etwa ein herausragend gewichtiges öffentliches Interesse. Da dies nicht geschehen ist, ist es für die vorliegende Fassung die schonendere Möglichkeit, anstatt der Verwerfung auch dieses Ausnahmetatbestandes eine dem Ausnahmeregime in wesentlichen Teilen eigene uhrzeitliche Begrenzung von 13.00 bis 20.00 Uhr zu verlangen, die Vorschrift in dieser Interpretation jedoch unbeanstandet zu lassen. Anhaltspunkte dafür, dass dieser einschränkenden Auslegung ein gegenläufiger Wille des Landesgesetzgebers entgegenstünde, bestehen nicht. Ein solches einengendes Verständnis des Ausnahmetatbestandes entspricht im Übrigen der bisherigen Anwendungspraxis im Land Berlin, die auch in der mündlichen Verhandlung unwidersprochen bestätigt worden ist.

[185] 5. Die weiteren angegriffenen Bestimmungen, die das Schutzkonzept des Landesgesetzgebers mit Ausnahmen versehen, begegnen keinen verfassungsrechtlichen Bedenken. Das gilt auch für das Zusammenwirken der nach Maßgabe dieser Gründe nicht zu beanstandenden Regelungen.

[186] a) Die Regelung, dass Verkaufsstellen aus Anlass besonderer Ereignisse, insbesondere von Firmenjubiläen und Straßenfesten, an jährlich höchstens zwei weiteren Sonn- oder Feiertagen von 13.00 bis

20.00 Uhr öffnen dürfen (§ 6 Abs. 2 Satz 1 BerlLadÖffG), ist verfassungsrechtlich weder für sich gesehen noch im schutzkonzeptionellen Kontext zu beanstanden.

[187] Die Verkaufsstelle hat dem zuständigen Bezirksamt die Öffnung sechs Tage vorher anzuzeigen (§ 6 Abs. 2 Satz 2 BerlLadÖffG). Der Schutz besonderer Feiertage nach § 6 Abs. 1 Satz 2 BerlLadÖffG gilt hier entsprechend (vgl. § 6 Abs. 2 Satz 3 BerlLadÖffG). Diese Ladenöffnungsmöglichkeit ist wegen ihrer engen örtlichen Begrenzung ohnehin von geringer prägender Wirkung für den öffentlichen Charakter des Tages. Es kann hingenommen werden, dass die im Gesetz geforderten Voraussetzungen lediglich von eingeschränktem Gewicht sind, weil sie jeweils auf konkrete Verkaufsstellen und ein Jubiläum oder auf Feste im Straßenzugsbereich abheben. Auch besteht wegen des sechstägigen Vorlaufs der Anzeige eine ausreichende Möglichkeit zur Kontrolle und gegebenenfalls zum Einschreiten der Verwaltung. Dass damit gerade in einem überwiegend städtisch strukturierten Land ein so genannter Flickenteppich entstehen kann, auf dem aufs Jahr gesehen irgendwelche Verkaufsstellen mit uneingeschränktem Warenangebot immer geöffnet haben, erscheint bei dieser Lösung unvermeidlich, aber hinnehmbar. Daher lässt sich nicht sagen, diese Ausnahme unterschreite ein als hinreichend zu erachtendes Mindestschutzniveau.

[188] b) Die Beschwerdeführer beanstanden überdies einige weitere Einzelheiten des Gesetzes, denen jedoch unter dem Gesichtspunkt der Wirksamkeit des gesetzgeberischen Schutzkonzepts kaum oder allenfalls äußerst geringe Bedeutung beizumessen ist und gegen die von Verfassungs wegen nichts zu erinnern ist.

[189] aa) Unter dem Gesichtspunkt der Wahrung der Religionsfreiheit ist nichts dagegen einzuwenden, dass Verkaufsstellen mit überwiegendem Lebens- und Genussmittelangebot am 24. Dezember von 7.00 bis 14.00 Uhr öffnen dürfen, wenn dieser Tag auf einen Adventssonntag fällt (§ 4 Abs. 1 Nr. 4 BerlLadÖffG), und dass in mobilen Verkaufsstellen leicht verderbliches Obst und Gemüse vom Erzeuger auch an Sonn- und Feiertagen, an Adventssonntagen von 7.00 bis 20.00 Uhr und am 24. Dezember, wenn dieser Tag auf einen Adventssonntag fällt, von 7.00

bis 14.00 Uhr angeboten werden darf (§ 4 Abs. 2 Nr. 1 BerlLadÖffG). Diese Ausnahmeregelungen lassen aus sich heraus ohne weiteres Gründe erkennen, die im Blick auf die Mindestschutzgewährleistung tragfähig sind. Sie sind im Kontext der Ladenöffnungsregelungen von lediglich randständiger Bedeutung. Der Gesetzgeber hält sich damit im Rahmen des ihm zukommenden weiten Gestaltungsspielraumes. Zwar ist es zutreffend, wie die Beschwerdeführer geltend machen, dass es unter den bevorratungspraktischen Bedingungen der heutigen Zeit ohne Schwierigkeiten möglich ist, die benötigten Lebens- und Genussmittel für die Weihnachtsfeiertage auch am 23. Dezember zu erwerben, wenn der 24. Dezember auf einen Sonntag fällt. Ebenso lässt sich vertreten, dass heimisches leicht verderbliches Obst und Gemüse vom Erzeuger angesichts der heutigen Möglichkeiten zur Kühlung und Lagerung nicht privilegierungsbedürftig sei. Die Argumentation der Beschwerdeführer geht aber daran vorbei, dass dem Gesetzgeber im Rahmen der Ausgestaltung seines Schutzkonzepts ein weiter Spielraum zukommt, namentlich bei der Statuierung von spezifischen Ausnahmen. Gemessen daran lässt sich nicht feststellen, dass die in Rede stehenden Regelungen, die bestimmte Warengruppen betreffen, das Schutzniveau des Sonn- und Feiertagsschutzes gravierend beeinträchtigen würden.

[190] bb) Soweit der Beschwerdeführer zu 2) die Fassung des § 4 Abs. 1 Nr. 4 BerlLadÖffG für missverständlich hält, ist klarzustellen, dass diese Vorschrift eine Öffnung von Verkaufsstellen, die Lebens- und Genussmittel verkaufen, unzweifelhaft nicht an jedem Sonn- und Feiertag erlaubt. Die dahingehenden Bedenken sind in Ansehung des Wortlauts und des Zusammenhangs der in Absatz 1 enthaltenen Regelungen nicht nachvollziehbar. Die Bestimmung beinhaltet eine Ausnahme, die erkennbar nur dann greift, wenn der 24. Dezember (Heiligabend) auf einen Adventssonntag fällt.

[191] cc) Schließlich ist nicht ersichtlich, dass der im Gesetz vorgesehene Schutz nicht wirksam durchgesetzt werden könnte. Verstöße gegen die Ladenschlusszeiten und die Ausnahmebestimmungen stellen Ordnungswidrigkeiten dar und können in den hier erheblichen Fallgestaltungen nach Maßgabe von § 9 Abs. 2 BerlLadÖffG mit einer Geldbuße bis zu 2.500 Euro geahndet werden. Dies allein mag insbesondere für große

Handelsketten und Kaufhäuser wirtschaftlich keine abschreckende Wirkung entfalten. Es ist jedoch in Rechnung zu stellen, dass Verstöße gegen die Ladenöffnungsvorschriften ordnungsrechtlich unterbunden werden und unter Umständen auch weitere Konsequenzen haben können. Mithin lässt sich nicht feststellen, dass das Schutzkonzept insoweit völlig unzulänglich oder ungeeignet wäre, zumal auch die Höhe des angedrohten Bußgeldes nach der Ladenschlussgesetzgebung des Bundes nicht höher lag (§ 24 Abs. 2 LadSchlG a.F.).

[192] c) Die gesetzlich angelegten Ladenöffnungsmöglichkeiten an Sonn- und Feiertagen führen auch in ihrem Zusammenwirken eingedenk der verfassungswidrigen Öffnungsmöglichkeit an allen vier Adventssonntagen nicht zu einem Verstoß gegen die staatliche Schutzpflicht für die Religionsfreiheit der Beschwerdeführer, der das gesamte Schutzkonzept mit all seinen angegriffenen Ausnahmetatbeständen für den Sonn- und Feiertagsschutz ergreifen würde und als verfassungswidrig erscheinen ließe.

[193] Im Übrigen hat der Berliner Landesgesetzgeber erkennbar gesehen, dass er bei dem von ihm verfolgten Konzept einer flächendeckenden Freigabe der Ladenöffnung an Sonn- und Feiertagen unter geringen Voraussetzungen und ohne warengruppenspezifische Beschränkungen nur eine niedrige jährliche Höchstzahl derart freigabefähiger Sonn- und Feiertage ansetzen durfte, um dem Regel-Ausnahme-Gebot und der verfassungsrechtlich geforderten Sicherung eines Mindestniveaus des Sonn- und Feiertagsschutzes zu genügen. Diese Höchstzahl hat er auf der Grundlage der von ihm gewählten Schutzkonzeption, also insbesondere ohne allgemeine einzelfallbezogene Ausnahmebestimmung – etwa § 23 Abs. 1 LadSchlG entsprechend –, in nicht zu beanstandender Weise mit acht Sonn- oder Feiertagen angesetzt (siehe § 3 Abs. 1 Alternative 2, § 6 Abs. 1 BerlLadÖffG).

III.

[194] Die Regelung zur Öffnung der Verkaufsstellen an allen vier Adventssonntagen (§ 3 Abs. 1 Alternative 2 BerlLadÖffG) ist damit für verfassungswidrig zu erklären (§ 95 Abs. 3 BVerfGG). Sie bleibt indes unter Berücksichtigung der Berufsausübungsfreiheit der Verkaufsstellen-

inhaber, ihres in die Regelung gesetzten Vertrauens und der von ihnen für die Vorweihnachtszeit des Jahres 2009 getroffenen Dispositionen in diesem Jahr noch anwendbar. Ob und wie der Berliner Landesgesetzgeber seine Schutzkonzeption anpasst, obliegt seiner Gestaltungsmacht nach Maßgabe der Grundsätze dieser Entscheidung.

[195] Den Beschwerdeführern sind ihre notwendigen Auslagen je zur Hälfte zu erstatten; dies ist angemessen, weil ihre Verfassungsbeschwerden einen wesentlichen Teilerfolg haben, der sich auch bei der Konkretisierung des Prüfungsmaßstabes niederschlägt (§ 34a Abs. 2 BVerfGG).

[196] Die Entscheidung ist zu B. I. 1. (Beschwerdebefugnis) und zu B. II. 2. (Konkretisierung des Art. 4 Abs. 1 und 2 GG durch Art. 140 GG i.V.m. Art. 139 WRV) mit 5 : 3 Stimmen, hinsichtlich der Anforderungen des Art. 140 GG in Verbindung mit Art. 139 WRV einstimmig ergangen.

Papier	Hohmann-Dennhardt	Bryde
Gaier	Eichberger	Schluckebier
Kirchhof	Masing	

Berliner Ladenöffnungsgesetz (BerlLadÖffG)

Vom 14. November 2006, mehrfach geändert durch Artikel 1 des Gesetzes vom 16.11.2007 (GVBl. S. 580)

Übersicht

§ 1 Geltungsbereich

Dieses Gesetz regelt die Ladenöffnungszeiten von gewerblichen Anbietern sowie damit zusammenhängend die Beschäftigung der Arbeitnehmerinnen und Arbeitnehmer als Verkaufspersonal in und Verkaufsstellen des Einzelhandels.

§ 2 Begriffsbestimmungen

(1) Verkaufsstellen sind

1. Ladengeschäfte aller Art, Apotheken, Tankstellen, Verkaufseinrichtungen auf Personenbahnhöfen, auf Flughäfen und in Reisebusterminals,
2. sonstige Verkaufsstände, Kioske und ähnliche Einrichtungen, in denen von einer festen Stelle aus ständig Waren zum Verkauf an jedermann angeboten werden,
3. mobile Verkaufsstände, insbesondere Bauchläden, Kraftfahrzeuge und sonstige mobile Verkaufseinrichtungen, in denen von einer nicht ortsfesten Stelle aus Waren zum Verkauf an jedermann angeboten werde.

(2) Anbieten ist das gewerbliche Anbieten von Waren zum Verkauf. Ihm steht das Zeigen von Mustern, Proben und Ähnlichem gleich, wenn Warenbestellungen am Ort des Anbietens entgegengenommen werden können.

(3) Reisebedarf sind Straßenkarten, Stadtpläne, Zeitungen, Zeitschriften, Reiselektüre, Schreibmaterialien, Andenken, Tabakwaren, Blumen, Reisetoilettenartikel, Bedarf für Reiseapotheken, Verbrauchsmaterial für Film- und Fotozwecke, Tonträger, Spielzeug geringen Wertes, Lebens- und Genussmittel in kleinen Mengen sowie ausländische Geldsorten.

(4) Ein Kunst- und Gebrauchtwarenmarkt ist ein zeitlich begrenzter Markt, auf dem Kunstgegenstände, Kunsthandwerk und Gebrauchtwaren gewerblich von einer Vielzahl von Anbietern an Ständen angeboten werden. Die Öffnungszeiten des Marktes werden abschließend durch dieses Gesetz geregelt. Die Vorschriften der Gewerbeordnung bleiben unberührt.

(5) Feiertage sind die gesetzlichen Feiertage.

§ 3 Allgemeine Ladenöffnungszeiten

(1) Verkaufsstellen dürfen an Werktagen von 0.00 bis 24.00 Uhr und an Adventssonntagen von 13.00 bis 20.00 Uhr geöffnet sein.

(2) Verkaufsstellen müssen, soweit die §§ 4 bis 6 nichts Abweichendes bestimmen, geschlossen sein

1. an Sonn- und Feiertagen und am 24. Dezember, wenn dieser Tag auf einen Adventssonntag fällt,
2. am 24. Dezember, wenn dieser Tag auf einen Werktag fällt, ab 14.00 Uhr.

(3) Die Absätze 1 und 2 gelten auch für Kunst- und Gebrauchtwarenmärkte.

(4) Die bei Ladenschluss anwesenden Kundinnen und Kunden dürfen noch bedient werden.

§ 4 Verkauf bestimmter Waren an Sonn- und Feiertagen

(1) An Sonn- und Feiertagen dürfen öffnen

1. Verkaufsstellen, die für den Bedarf von Touristen ausschließlich Andenken, Straßenkarten, Stadtpläne, Reiseführer, Tabakwaren, Verbrauchsmaterial für Film- und Fotozwecke, Bedarfsartikel für den alsbaldigen Verbrauch sowie Lebens- und Genussmittel zum sofortigen Verzehr anbieten, von 13.00 bis 20.00 Uhr und am 24. Dezember, wenn dieser Tag auf einen Adventssonntag fällt, von 13.00 bis 17.00 Uhr,
2. Verkaufsstellen zur Versorgung der Besucherinnen und Besucher auf dem Gelände oder im Gebäude einer Veranstaltung oder eines Museums mit themenbezogenen Waren oder mit Lebens- und Genussmitteln zum sofortigen Verzehr während der Veranstaltungs- und Öffnungsdauer,
3. Verkaufsstellen, deren Angebot ausschließlich aus einer oder mehreren der Warengruppen Blumen und Pflanzen, Zeitungen und Zeitschriften, Back- und Konditorwaren, Milch und Milcherzeugnisse besteht, von 7.00 bis 16.00 Uhr, an Adventssonntagen von 7.00 bis 20.00 Uhr und

am 24. Dezember, wenn dieser Tag auf einen Adventssonntag fällt, von 7.00 bis 14.00 Uhr,
4. Verkaufsstellen mit überwiegendem Lebens- und Genussmittelangebot am 24. Dezember, wenn dieser Tag auf einen Adventssonntag fällt, von 7.00 bis 14.00 Uhr,
5. Kunst- und Gebrauchtwarenmärkte von 7.00 bis 18.00 Uhr, an Adventssonntagen von 7.00 bis 20.00 Uhr.

(2) In Verkaufsstellen nach § 2 Abs. 1 Nr. 3

1. darf leicht verderbliches Obst und Gemüse vom Erzeuger angeboten werden an Sonn- und Feiertagen, an Adventssonntagen von 7.00 bis 20.00 Uhr und am 24. Dezember, wenn dieser Tag auf einen Adventssonntag fällt, von 7.00 bis 14.00 Uhr,
2. dürfen Weihnachtsbäume angeboten werden an Adventssonntagen von 7.00 bis 20.00 Uhr und am 24. Dezember, wenn dieser Tag auf einen Adventssonntag fällt, von 7.00 bis 14.00 Uhr.

(3) Am Ostermontag, Pfingstmontag und am zweiten Weihnachtsfeiertag dürfen als Waren nach Absatz 1 Nr. 3 nur Zeitungen und Zeitschriften und in Verkaufsstellen nach § 2 Abs. 1 Nr. 3 leicht verderbliches Obst und Gemüse vom Erzeuger angeboten werden. Am Karfreitag, Volkstrauertag und Totensonntag dürfen Kunst- und Gebrauchtwarenmärkte nicht öffnen.

§ 5 Besondere Verkaufsstellen

An Sonn- und Feiertagen und am 24. Dezember dürfen geöffnet sein:

1. Apotheken für die Abgabe von Arzneimitteln und das Anbieten von apothekenüblichen Waren,
2. Tankstellen für das Anbieten von Ersatzteilen für Kraftfahrzeuge, soweit dies für die Erhaltung oder Wiederherstellung der Fahrbereitschaft notwendig ist, sowie für das Anbieten von Betriebsstoffen und von Reisebedarf,
3. Verkaufsstellen auf Personenbahnhöfen, auf Verkehrsflughäfen und in Reisebusterminals für das Anbieten von Reisebedarf. Auf dem Flug-

hafen Berlin-Tegel dürfen darüber hinaus Waren des täglichen Ge- und Verbrauchs, insbesondere Erzeugnisse für den allgemeinen Lebens- und Haushaltsbedarf, Textilien, Sportartikel, sowie Geschenkartikel angeboten werden.

§ 6 Weitere Ausnahmen

(1) Die für die Ladenöffnungszeiten zuständige Senatsverwaltung kann im öffentlichen Interesse ausnahmsweise die Öffnung von Verkaufsstellen an höchstens vier Sonn- oder Feiertagen durch Allgemeinverfügung zulassen. Der 1. Januar, der 1. Mai, der Karfreitag, der Ostersonntag, der Pfingstsonntag, der Volkstrauertag, der Totensonntag und die Feiertage im Dezember sind hiervon ausgenommen.

(2) Verkaufsstellen dürfen aus Anlass besonderer Ereignisse, insbesondere von Firmenjubiläen und Straßenfesten, an jährlich höchstens zwei weiteren Sonn- oder Feiertagen von 13.00 bis 20.00 Uhr öffnen. Die Verkaufsstelle hat dem zuständigen Bezirksamt die Öffnung sechs Tage vorher anzuzeigen. Absatz 1 Satz 2 gilt entsprechend.

§ 7 Schutz der Arbeitnehmerinnen und Arbeitnehmer

(1) Arbeitnehmerinnen und Arbeitnehmer dürfen in Verkaufsstellen an Sonn- und Feiertagen nur mit Verkaufstätigkeiten während der jeweils zulässigen oder zugelassenen Öffnungszeiten und, soweit dies zur Erledigung von Vorbereitungs- und Abschlussarbeiten unerlässlich ist, während weiterer 30 Minuten beschäftigt werden. Für ihre Beschäftigung gelten die Vorschriften des § 11 des Arbeitszeitgesetzes vom 6. Juni 1994 (BGBl. I S. 1170), das zuletzt durch die Artikel 5 und 6 des Gesetzes vom 14. August 2006 (BGBl. I S. 1962) geändert worden ist, entsprechend.

(2) Die Arbeitnehmerinnen und Arbeitnehmer sind auf deren Verlangen in jedem Kalendermonat mindestens an einem Sonnabend freizustellen. Dieser Tag soll in Verbindung mit einem freien Sonntag gewährt werden.

(3) Beschäftigte, die mit mindestens einem Kind unter zwölf Jahren in einem Haushalt leben oder eine anerkannt pflegebedürftige angehörige Person versorgen, sollen auf Verlangen von einer Beschäftigung nach 20.00 Uhr beziehungsweise an verkaufsoffenen Sonn- und Feiertagen freigestellt werden, soweit die Betreuung durch eine andere im jeweiligen Haushalt lebende Person nicht gewährleistet ist.

(4) Inhaberinnen und Inhaber von Verkaufsstellen müssen ein Verzeichnis über die am Sonn- und Feiertag geleistete Arbeit und den dafür gewährten Freizeitausgleich mit Namen, Tag, Beschäftigungsart und -dauer der beschäftigten Arbeitnehmerinnen und Arbeitnehmer führen. Das Verzeichnis ist mindestens zwei Jahre nach Ablauf des jeweiligen Kalenderjahres aufzubewahren.

(5) Die Arbeitnehmerinnen und Arbeitnehmer dürfen nur an zwei Adventssonntagen im Jahr beschäftigt werden.

§ 8 Aufsicht und Auskunft

(1) Inhaberinnen und Inhaber von Verkaufsstellen haben den zuständigen Behörden auf Verlangen die zur Überwachung der Einhaltung dieses Gesetzes erforderlichen Angaben vollständig zu machen und das Verzeichnis nach § 7 Abs. 4 vorzulegen. Die Auskunftspflicht obliegt auch den beschäftigten Arbeitnehmerinnen und Arbeitnehmern.

(2) Die Beauftragten der zuständigen Behörden sind berechtigt, die Verkaufsstellen während der Öffnungszeiten zu betreten und zu besichtigen. Das Betreten und Besichtigen der Verkaufsstelle ist zu gestatten. Das Grundrecht der Unverletzlichkeit der Wohnung (Artikel 13 des Grundgesetzes, Artikel 28 Abs. 2 Satz 1 der Verfassung von Berlin) wird insoweit eingeschränkt.

§ 9 Ordnungswidrigkeiten

(1) Ordnungswidrig handelt, wer vorsätzlich oder fahrlässig als Inhaberin oder Inhaber einer Verkaufsstelle,

1. entgegen § 3 Abs. 1, 2 und 3 eine Verkaufsstelle öffnet oder Waren anbietet,
2. entgegen den §§ 4 und 5 über die zulässigen Öffnungszeiten hinaus Waren oder Waren außerhalb der genannten Warengruppen anbietet,
3. entgegen § 6 über die zulässige Anzahl der Sonn- oder Feiertage oder über die zulässigen Öffnungszeiten hinaus Verkaufsstellen öffnet oder Waren anbietet oder die rechtzeitig Anzeige bei der zuständigen Behörde unterlässt,
4. entgegen § 7 Abs. 1 Arbeitnehmerinnen und Arbeitnehmer über die zulässigen Zeiten hinaus beschäftigt,
5. entgegen § 7 Abs. 2 nicht in jedem Kalendermonat mindestens an einem Sonnabend Arbeitnehmerinnen und Arbeitnehmer auf deren Verlangen freistellt,
6. entgegen § 7 Abs. 4 kein Verzeichnis führt, es unrichtig oder unvollständig führt oder nicht aufbewahrt,
7. entgegen § 7 Abs. 5 Arbeitnehmerinnen und Arbeitnehmer an mehr als zwei Adventssonntagen im Jahr beschäftigt.
8. entgegen § 8 Abs. 1 Angaben nicht oder falsch oder unvollständig macht oder Verzeichnisse nicht vorlegt.

(2) Ordnungswidrig handelt ferner, wer vorsätzlich oder fahrlässig einen Kunst- oder Gebrauchtwarenmarkt entgegen den §§ 3 und 4 betreibt.

(3) Die Ordnungswidrigkeiten können mit einer Geldbuße bis zu 2.500 Euro, in den Fällendes Absatzes 1 Nr. 4 und des Absatzes 2 mit einer Geldbuße bis zu 15 000 Euro geahndet werden.

§ 10 Änderung des Allgemeinen Sicherheits- und Ordnungsgesetzes

[Änderungsanweisungen zur Anlage zum Allgemeinen Sicherheits- und Ordnungsgesetz in der Fassung vom 11. Oktober 2006 (GVBl. S. 930).]

§ 11 Aufhebung bisherigen Rechts

Mit Inkrafttreten dieses Gesetzes treten die folgenden Rechtsvorschriften außer Kraft:

1. Verordnung über die Öffnungszeiten bestimmter Verkaufsstellen an Sonn- und Feiertagen vom 7. Januar 1958 (GVBl. S. 11), zuletzt geändert durch Verordnung vom 31. Oktober 1996 (GVBl. S. 483),
2. Verordnung über den Ladenschluß in Ausflugs- und Erholungsgebieten vom 14. Juni 1983 (GVBl. S. 983), zuletzt geändert durch Verordnung vom 16. Juli 1999 (GVBl. S. 411),
3. Verordnung über den Sonntagsverkauf am 24. Dezember vom 2. Dezember 1967 (GVBl. S. 1679), geändert durch Verordnung vom 7. Dezember 1972 (GVBl. S. 2249),
4. Anordnung über den Ladenschluß der Apotheken vom 13. Januar 1960 (GVBl. S. 230),
5. Verordnung über den Ladenschluß auf dem Fernbahnhof Berlin-Zoologischer Garten und dem Flughafen Berlin-Tegel vom 24. Juli 1987 (GVBl. S. 2029), geändert durch Verordnung vom 13. Dezember 1988 (GVBl. S. 2327),
6. Verordnung über die Übertragung der Ermächtigung zum Erlass von Rechtsverordnungen nach § 14 Abs. 1 Satz 2 des Gesetzes über den Ladenschluss vom Senat auf die zuständige Senatsverwaltung vom 2. März 2004 (GVBl. S. 104).

§ 12 Inkrafttreten

Dieses Gesetz tritt am Tage nach der Verkündung im Gesetz- und Verordnungsblatt für Berlin in Kraft.

Erstes Gesetz
zur Änderung des Berliner Ladenöffnungsgesetzes

Vom 16. November 2007

Das Abgeordnetenhaus hat das folgende Gesetz beschlossen:

Artikel I
Änderung des Berliner Ladenöffnungsgesetzes

Das Berliner Ladenöffnungsgesetz vom 14. November 2006 (GVBl. S. 1045) wird wie folgt geändert:

1. In § 1 werden nach dem Wort „Ladenöffnungszeiten" die Worte „von gewerblichen Anbietern" eingefügt und die Worte „und außerhalb von" gestrichen.
2. § 2 wird wie folgt geändert:
   a) Absatz 1 wird wie folgt geändert:
      aa) In Nummer 2 wird der abschließende Punkt durch ein Komma ersetzt.
      bb) Es wird folgende Nummer 3 angefügt:
      „3. mobile Verkaufsstände, insbesondere Bauchläden, Kraftfahrzeuge und sonstige mobile Verkaufseinrichtungen, in denen von einer nicht ortsfesten Stelle aus Waren zum Verkauf an jedermann angeboten werden."
   b) Absatz 2 wird aufgehoben.
   c) Die bisherigen Absätze 3 bis 6 werden die neuen Absätze 2 bis 5.
   d) Der neue Absatz 4 wird wie folgt gefasst:
   „(4) Ein Kunst- und Gebrauchtwarenmarkt ist ein zeitlich begrenzter Markt, auf dem Kunstgegenstände, Kunsthandwerk und Gebrauchtwaren gewerblich von einer Vielzahl von Anbietern an Ständen angeboten werden. Die Öffnungszeiten des Marktes werden abschließend durch dieses Gesetz geregelt. Die Vorschriften der Gewerbeordnung bleiben unberührt."
3. § 3 Abs. 3 wird wie folgt gefasst:
„(3) Die Absätze 1 und 2 gelten auch für Kunst- und Gebrauchtwarenmärkte."
4. § 4 wird wie folgt geändert:
   a) Absatz 1 Nr. 5 wird wie folgt gefasst:
   „5. Kunst- und Gebrauchtwarenmärkte von 7.00 bis 18.00 Uhr, an Adventssonntagen von 7.00 bis 20.00 Uhr."
   b) In Absatz 2 werden die Worte „Außerhalb von Verkaufsstellen" durch die Worte „In Verkaufsstellen nach § 2 Abs. 1 Nr. 3" ersetzt.
   c) Absatz 3 wird wie folgt gefasst:
   „(3) Am Ostermontag, Pfingstmontag und am zweiten Weihnachtsfeiertag dürfen als Waren nach Absatz 1 Nr. 3 nur Zeitungen und Zeitschriften und in Verkaufsstellen nach § 2 Abs. 1 Nr. 3 leicht verderbliches Obst und Gemüse vom Erzeuger angeboten werden. Am Karfreitag, Volkstrauertag und Totensonntag dürfen Kunst- und Gebrauchtwarenmärkte nicht öffnen."
5. § 7 wird wie folgt geändert:
   a) In Absatz 1 Satz 1 werden die Worte „und beim gewerblichen Anbieten von Waren außerhalb von Verkaufsstellen" gestrichen.
   b) Absatz 4 Satz 3 wird aufgehoben.
6. § 8 Abs. 1 Satz 3 wird aufgehoben.
7. § 9 wird wie folgt geändert:
   a) Absatz 1 wird wie folgt geändert:
      aa) Im einleitenden Teilsatz werden die Worte „oder als Gewerbetreibende oder Gewerbetreibender, die oder der Waren außerhalb einer Verkaufsstelle anbietet," gestrichen.
      bb) In Nummer 3 wird nach den Worten „oder Waren anbietet oder die" das Wort „rechtzeitige" eingefügt.
      cc) Es wird folgende neue Nummer 7 eingefügt:
      „7. entgegen § 7 Abs. 5 Arbeitnehmerinnen und Arbeitnehmer an mehr als zwei Adventssonntagen im Jahr beschäftigt,".
      dd) Die bisherige Nummer 7 wird Nummer 8.
   b) Es wird folgender neuer Absatz 2 eingefügt:
   „(2) Ordnungswidrig handelt ferner, wer vorsätzlich oder fahrlässig einen Kunst- oder Gebrauchtwarenmarkt entgegen den §§ 3 und 4 betreibt."
   c) Der bisherige Absatz 2 wird Absatz 3; in ihm wird die Angabe „des Absatzes 1 Nr. 4" durch die Angabe „des Absatzes 1 Nr. 4 und des Absatzes 2" ersetzt.

Artikel II
Inkrafttreten

Dieses Gesetz tritt am Tage nach der Verkündung im Gesetz- und Verordnungsblatt für Berlin in Kraft.

Berlin, den 16. November 2007

Der Präsident des Abgeordnetenhausses von Berlin

Walter Momper

Das vorstehende Gesetz wird hiermit verkündet.

Der Regierende Bürgermeister

Klaus Wowereit

Schriften zum Staatskirchenrecht

Herausgegeben von Axel Frhr. von Campenhausen, Christoph Link
und Jörg Winter

Band 1 Christoph Link: Staat und Kirche in der neueren deutschen Geschichte. Fünf Abhandlungen. 2000.

Band 2 Andreas Franitza: Der Allgemeine Hannoversche Klosterfonds und die Klosterkammer Hannover. Untersuchung zur rechtsgeschichtlichen Entwicklung. 2000.

Band 3 Reinald Willenberg: Rundfunk unter kirchlicher Trägerschaft. 2001.

Band 4 Martin Fischer: Kirchliche Beiträge im Fernsehen. Darstellung eines abgestuften Mitgestaltungsmodells kirchlicher Beteiligung im Fernsehen. 2001.

Band 5 Bernd Albrecht von Garmissen: Landwirtschaftliches Grundvermögen in kirchlicher Hand. Dargestellt am Beispiel der Evangelischen Kirche in Deutschland und unter besonderer Berücksichtigung der Evangelisch-Lutherischen Landeskirche Hannovers. 2001.

Band 6 Berend Lindner: Entstehung und Untergang von Körperschaften des öffentlichen Rechts. Unter besonderer Berücksichtigung der Religions- und Weltanschauungsgemeinschaften. 2002.

Band 7 Gesa Dirksen: Das deutsche Staatskirchenrecht - Freiheitsordnung oder Fehlentwicklung? 2003.

Band 8 Im Dienste der Sache. Liber amicorum für Joachim Gaertner. Herausgegeben von Ricarda Dill, Stephan Reimers, Christoph Thiele. 2003.

Band 9 Arnd Diringer: Scientology. Verbotsmöglichkeit einer verfassungsfeindlichen Bekenntnisgemeinschaft. 2003.

Band 10 Konstantin v. Notz: Lebensführungspflichten im evangelischen Kirchenrecht. 2003.

Band 11 Matthias Schwara: Die Heiliggeistkirche in Heidelberg im Wandel der Zeiten. Ein Beitrag zur Rechtsgeschichte Südwestdeutschlands. 2003.

Band 12 Axel Frhr. von Campenhausen (Hrsg.): Deutsches Staatskirchenrecht zwischen Grundgesetz und EU-Gemeinschaftsrecht. Symposion im Kirchenamt der Evangelischen Kirche in Deutschland am 25. und 26. April 2002 in Hannover. 2003.

Band 13 Thomas Bauer: Die GmbH als Rechtsform karitativer Einrichtungen der Kirche. 2003.

Band 14 Anne-Ruth Glawatz: Die Zuordnung privatrechtlich organisierter Diakonie zur evangelischen Kirche. Unter besonderer Berücksichtigung von unternehmerischen Umstrukturierungen in der Diakonie. 2003.

Band 15 Detlef Kehlen: Europäische Antidiskriminierung und kirchliches Selbstbestimmungsrecht. Zur Auslegung von Art. 13 EG und Art. 4 der Richtlinie 2000/78/EG. 2003.

Band 16 Andreas Grube: Der Sonntag und die kirchlichen Feiertage zwischen Gefährdung und Bewährung. Aspekte der feiertagsrechtlichen Entwicklung im 19. und 20. Jahrhundert. 2003.

Band 17 Burghard Winkel: Kirche und Vergaberecht. Der vergaberechtliche Status der evangelischen Landeskirchen in Deutschland. 2004.

Band 18 Suzanne Mann: Das Kopftuch der muslimischen Lehramtsanwärterin als Eignungsmangel im Beamtenrecht. 2004.

Band 19 Markus Ogorek: Geltung und Fortbestand der Verfassungsgarantie staatlichen Religionsunterrichts in den neuen Bundesländern. Ein Beitrag zur Lehre vom sogenannten Verfassungswandel. 2004.

Band 20 Steffen Rupp: Verwaltungsmodernisierung in der Kirche. Eine Untersuchung am Beispiel des Neuen Steuerungsmodells der Evangelischen Landeskirche in Baden. 2004.

Band 21 Gunter Barwig: Die Geltung der Grundrechte im kirchlichen Bereich. Eine Untersuchung zur Grundrechtsfähigkeit und Grundrechtsbindung der Religionsgemeinschaften. 2004.

Band 22 Andreas Kasper: Sozialsponsoring. Eine rechtliche Bewertung unter besonderer Berücksichtigung des Sponsorings kirchlicher Werke und Einrichtungen. 2004.

Band 23 Martin Rauhaus: Das kirchenrechtliche Gemeindeprinzip und seine Auswirkungen auf die kirchliche Verfassungsgestaltung. Dargestellt am Beispiel der Verfassung der evangelisch-reformierten Kirche. 2005.

Band 24 Heidi Reichegger: Die Auswirkungen der Richtlinie 2000/78/EG auf das kirchliche Arbeitsrecht unter Berücksichtigung von Gemeinschaftsgrundrechten als Auslegungsmaxime. 2005.

Band 25 Matthias Triebel: Das europäische Religionsrecht am Beispiel der arbeitsrechtlichen Anti-Diskriminierungsrichtlinie 2000/78/EG. 2005.

Band 26 René Seidel: Die Anerkennung der privaten Ersatzschule und ihre Auswirkungen auf das Privatschulverhältnis. 2005.

Band 27 Uta Kleine: Die Eingrenzung des Haftungsrisikos für den ehrenamtlichen Betreuer. 2005.

Band 28 Gerrit Nils Beermann: Hoheitsbetriebe von Kirchen und Religionsgemeinschaften. Eine körperschaftsteuerliche Untersuchung. 2005.

Band 29 Falko Tappen: Kirchliche Vermögensverwaltung am Beispiel des Ethischen Investments. 2005.

Band 30 Walter Fischedick: Die Zeugnisverweigerungsrechte von Geistlichen und kirchlichen Mitarbeitern. 2006.

Band 31 Myrian Dietrich: Islamischer Religionsunterricht. Rechtliche Perspektiven. 2006.

Band 32 Florian Herrmann: Die rechtliche Organisation international tätiger kirchlicher Hilfswerke. 2006.

Band 33 Joachim Gaertner / Erika Godel (Hrsg.): Religionsfreiheit und Frieden. Vom Augsburger Religionsfrieden zum europäischen Verfassungsvertrag. 2007.

Band 34 Volker Ochsenfahrt: Die staatskirchenrechtliche Stellung des Katholischen Bistums der Alt-Katholiken in Deutschland. 2007.

Band 35 Gustav Reingrabner: Um Glaube und Freiheit. Eine kleine Rechtsgeschichte der Evangelischen in Österreich und ihrer Kirche. 2007.

Band 36 Steffen Alexander Sommer: Teildienstverhältnisse bei Pfarrern in den Gliedkirchen der Evangelischen Kirche in Deutschland. Eine rechtliche Untersuchung. 2007.

Band 37 Arne Feickert: Rechtsfragen der kirchlichen Bestattung. Mitgliedschaftsanspruch und Totenfürsorgerecht dargestellt für die katholische Kirche und die evangelische Landeskirche in Baden. Nebst einem Anhang zum Verhältnis von Totenfürsorgerecht und Bestattungspflicht. 2007.

Band 38 Nina Coumont: Muslimische Schüler und Schülerinnen in der öffentlichen Schule. 2008.

Band 39 Christine Mertesdorf: Weltanschauungsgemeinschaften. Eine verfassungsrechtliche Betrachtung mit Darstellung einzelner Gemeinschaften. 2008.

Band 40 Tajan Tober: Ein neues *ius divinum*? Zur Theologie des Rechts der Bahá'í. 2008.

Band 41 Tamara Bloch: Die Stellungnahmen der römisch-katholischen Amtskirche zur Frage der Menschenrechte seit 1215. Eine historische Untersuchung unter besonderer Berücksichtigung der Gewährleistungen im CIC/1983. 2008.

Band 42 Axel Lehmann: Krankenhaus und EG-Beihilferecht. Die Vereinbarkeit des Krankenhausfinanzierungsrechts mit Art. 87 ff. EG-Vertrag. 2008.

Band 43 Claudia Maria Corlazzoli: Religionsunterricht von kleineren Religionsgemeinschaften an öffentlichen Schulen in Deutschland. 2009.

Band 44 Jens Neie: Bekenntnis, Bekenntnisstand und Bekenntnisbildung im evangelischen Kirchenrecht. 2009.

Band 45 Christian Schulze Pellengahr Freiherr von Freusberg-Steinhorst: Das Verbot der politischen Betätigung für Geistliche nach katholischem und evangelischem Kirchenrecht sowie im geltenden Staatskirchenrecht. Unter Berücksichtigung der Staaten- und Verfassungsgeschichte Deutschlands und Österreichs. 2009.

Band 46 Carolin Metzner: Johann Caspar Bluntschli. Leben, Zeitgeschehen und Kirchenpolitik. 1808–1881. 2009.

Band 47 Tajan Tober: Ein föderaler Weltrechtsstaat am Ausgang der Zeit? Staat und religiöse Ordnung in der Bahá'í-Theologie. 2009.

Band 48 Stephan Sünner: Staatsgesetz vor Religionsgebot? Eine Analyse mit Bezug zum englischen Recht und zur Rechtsprechung des EGMR. 2010.

Band 49 Kyrill Makoski: Kirchliche Krankenhäuser und staatliche Finanzierung. Geschichte, Ausgestaltung, verfassungsrechtliche Anforderungen. 2010.

Band 50 Philipp Lehmann: Marken-, Kennzeichen- und Namensrecht im Bereich der Religionsgemeinschaften. 2010.

Band 51 Flavia Hauschild: Die Christlichkeit der Schulen. Die Bayerische Schule und ihr Umgang mit Religion. 2010.

Band 52 Axel Frhr. von Campenhausen (Hrsg.): Tag der Arbeitsruhe und der seelischen Erhebung. Dokumentation zum Urteil des Bundesverfassungsgerichts zum Schutz der Sonntagsruhe. 2010.

Band 53 Heiko Feurer: Amtshaftung und Staatskirchenrecht. Zu Pflichten, Amt und Körperschaft in Art. 34 GG und Art. 137 WRV. 2010.

www.peterlang.de